실력이 두 배로 부쩍 느는 **프로바둑강좌/중급이상** 10

실전의 마술

9단 山部俊郎 지음/프로바둑연구회 편

最新版

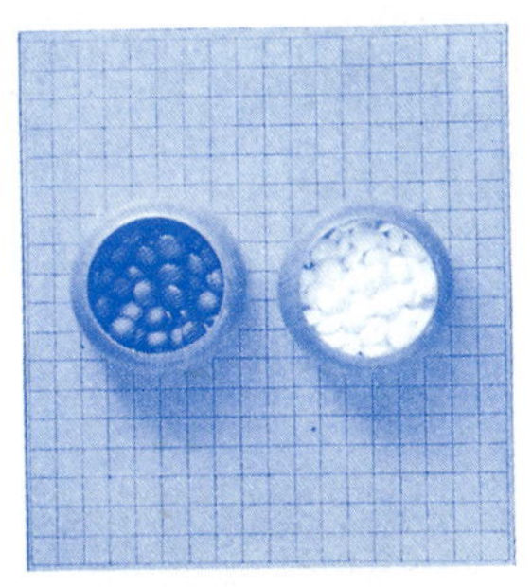

도서출판 眞華堂

프로바둑강좌 · 중급이상 10

실전의 마술

9단 山部俊郎 지음

프로바둑연구회 편

도서출판 眞華堂

머리말

바둑의 마술성은 실전에서 해부를 하여 보면 박진감이 넘쳐흐른다.

프로기사는 대국에서 형형색색의 수를 읽기 때문에 목적의 현실적인 수단만을 강구하지만은 않는다.

즉, 장래의 변화를 깊이 읽으면서 현실의 조그마한 이익에만 급급하지 않는다는 말이다.

이 책에서는 형세판단을 통하여 마술성을 현실에 맞게 서술을 해 놓았다.

즉, 이 책의 내용은 본체(한판의 바둑)를 구체적으로 해부를 하며 악마의 마술이라고 할 만큼 수의 진귀한 변화를 현실적으로 해부를 해 놓았다.

실전에서 흔히 놓치기 쉬운 부분을 알기쉽게 간단하게 해부하여 가장 빠르게, 쉽게 숙지할 수 있게 저술을 하여 놓았다.

저자 씀.

차 례 *

제 1 장

묘맥과 마술

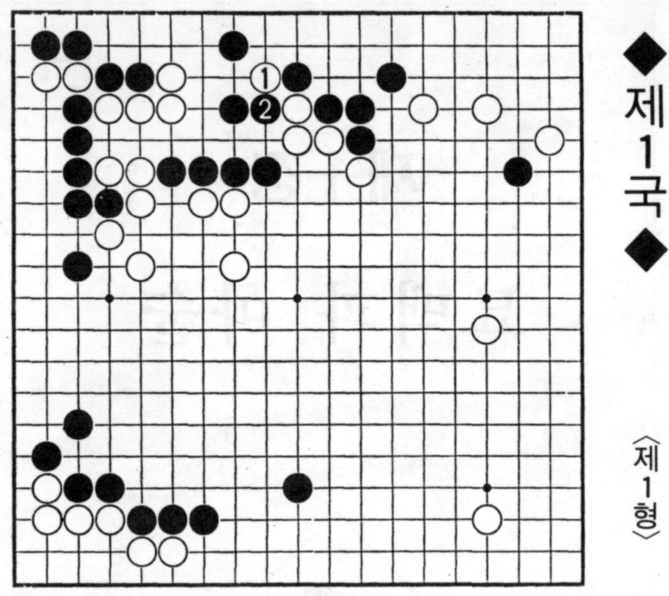

본장에서는 실전에 나오는 묘맥의 마술성에 대해서 알기쉽게 풀이를 하였다. 이런것은 묘수와 맥점의 배경에 있다.

이것을 어떻게 효과적으로 이용할 수 있을까? 여기에 명쾌한 해명이 있다.

제1국 연결된 수의 조합

〈1형〉 백선

실전에 자주 나타나는 모양이다. 백1로 젖혀나감이다. 흑2로 끊었다. 여기에서 연결될 수단을 강구하여 보자.

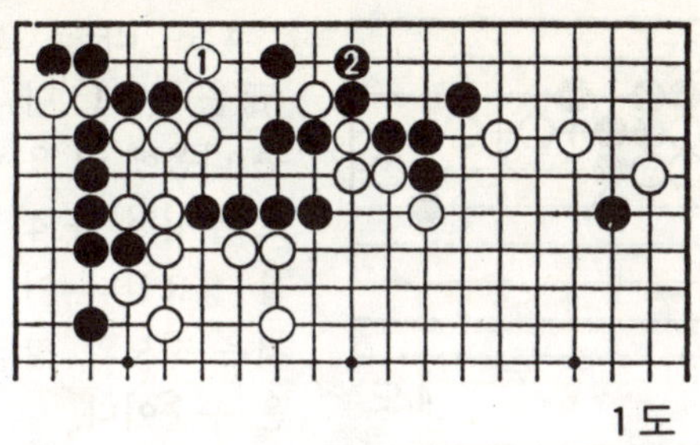

1 도

1 도 (평범)

귀쪽을 내려서는 것은 평범한 수이다.

그러면 흑 2로 내려선다.

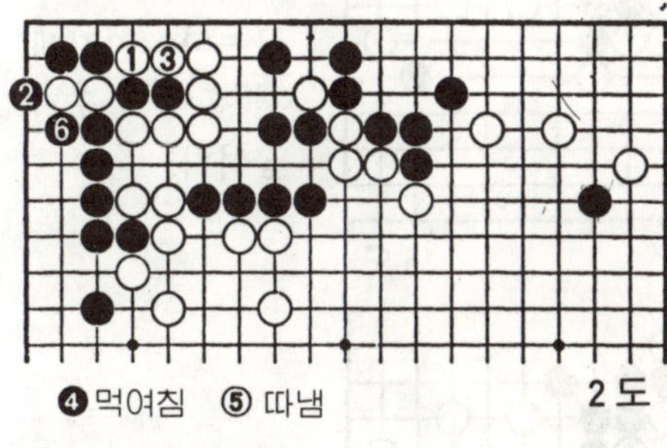

❹ 먹여침 ⑤ 따냄

2 도

2 도 (실패)

내려서는 점으로 백 1로 끊는 것은 흑 2, 다음에 흑 6까지 된 점에서는 백이 불만이다.

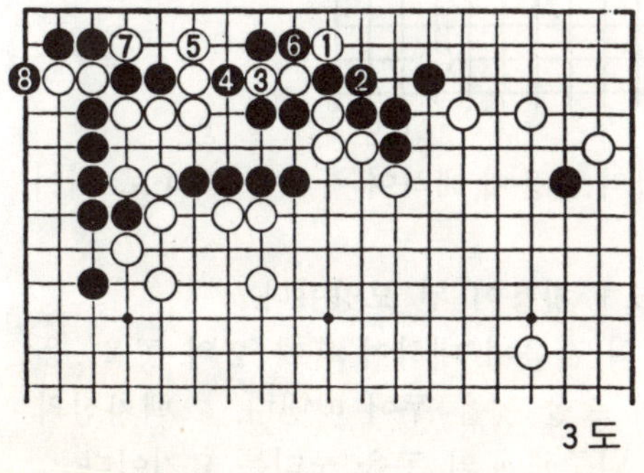

3 도

3 도 (실패)

백 1의 단수, 다음에 3으로 돌입하는 것은 흑 4 다음에 7의 끊음이 있어 성공하지 못한다.

2 도와 여하한 결과이다.

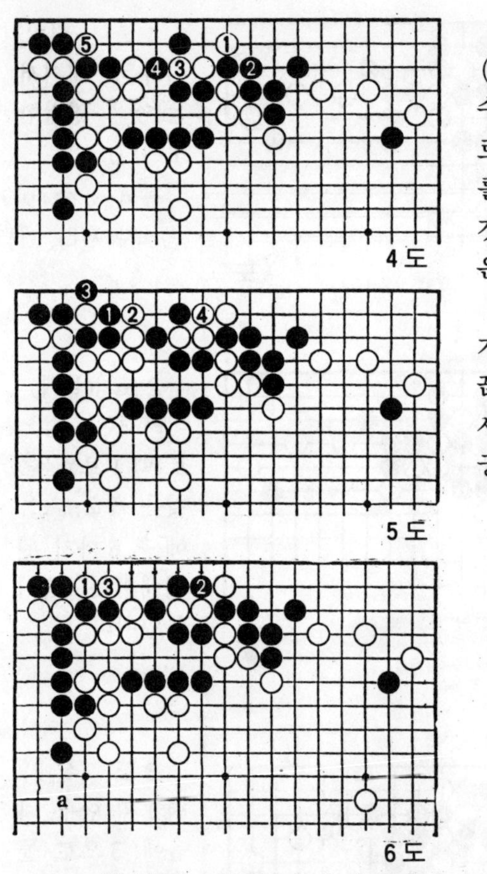

4도 마술(끊음) 백 **1** 단수 다음에 **3**으로 부딪혀 흑 **4**를 강요한다. 이것은 전도와 같은 수순이다.

흑**4** 다음 여기서 백은 **5**로 끊는다. 여기에서 흑의 응수가 궁하다.

5도(백성공) 백의 끊음에 대하여 흑 **1**은 백**4**로 되어 한 점을 잇는다.

상변의 공작이 크게 활용이 된 모양이다.

6도(성공) 백 **1**의 끊음에 대하여 흑이 **2**의 곳을 응수하면 백은 당연히 **3**을 곳을 두어 따낸다. 백자신의 안정을 도모하면서 나중에 a의 곳을 노리는 묘기이다.

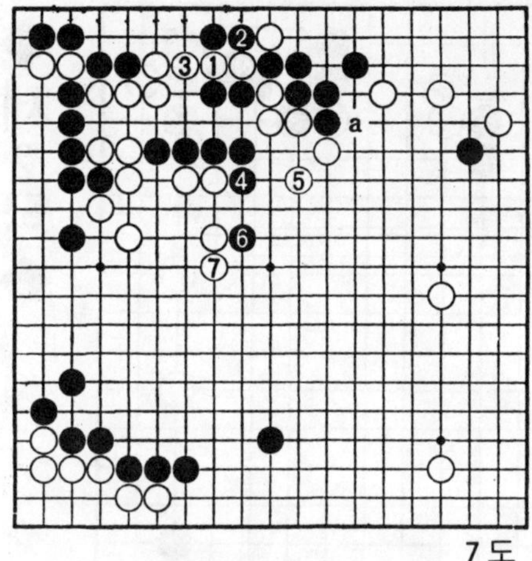

7 도

7 도 (이음)
결국 백 1'에는 흑 2로 둘수밖에 없다. 다음 흑 4, 6에서 7까지 흑의 세력을 삭감하면서 백은 전투에 임한다.

이 모양은 a의 봉쇄가 있어 중앙이 두텁다.

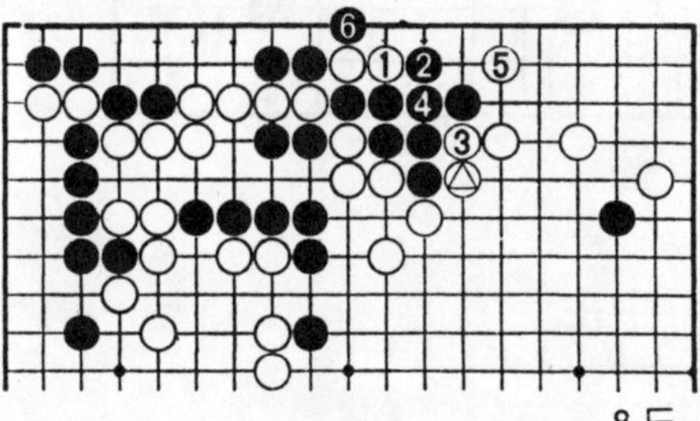
8 도

8 도 (조임)
백 Ⓐ가 공배를 채우고 있다면 흑이 손을 뺄 경우에는 백이 1, 3으로 조이고 5의 곳을 뛴다. 흑은 6까지 2점을 취할 수밖에 없다.

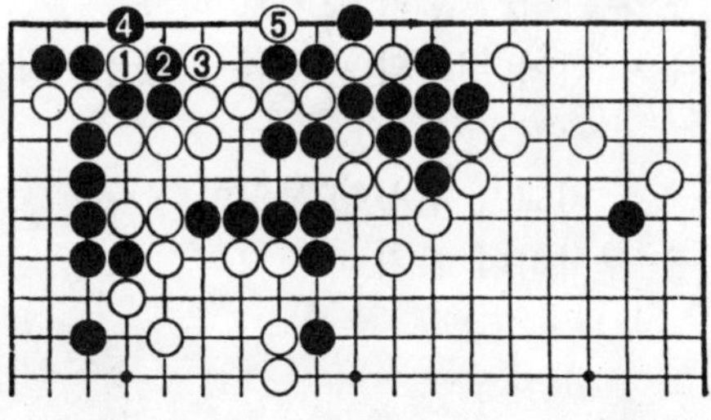
9 도

9 도 (흑사)
예를 들자면 백이 1, 3으로 둔 다음 5로 붙여 흑이 죽는다.

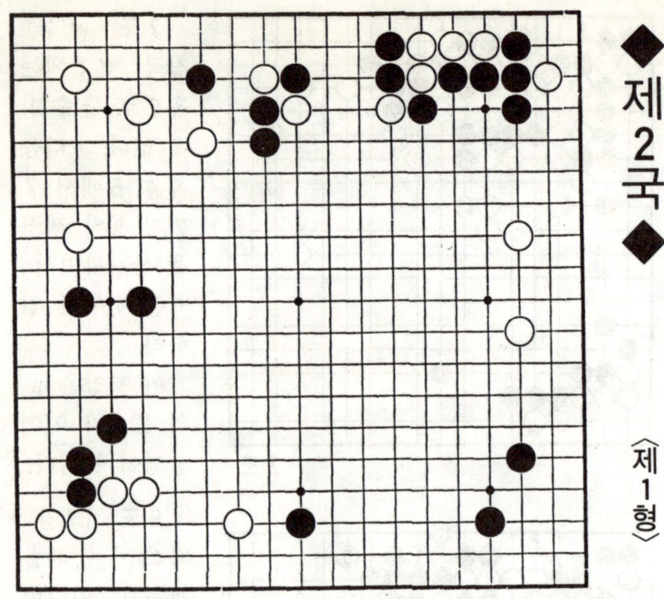

제2국 붙이는 수순

〈1형〉 백선

여기에서 나타난 모양을 잠시 살펴 보기로 하자.

여러방면으로 둘 수가 있어 변화의 여지가 많은 곳이다.

우변의 백이 2칸으로 비교적 견실한 모양이다.

생각이 나는 수단을 구사하여 보자.

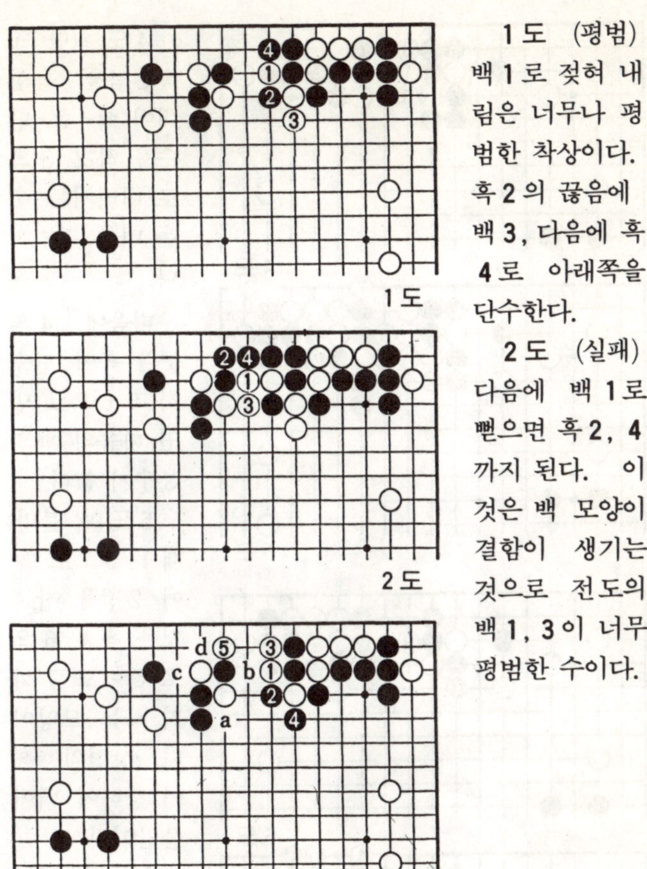

1 도

2 도

3 도

1 도 (평범) 백 **1** 로 젖혀 내림은 너무나 평범한 착상이다. 흑 **2** 의 끊음에 백 **3**, 다음에 흑 **4** 로 아래쪽을 단수한다.

2 도 (실패) 다음에 백 **1** 로 뻗으면 흑 **2**, **4** 까지 된다. 이것은 백 모양이 결함이 생기는 것으로 전도의 백 **1**, **3** 이 너무 평범한 수이다.

3 도 (불성공) 백 **1**, 흑 **2** 끊음 다음 **3** 으로 내리는 것은 흑 **4**, 백 **5** 의 수순을 생각할 수 있으나 성과는 기대할 수 없을만큼 나쁘다. 이 다음에 흑a, 백b 로 중앙의 흑이 강해진다. a 로는 흑c, 백b, 흑d 의 단수등의 강경책이 있는 곳이다.

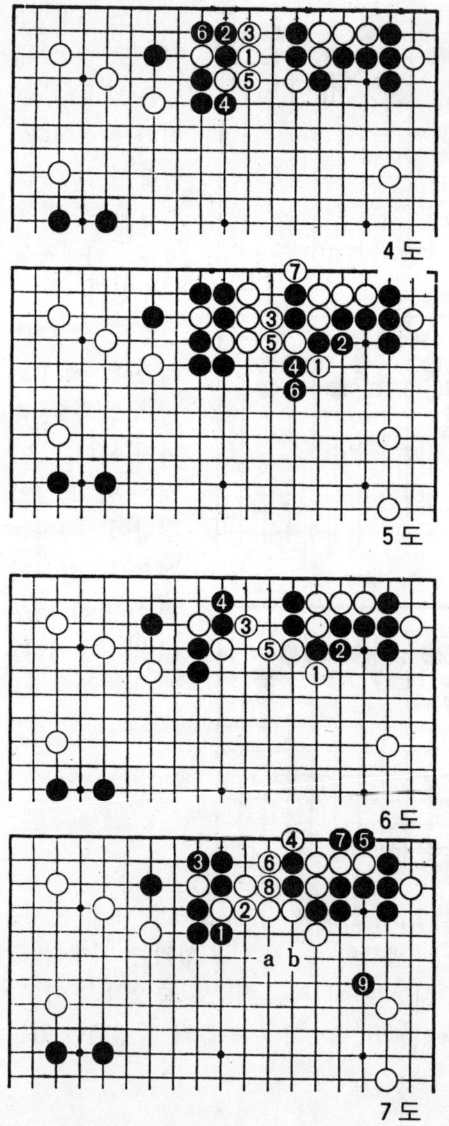

4 도 (단수)

흑 2 점을 욕심내어 백 **1** 로 단수를 하고 **3** 으로 내려서는 수는 너무 평범하다.

다음에 **4** 의 곳을 흑이 단수하고 **6** 으로 밀면 다음의 백의 응수가 없다.

5 도(백 불만)

백 **1**, **3** 으로 두어 2 점을 잡는 것은 흑 **4**, **6** 으로 끊어도 **7** 까지 사는 모양이다. 상변의 흑이 강하여 백이 불만이다.

6 도 (노림)

흑 2 점을 그냥 잡으면 백 **1**, **3** 의 단수, 다음에 **5** 로 뻗는 수가 있다.

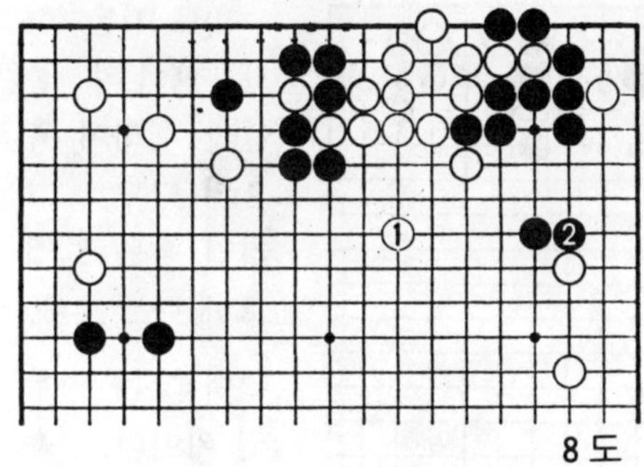

8 도

7 도(공격이 남다) 흑 1, 3 다음에 5, 7 로 공격을 하면 백 8 로 잇는다. 다음에 흑은 9 의 곳을 전개한다.

나중에 흑은 a나 b의 곳을 공격하는 수가 남아서 크게 좋다.

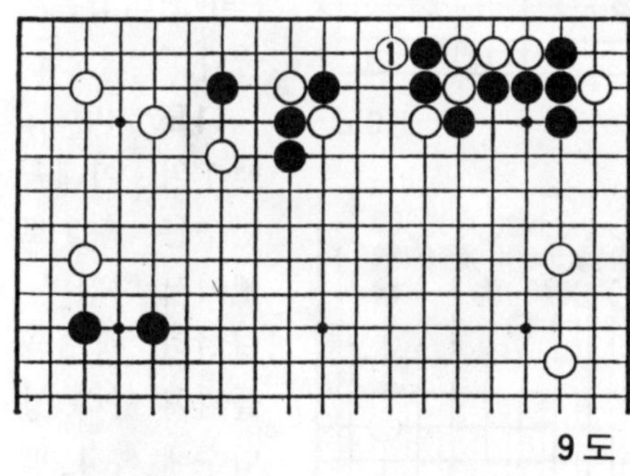

9 도

어쨌거나 2점을 잡는 방법은 여러가지가 있지만 우형을 만들어서는 안된다.

8 도(흑이 좋다) 우변을 어깨짚어 공격을 할때 백 1 은 쟁점이다. 그러나 흑 2 를 허락하여서는 백이 나쁜 결과이다.

9 도 마술(붙임) 첫 수를 생각하여 보자.

백 1 로 2 점의 옆구리에 붙이는 수이다. 상변의 흑한 점에 대하여 관련이 있는 1 의 곳 붙임이 수순의 묘이다

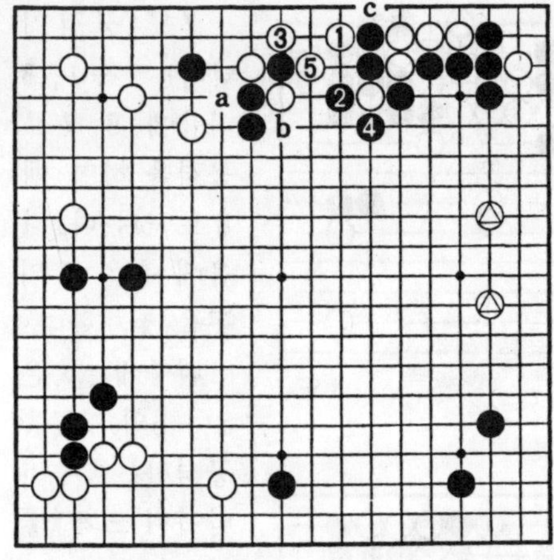

10도

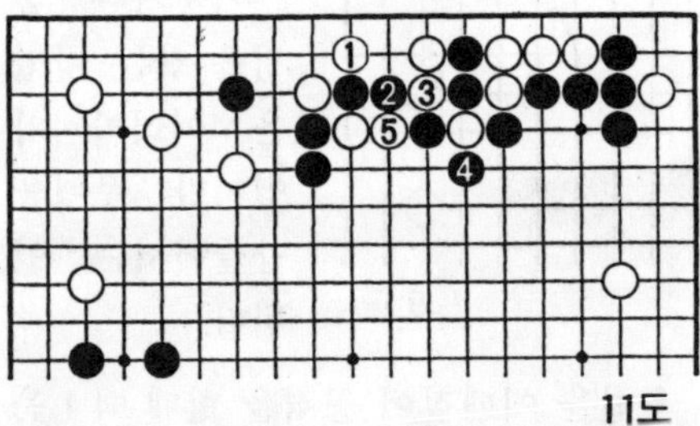

11도

12도

10도 마술 (변화) 백 **1**의 붙임에 대하여 흑 **2**의 단수, 그러면 백은 **3, 5**로 둔다.

백 ◬는 영향권 외이다. 흑 a, 백 b, 다음 백 c의 건너감은 죽다.

11도 (변화) 백 **1**의 아래쪽 단수는 흑 **2**로 뻗어서 나간다. 당연히 백 **3**의 돌파가 있다. 양단수에 흑 **4**, 백 **5**로 2점을 잡는다.

12도 (성공) 흑은 **1, 3**으로 봉쇄하여 둔다. 백 **4**로 상변이 집이 된다. 다음에 a의 건너감을 노린다.

13도 (백이 좋다) 백 1로 돌입할때 흑 2로 이으면 백 3으로 뻗는다. 흑 4의 단수에는 5로 2점을 때린다.

백a의 잇는 맛과 백◬표의 뻗는 맛을 노린다.

이것은 백이 좋은 결과이다.

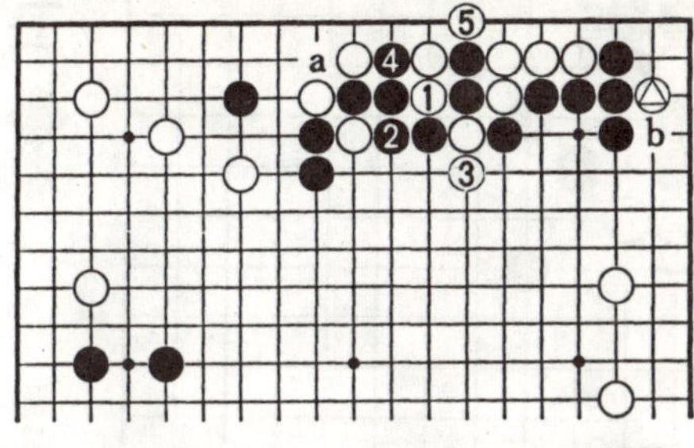

13도

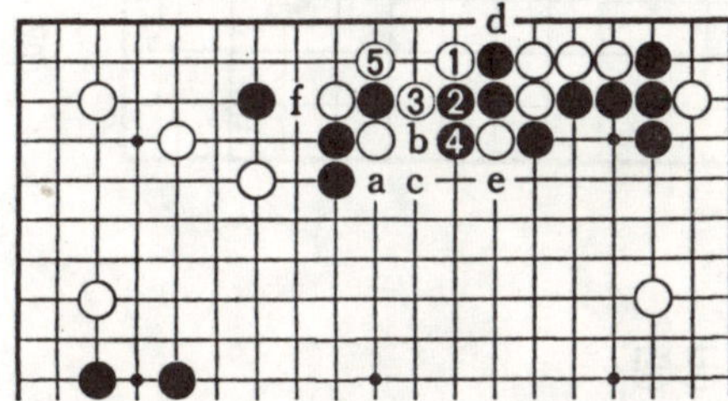

14도

14도 마술 (백이 좋다) 백 1의 붙임이 절묘한 수순이다. 여기에서 흑이 2의 곳을 두면 백은 3, 5로 때려낸다. 흑 a, 백 b, 흑 c, 백 d, 흑 e, 백 f까지 백이 좋은 결과이다.

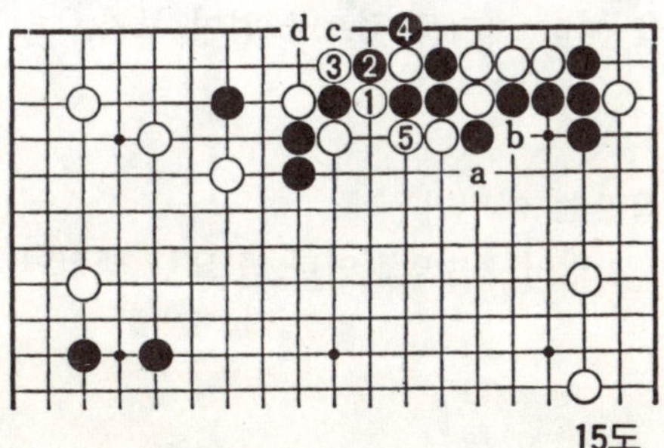

15도

15도 (변화) 백 1에 흑 2, 4로 한점을 잡으면 백 5까지 백이 좋다. 백 a 흑 b가 선수이고 변에는 백 c나 d의 곳의 맛이 남는다.

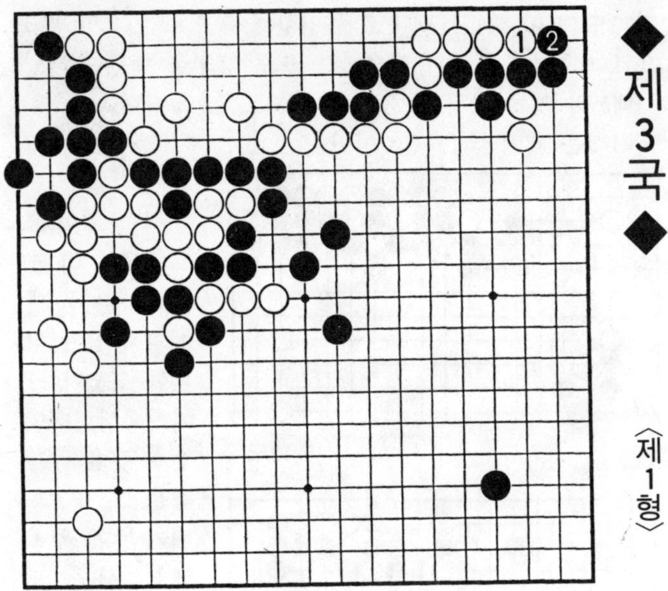

제 3 국 수읽기 공방

본국은 a의 흑번이다.

백이 두고 방법을 여러 가지로 검토를 하여 보자.

〈1형〉 백선

상변의 공방

백 1에 나가면 흑 2는 어떤가?

여기에서 상변의 공방이 흥미만점이다. 절묘한 백점이 함축이 되어 있다.

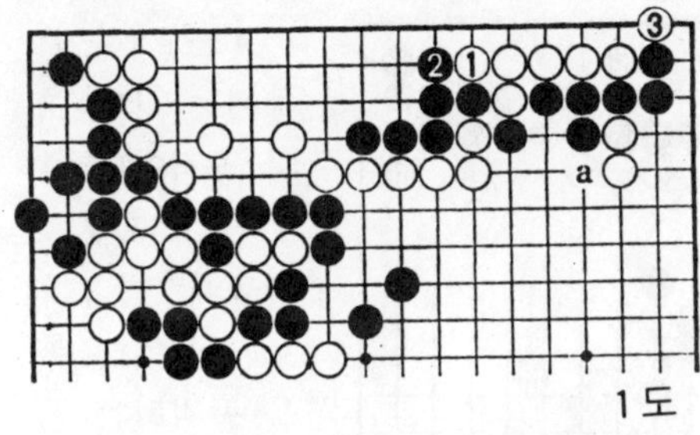

1 도

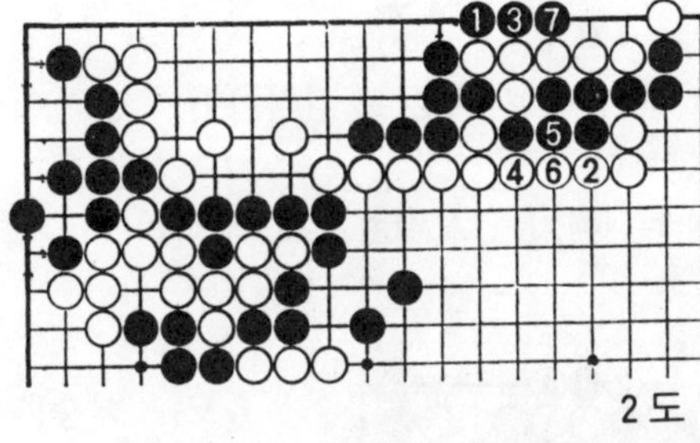

2 도

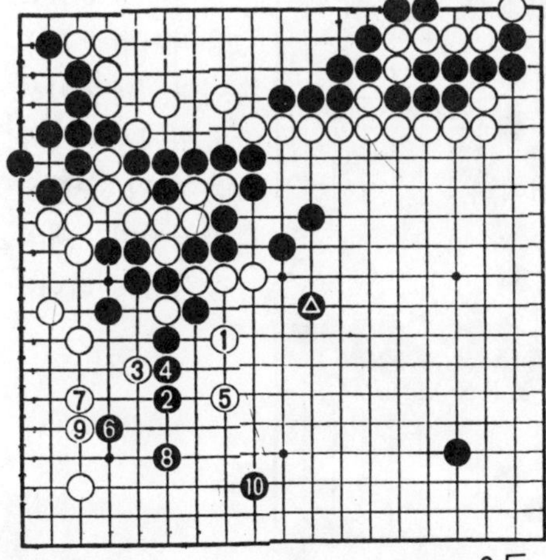

3 도

1 도 (젖힘의 문제) 정해로 가기전에 주위의 배경을 설명하여 보자. 백은 1에 늘고 3으로 젖혀 국면을 유리하게 이끌려고 하고 있다. 흑은 a로 응수할 수가 없다.

2 도 (흑승) 우변을 밖으로 나가지 않고 흑 1이하 7까지의 공격이다. 이것은 흑승이다. 이것은 보통 외곽이 두터워 백이 만족인가?

3 도(흑의 변화) 중앙의 흑이 △로 나가면 백도 움직인다. 백 1에서 흑 10까지—·

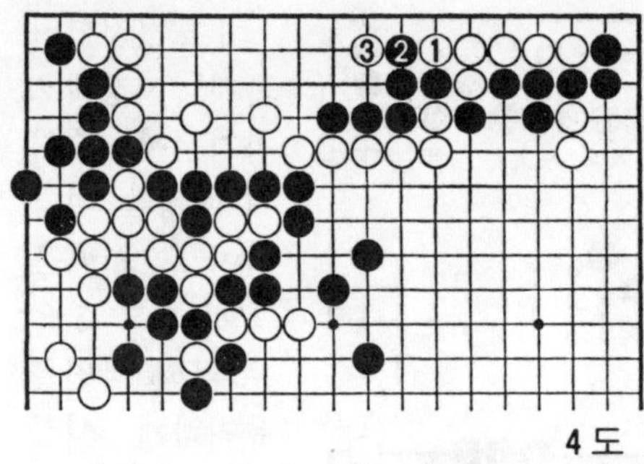

4 도

4 도(껴붙임) 문제는 상변 흑의 공격인데 **1**로 밀고 흑 **2**로 받을때 백 **3**으로 껴붙인다. 흑을 공격하는 급소다.

5 도 (수순) 흑 **1**에 응하여 백 **2**로 건너가면 흑 **3**으로 결함을 찌른다. 당연하다.

백 **4**에 흑 **5**의 단수, 여기에서 백 **6**으로 젖힌다.

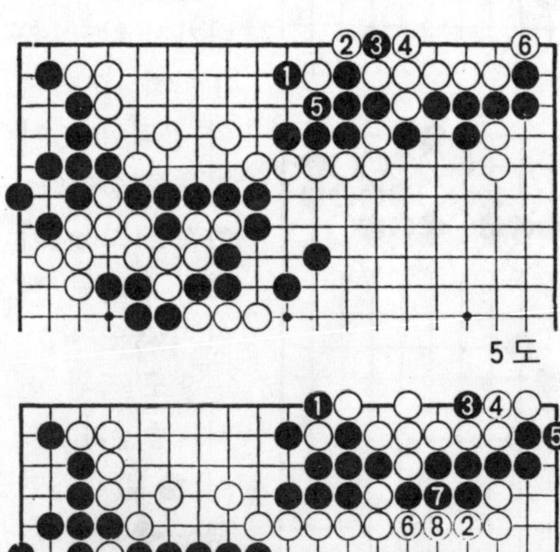

5 도

6 도

6 도 (백승) 흑이 우상귀를 움직이면 흑 **1**이다. 백 **2**이하 **8**까지. 이 흑은 백의 수중에 떨어진다. 백의 공격의 승리다.

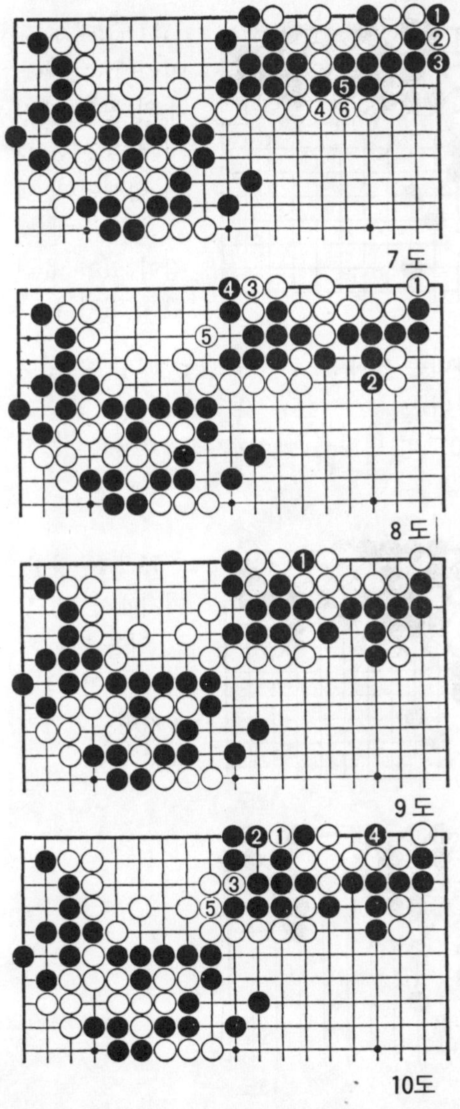

7도 (백승) 전도 흑5로 1의 곳을 먹여쳐도 양패로 이기는 모양이다.

8도(맥) 백1의 젖힘에 2로 받지 않을 수 없다.

그러면 백3의 이음이 좋은 수이다. 백은 3점을 키워 죽인 다음 5로 급소의 맥을 찌른다.

9도(3점 사석) 당연히 흑1로 때려내도 이 3점을 희생한 묘미가 곧 살아난다.

10도 마술(패) 다시 때려내면 흑2, 백3으로 찌른 다음에 5까지 패이다.

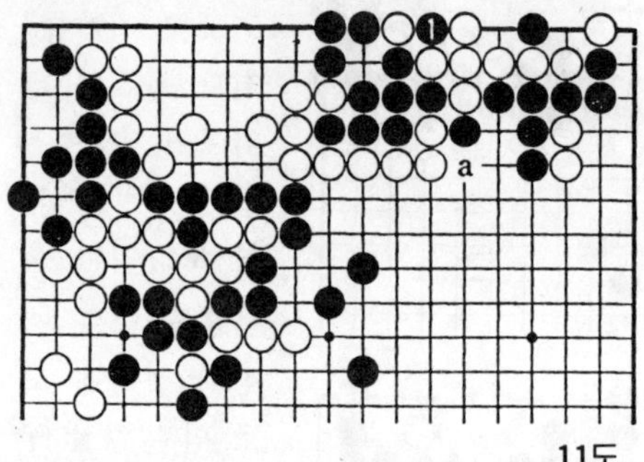

11도

11도(백 유리) 여기에서 흑은 1의 곳을 때려서 패를 내는 것이 정해이다. 백은 a의 곳에 팻감이 있어 유리한 진행이다.

백이 패를 되따내는 것에는 7점을 그냥 때릴 수 있는 것에 주의를 요한다.

12도(수싸움) 10도의 변화로 백 1에 흑 2로 잇는 것은 수싸움이 안된다.

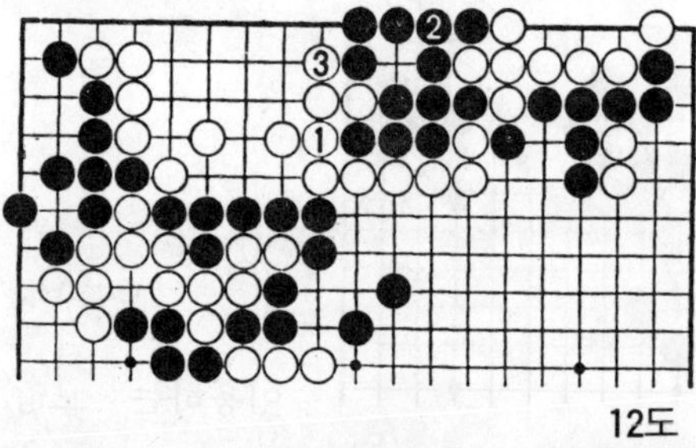

12도

13도(수상전) 여기에서 3점을 이은 다음, 외곽을 백이 그냥 조이면 7까지 백이 안된다.

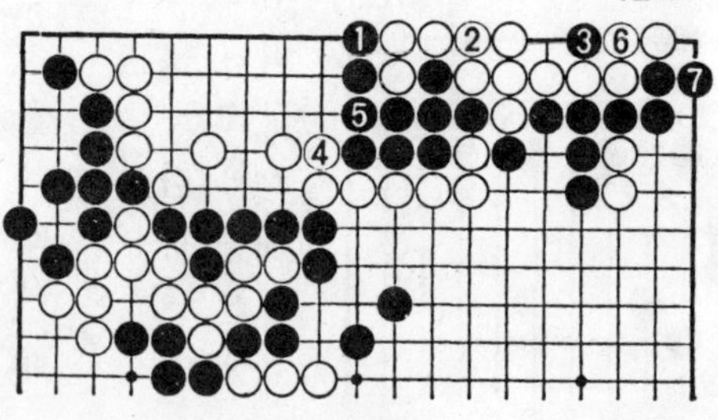

13도

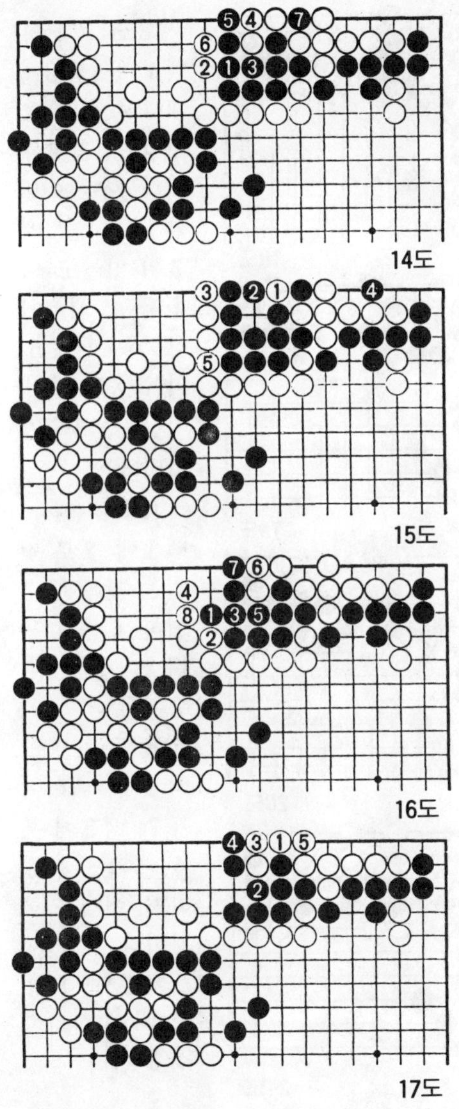

14도

15도

16도

17도

14도 (변화) 흑의 수순을 변화시켜 보자. 5도의 흑 5로 1의 이음에는 백 2, 흑 3, 5로 된다.

15도 마술(패) 여기에서 백 1 이하 5까지—· 이것은 10도와 같이 백이 유리한 패가 아닐 수 없다.

16도 (패) 흑 1의 마늘모에는 백 2 이하 8까지 이것은 3점을 사석으로 이용하는 모양이다.

17도 (수싸움) 직접 둔다면 흑 2, 4이다.

백 5까지 흑의 공격이 여의치 않다.

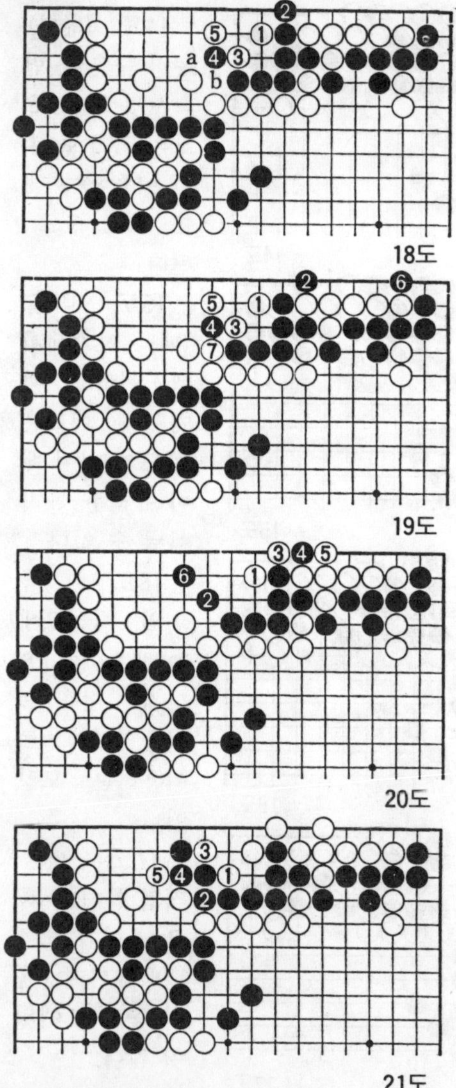

18도 19도 20도 21도

18도 (백승) 백 1의 붙임에 대하여 흑의 응수법은 흑 2의 내려섬은 어떨까? 그러면 백 3의 마늘모 다음 흑 4, 백 5이다. 흑a에는 b의 끊음이 있다. 이것은 흑승이 아니다.

19도 (백승) 백 1에 2로 젖히는 것은 백 3 이하 6까지 둔다. 이것은 백승이다.

20도 (마늘모) 백 1에 내하여 흑 2, 백 3에 흑 4, 다음 흑 6까지. 이것은 착각이다.

21도 백 1, 3 다음 5까지의 수가 있다.

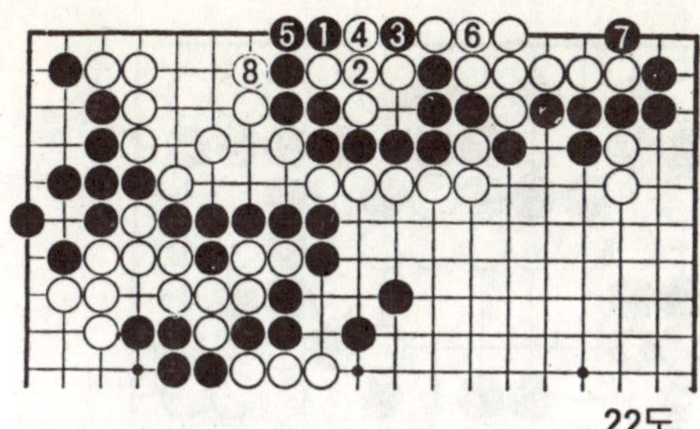
22도

22도 (백승) 여기에서 흑 **1**, **3** 에서 **5** 까지 내려서는 수가 있다. 그러면 백 **8** 까지 흑은 한 수 부족이다.

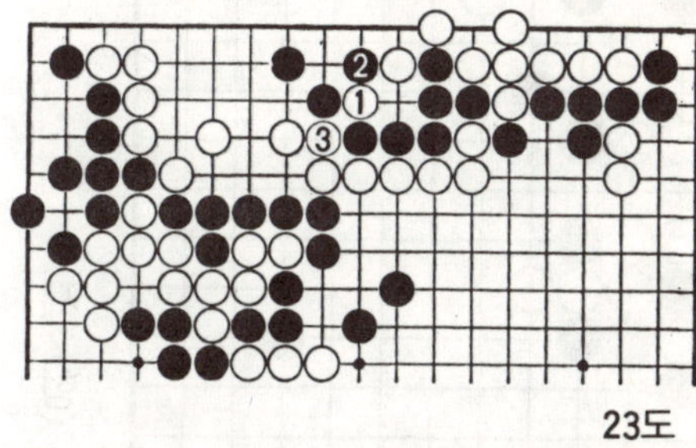
23도

23도 마술 (반발) 백 **1** 의 마늘모 붙임에 흑 **2** 의 단수는 좋지 않다. 되따냄을 당한다.

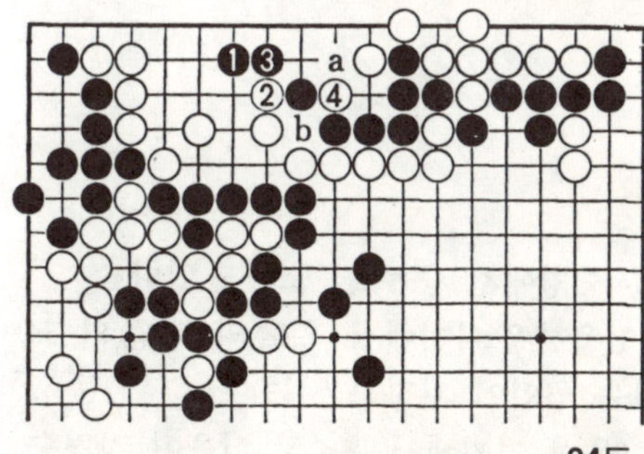
24도

24도 마술 (반발) **20도** 흑 **6** 의 마늘모를 **1** 로 두는 것은 백 **2** 다음 **4** 의 마늘모가 맥이다.

흑a 에는 백b 로 그만이다.

결론은 1형 흑 **2** 의 내려섬에 위험이 있다.

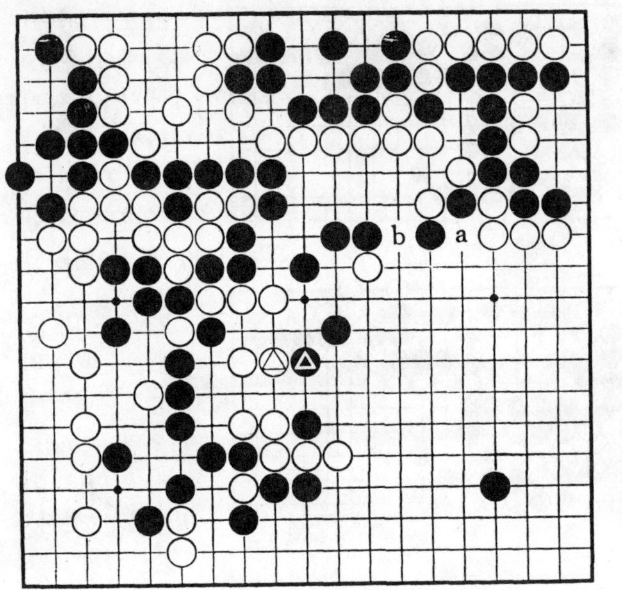

〈제 2 형〉

〈2 형〉

축을 없앤 묘맥

국면을 살펴보면 중앙에서 승부를 노리고있다.

흑이 손을 뺄 수 있을까? 여기에서 흑▲와 백△의 교환이 결정타를 피하는 원인이 되지는 않는다.

흑▲의 마늘모 다음에 여기에서 흑a의 이음이 강경수단이 성립할까의 여부다.

당연히 b의 절단으로 전투개시인데, 어떨까?

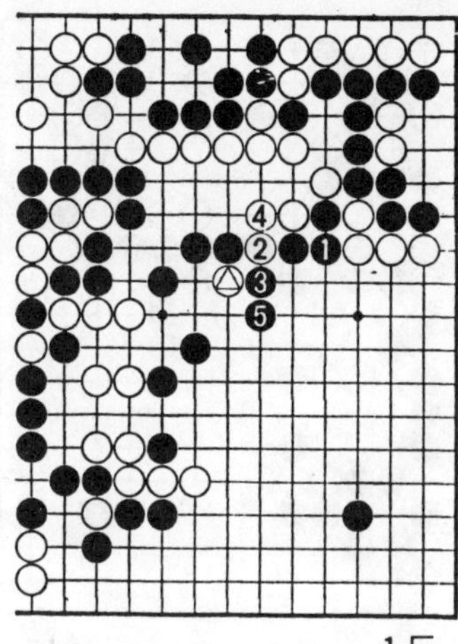
1 도

1 도(이음과 절단)
과연 흑 1의 이음은 성립할까?

승패의 분기점에선 장면이다.

흑 1 에는 당연히 백 2의 절단이다. 여기에서 흑 3 으로 끊고 5 로 나가는 것은 어떨까?

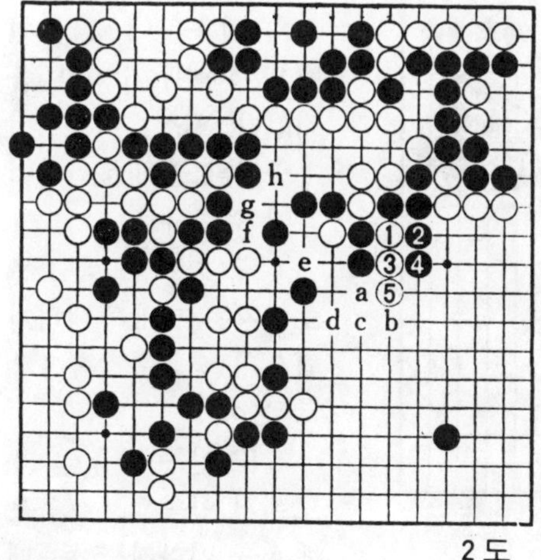
2 도

2 도 (혼전)
여기에서 백 1의 끊음에서 5의 뻗음까지—. 이다음 흑 a, 백 b 다음에 백 c 에는 흑 d로 받는다. 백 e는 맥이다. f로 나가면 흑 g 백 h로 된다.

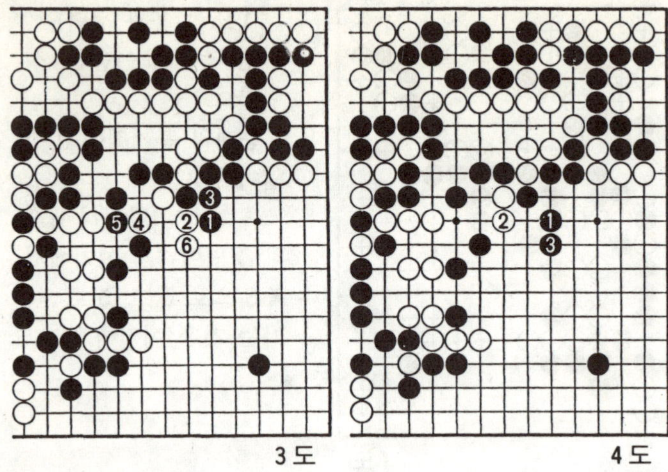

3 도　　　　4 도

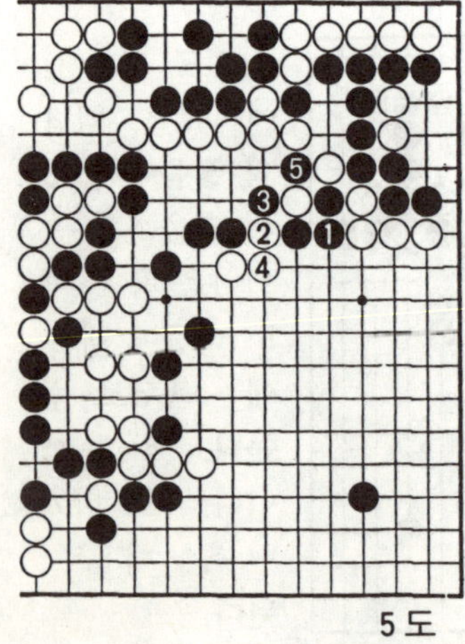

5 도

3 도(흑위험)　**1** 도 흑 **5** 의 뻗음을 **1** 로 두면 백 **2**, **4** 에서 **6** 까지 움직인다.

중앙의 돌이 불안하여 흑이 위험하다.

4 도(호구침)　흑 **1** 로 호구치는 것에　대하여 백 **2** 의 뻗음은　흑 **3** 으로 는다.

5 도(안쪽 끊음)　　**1** 도에서 안쪽으로 끊음은 백 **4** 를 기다려 **5** 로 때린다.

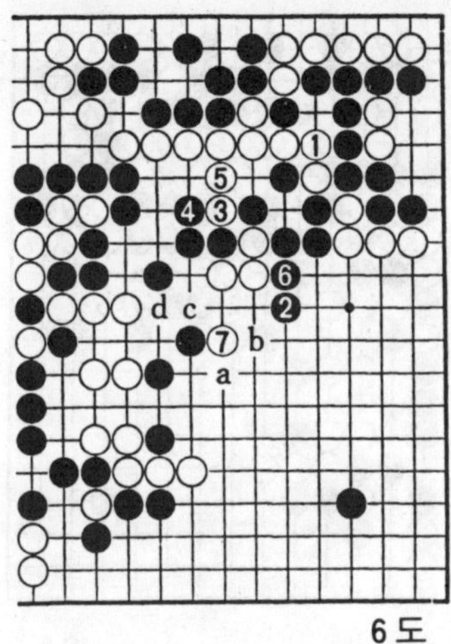
6 도

6 도(움직임) 백 **1** 의 이음은 당연하다.

여기에서 흑 **2** 의 씌움은 어떨까? 백 **3**, **5** 의 절단에서 **6** 의 이음이면 **7** 의 곳을 붙인다. 다음에 흑 a에서 b로 뻗어 난전이다. 흑 a로 b의 마늘모는 백 c, 흑 d, 백 a로 된다.

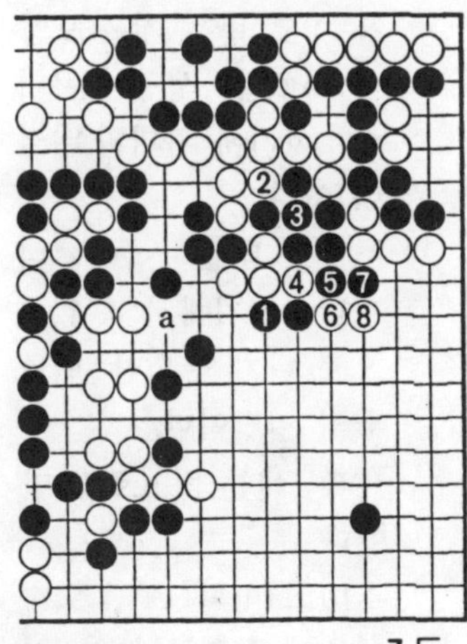
7 도

7 도(축) 전도의 흑 **6** 의 이음으로 **1** 의 곳을 올라서면 백 **2** 의 단수, 흑 **3** 의 이음 다음에 백 **4** 이하 **8** 까지 축이다.

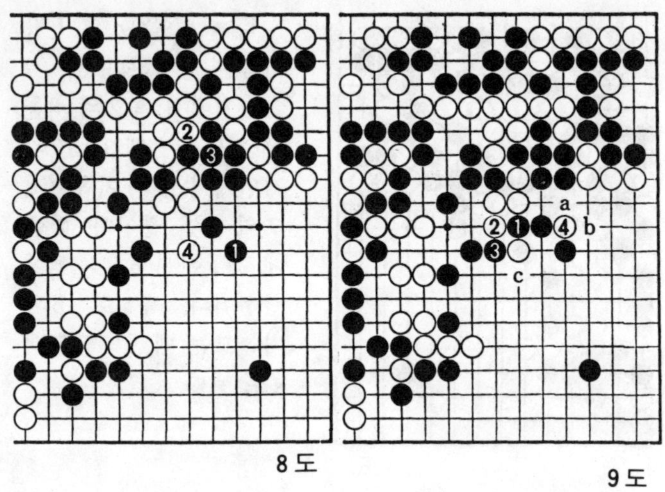

8 도

9 도

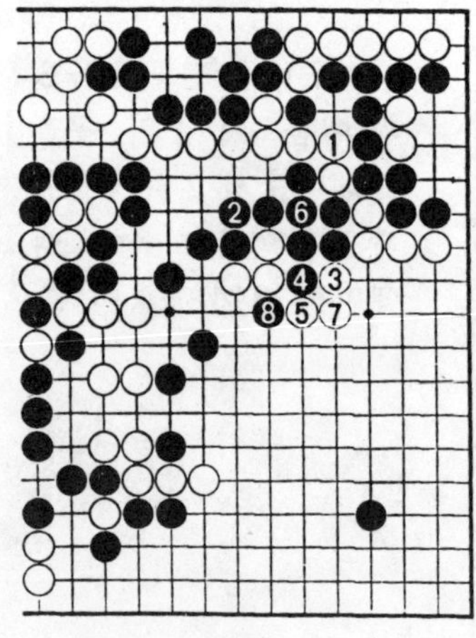

10도

8 도(파괴) **6 도 흑 6** 을 **1** 로 받는 것은 모양이 나쁘다. 성공이 아니다. 여기에 파괴의 비결이 있다.

9 도 마술 (흑이 나쁘다.) 여기에서 흑 **1, 3** 으로 나가 끊으면 백 **4** 붙임 일발이다.

흑 a에는 백 b로 그만이다.

10도(변화) 백 **1** 로 이으면 흑 **2** 로 두지 않을 수 없다. 백 **3** 의 젖

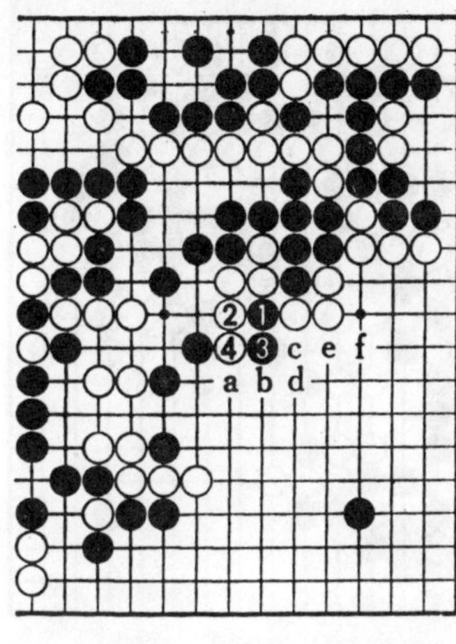

11도

힘에 흑 4 로 나간다음 6 으로 잇는다.

백 7 의 이음에는 흑 8 로 끊는다.

여기에서 백 3 점을 잡아야 하는 것이 새로운 과제가 아닐 수 없다.

11도 (축) 흑 1 의 끊음에 백 2 는 당연하다. 흑 3 에는 4 로 나간다. 다음에 흑 a는 b로 몰아서 축이다.

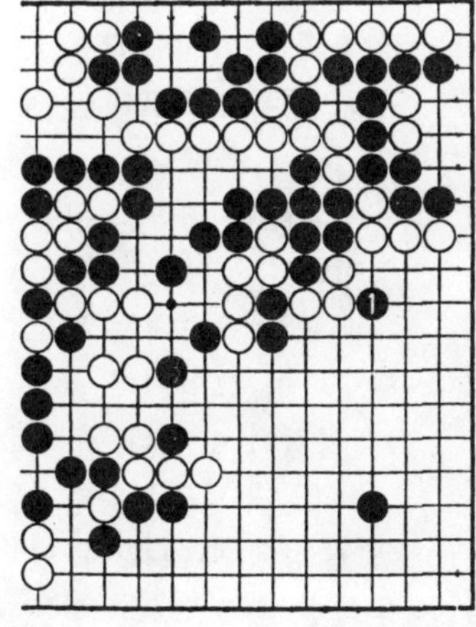
12도

12도 마술 (붙임) 여기에 놀랄만한 맥이 있다.

흑 1 의 붙임이 맥이다.

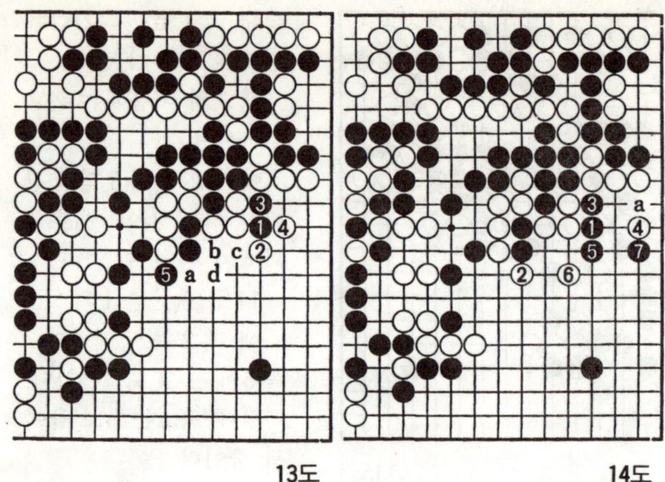

13도　　　　14도

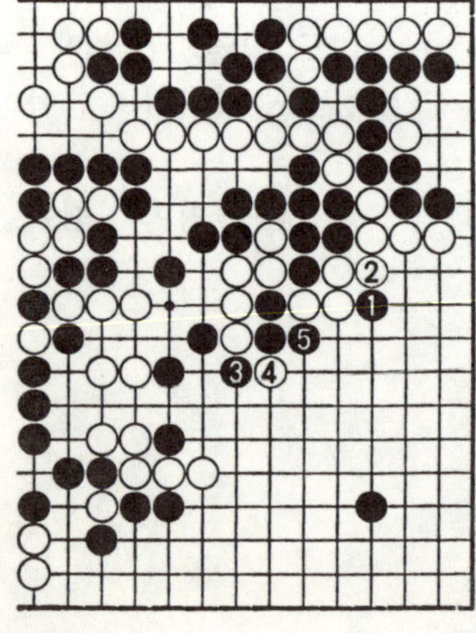

15도

13도 마술(축이 아님) 흑 1의 붙임에 백 2로 젖히면 흑 3으로 끊는다.

백 4에는 5의 곳을 젖힌다.

백 a의 단수에는 b로 단수하여 그만이다. 축이 성립이 안된다.

14도(흑성공) 흑 1의 붙임에 백이 2로 단수하면 흑 3으로 뻗는다.

백 4로 수를 늘리면 5, 7로 백은 도망할 수 없다. 따라서 백 4는 무리다.

15도 마술(축이 안됨) 흑 1의 붙임에 백 2의 이음은 3으로 끊어서 그만이다.

여기에서는 축이 안된다.

이렇게 수를 멀리 볼 수 있어야만 강해진다.

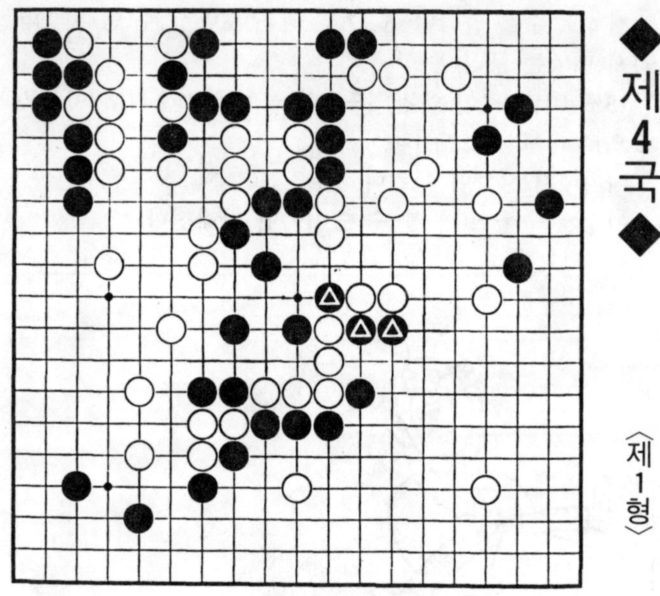

제4국 양쪽의 맥

〈1형〉 흑선

제7기 명인전 도전7번 승부의 제3국이다.

조 치운 명인(흑)과 오오다께(大竹) 영웅 9단의 실전이다.

흑은 중앙 백5점을 취하여야 하는데 그곳에 결함이 있다.

우측 흑▲의 2점과 상방 흑▲의 한점이 끊을수 있음이다.

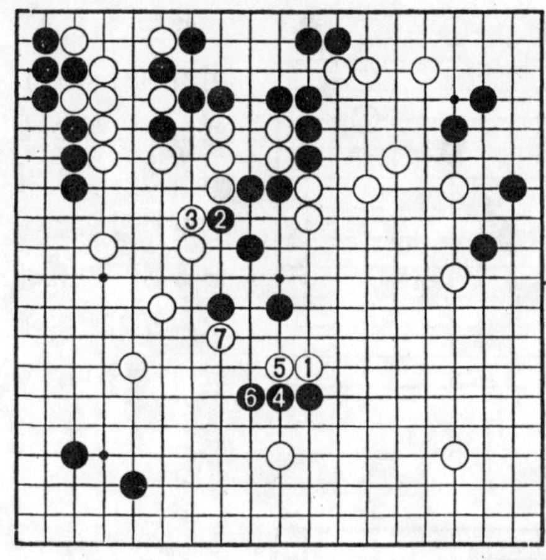

1 도

1 도 (실전경과) 이 바둑은 **61**수가 2시간 24분의 기록적인 대장고이다.

실전 경과를 나타내본다.

백 **1** (60) 의 강렬한 붙임에 흑 **2** (61)가 기록적인 대장고였다. 실제로 고려할 내용은 **4** 이하이다.

백 **7** 로 붙여 흑을 분단하려고 하였다.

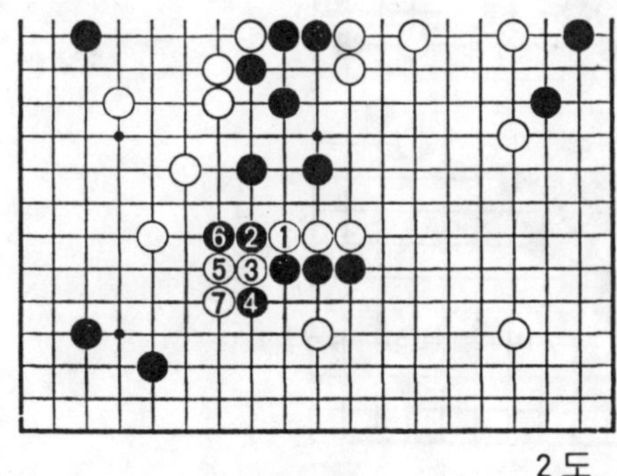

2 도

2 도 (변화) 백 **1** 의 3점으로 누르면 흑 **2**, 백 **3** 의 끊음이다.

1형은 이후의 변화를 나타낸 것이다.

흑 **4**, **6** 다음 백 **7** 까지 된 다음——·

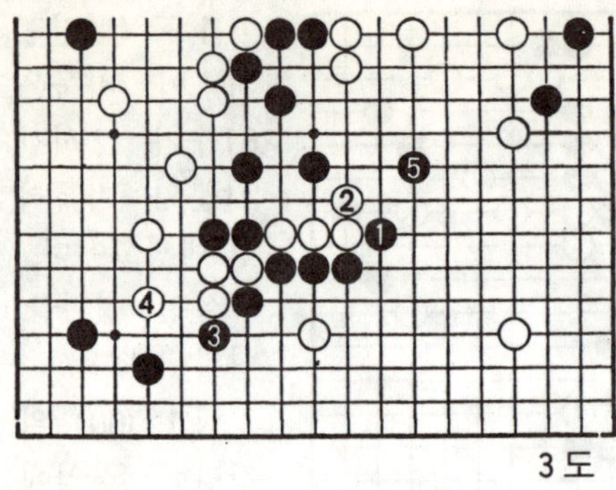
3 도

3 도 (씌움) 여기에서 흑 **1**에 젖혀 백 **2**에 나가면 흑 **3**의 2 단젖힘으로 백 **4**를 강요하고, **5**의 곳에 크게 씌웠다.

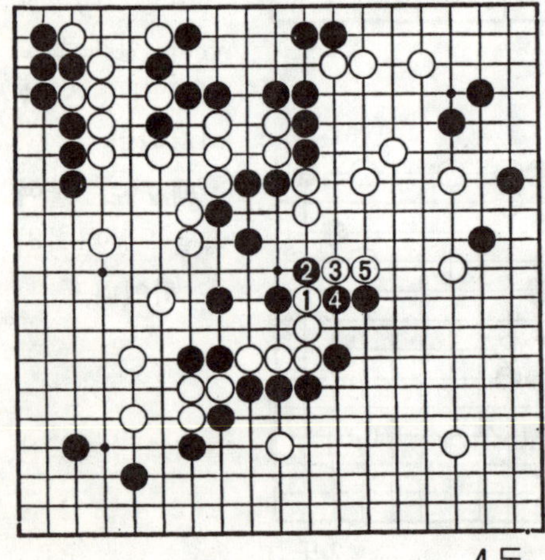
4 도

4 도(나가끊음) 여기에서 백 **1**, 흑 **2**, 백 **3**, 흑 **4**의 끊음이다. 다음에 백 **5**로 눌러서 1 형이다.

여기에서 흑이 백 2 점을 어떻게 처리하여야 하는가가 묘맥의 발견이다.

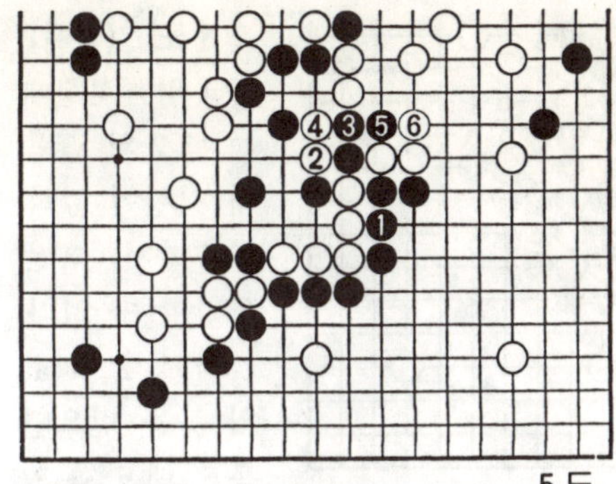
5 도

5 도 (실패)
흑의 실패를 나타내본다.

흑 **1** 의 이음에는 백 **2** 로 끊어 **6** 까지 축이다.

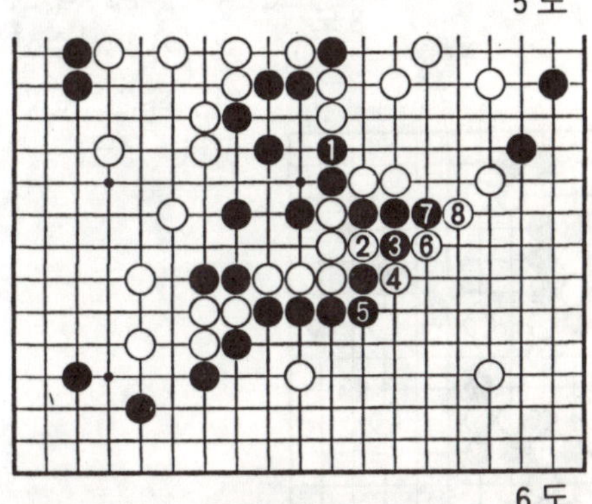
6 도

6 도 (실패)
다음으로는 **1** 로 뻗는 것이다. 백 **2**, **4** 의 나가끊음에서 **8** 까지 축이다.

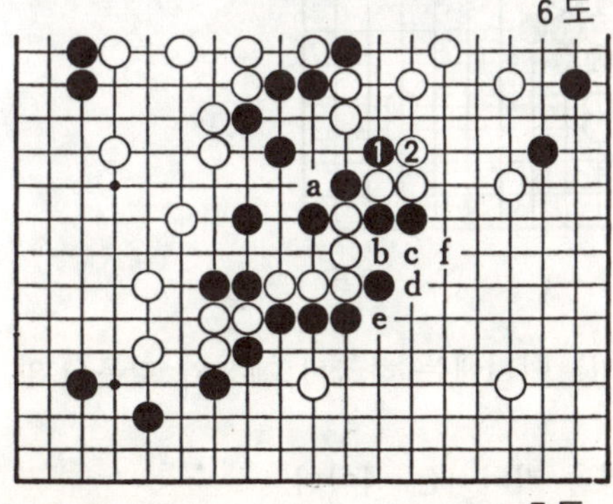

7 도

7 도 (실패)
흑 **1** 의 젖힘은 어떨까? 그러면 백은 **2** 의곳을 는다.

이후 백 a 나 백 b, 흑 c, 백 d, 흑 e, 백 f 가 맞보기이다.

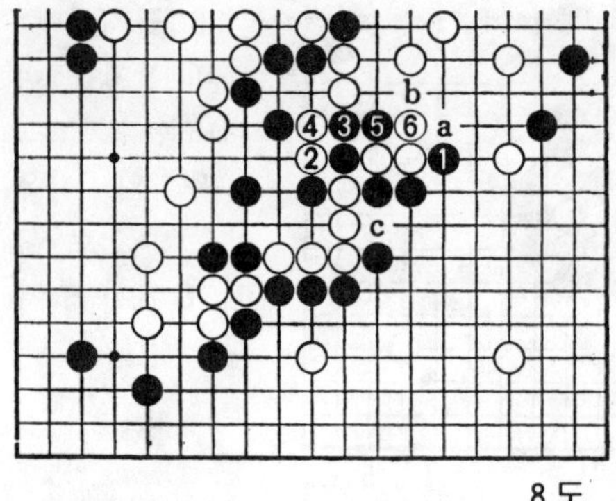

8 도

8 도 (실패) 흑 1의 젖힘에는 백 2의 끊음에 저항이 없다.

6까지 흑은 도망할 수 없다.

백이 2로 a의 곳을 받으면 흑 6, 백 5, 흑 3, 백 b가 선수이다. 흑은 곤란하다.

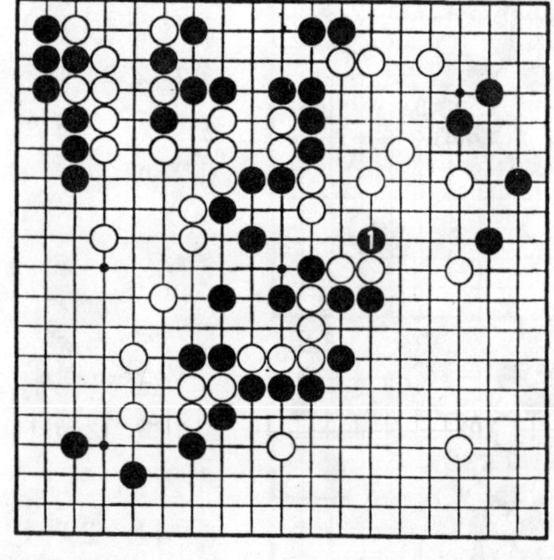

9 도

9 도 마술(껴붙임) 여기에는 하늘의 계시와 같은 1의 곳 껴붙임이 있다.

흑이 양쪽의 약점을 커버하는 맥이다.

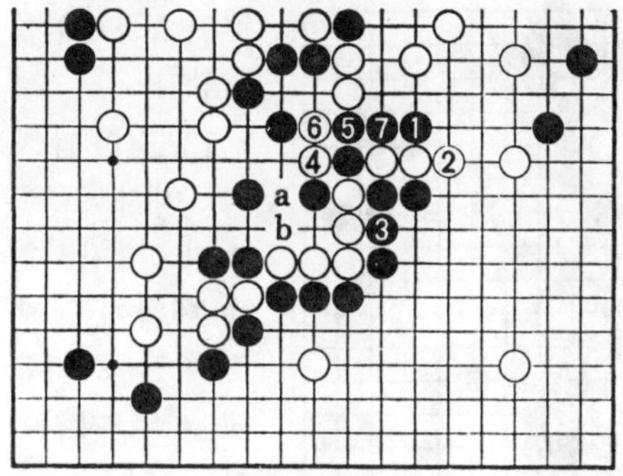

10도

11도

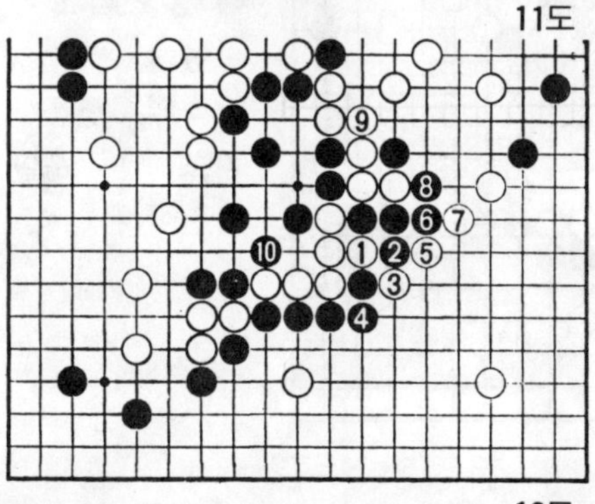

12도

10도 마술(성공) 흑 1 의 껴붙임에 대하여 백 2 의 받음은 흑 3 으로 중앙을 잇는다. 백 4, 6 다음에 7 의 곳을 이으면 백 5 점은 흑의 수중에 떨어진다.

백 a는 흑 b로 그만이다.

11도 (나감) 흑 1에 대하여 백 2 의 나감은 흑 3 이 좋은 수이다.

12도 (성공) 여기에서 백 1, 3 다음 5, 7로 두는 것은 흑 10까지 백을 포획할 수 있다.

3 도의 흑의 씨움의 성공은 2 도의 백의 작

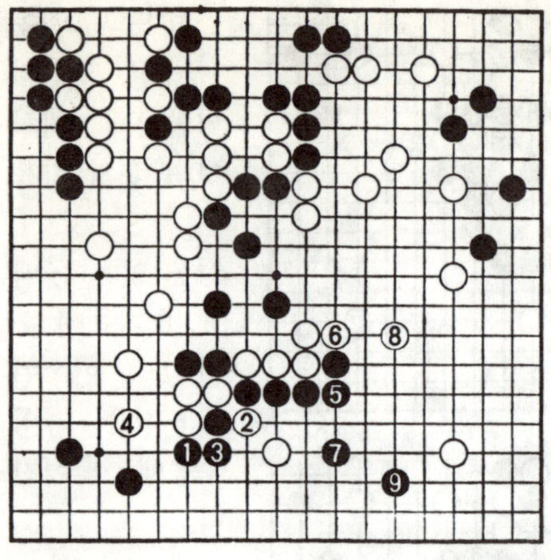

13도

전이 실패임을 뜻한다.

13도 (바꿔 치기) 따라서 흑 **1**의 **2**단젖힘에 대하여는 백 **2**의 끊음 다음에 **4**의 지킴이다.

흑은 **5**로 이은 다음에 **9**까지 집을 넓힌다. 이 변화가 결론이다.

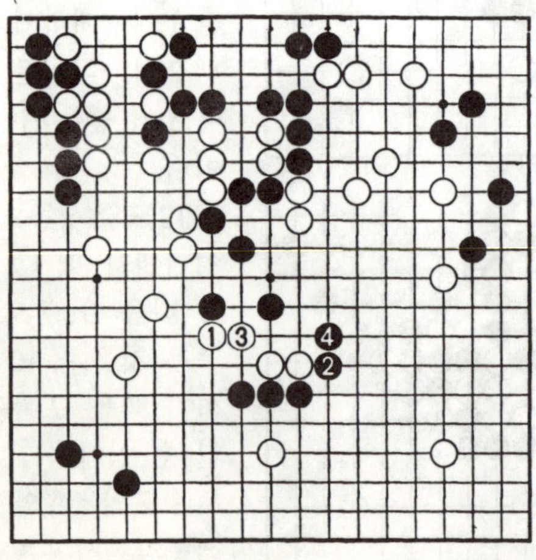

14도

14도 (실전경과) 실전은 백 **1**의 붙임 다음에 **3**으로 끄는 수였다.

4의 뻗음까지도 백의 분단작전이다.

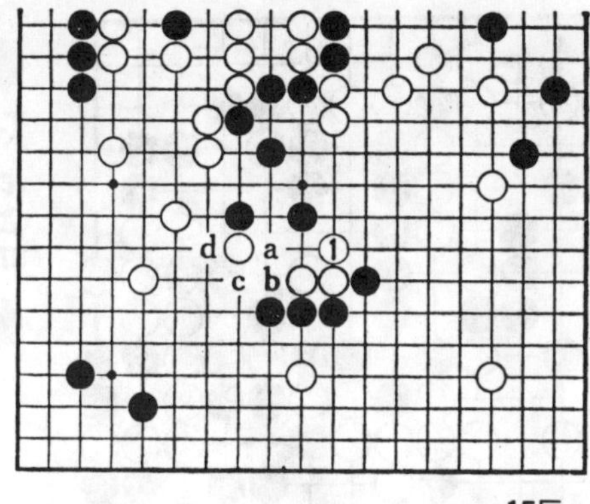

15도

15도 (정착)
전도의 백 3이 악수, 여기에서는 1의 곳이 정착이다.

다음에 흑 a, 백 b, 흑 c, 백 d의 나가끊음은 c의 아래끊음이 남는다.

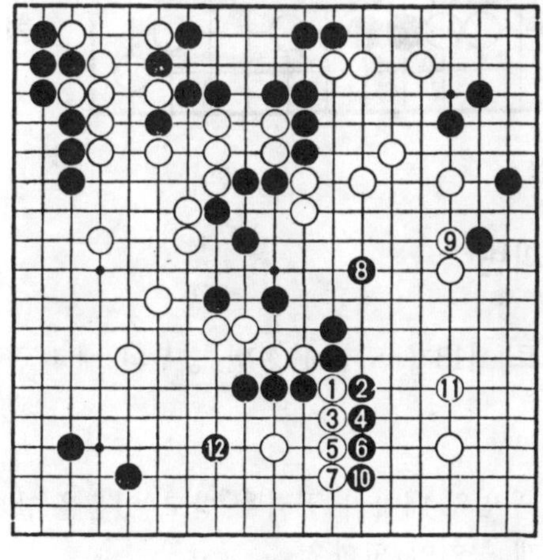

16도

16도 (경과)
14도의 다음 실전에서는 1의 끊음에서 2이하 10까지이다.

다음 12로 하변을 누른다.

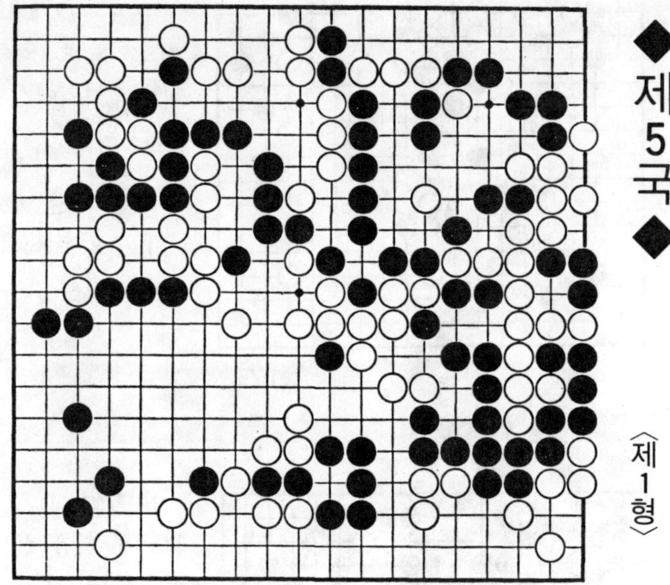

제5국 귀의 괴변

〈1형〉 흑선

이것은 명인전으로 제13기 도전자 7번 승부의 제4국이다.

임해봉이 백이다.

국면을 살펴보면 우변의 대마가 공격을 받고 있음을 알 수 있다. 자, 어떻게 두어야 할까?

귀에 괴이한 변리가 있다.

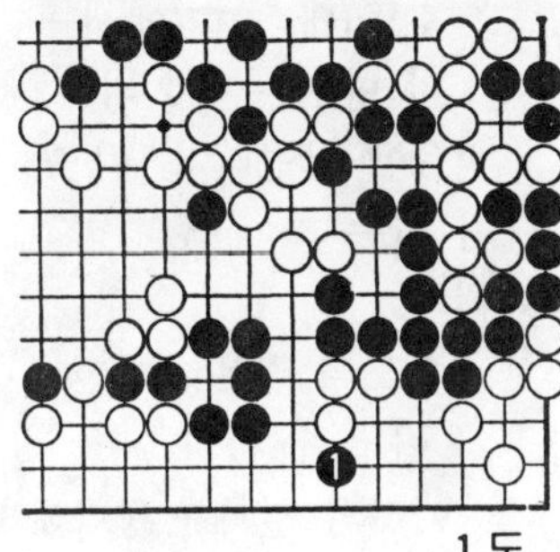

1 도

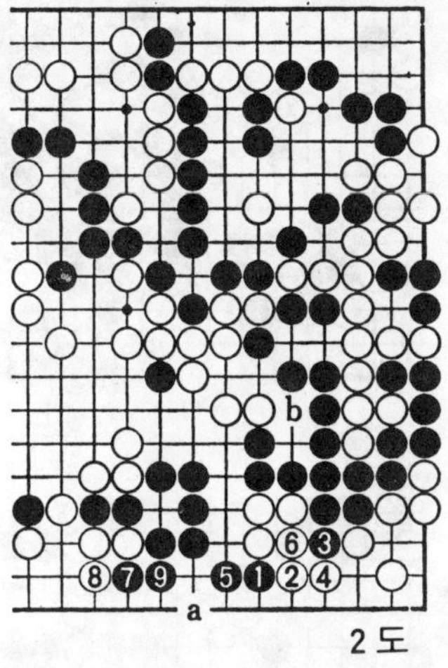

2 도

1 도 마술 (아래붙임) 오오다께(大祢)가 둔 것은 흑 1 이였다. 이것으로 흑은 살 수가 있다.

2 도(실전) 흑 1 에 2 의 받음은 3 으로 나가서 5 로 끄는 수순이다. 흑의 대마는 a , b가 맞보기로 산다.

3 도 (귀를 잡는 수) 여기에서 흑 1, 3 으로 두는 건 어떨까?

백 4 다음에 —·

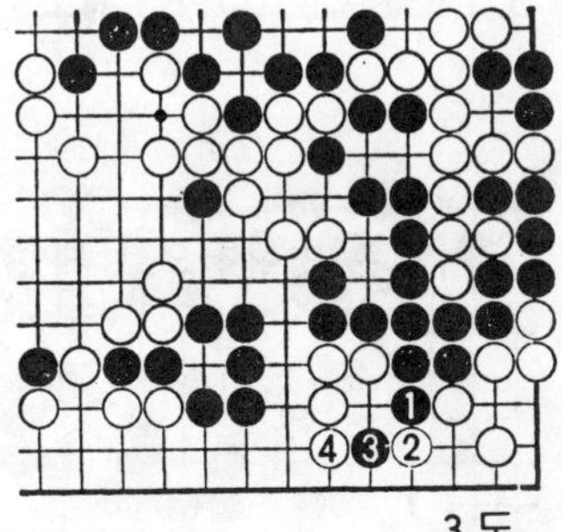

3 도

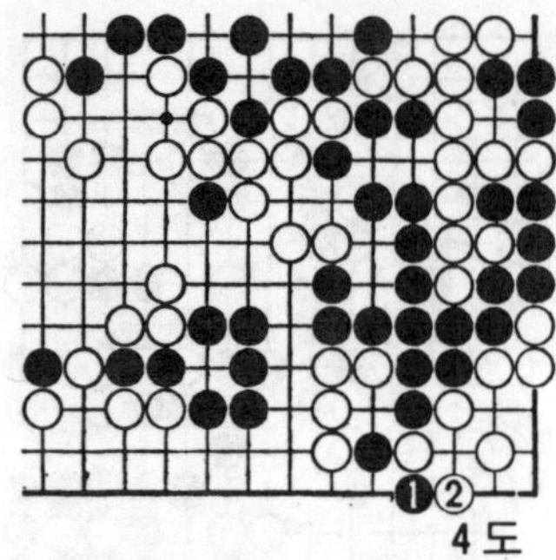

4 도

4 도(패) 여기에서 흑 **1** 의 단수는 백 **2** 의 패받음이 당연하다. 이 귀를 잡는 것이 흑의 작전이다.

2 도의 흑은 대전과가 아닐 수 없다.

이하의 결과를 생각해 보자.

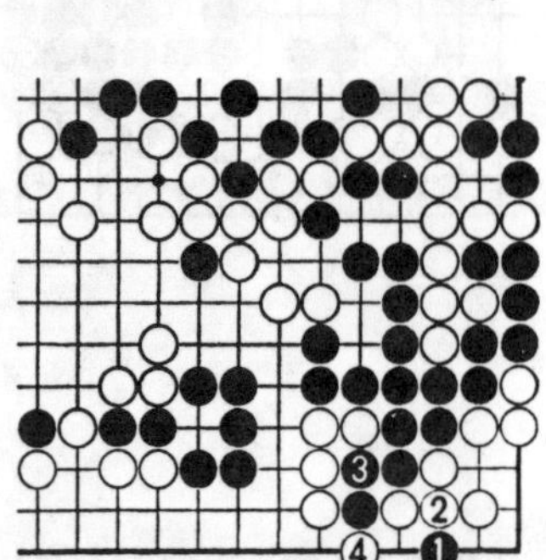

5 도

5 도(치중) 흑 **1** 의 단수에 백 **2**, 다음에 **3** 으로 잇는다.

이것이 출발점이다.

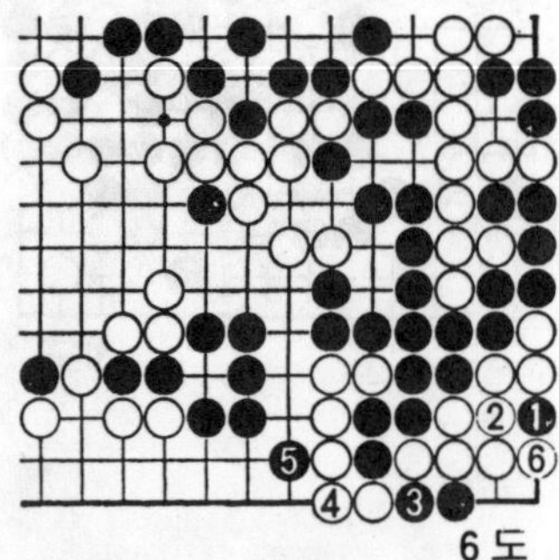

6 도

6 도(실패) 여기에서 흑 **1** 의 단수는 속맥이다.

백 **2** 다음 **3** 으로 두면 **4** 의 곳을 잇고 흑 **5** 를 기다려 **6** 이면 그만이다. 이것은 실패이다.

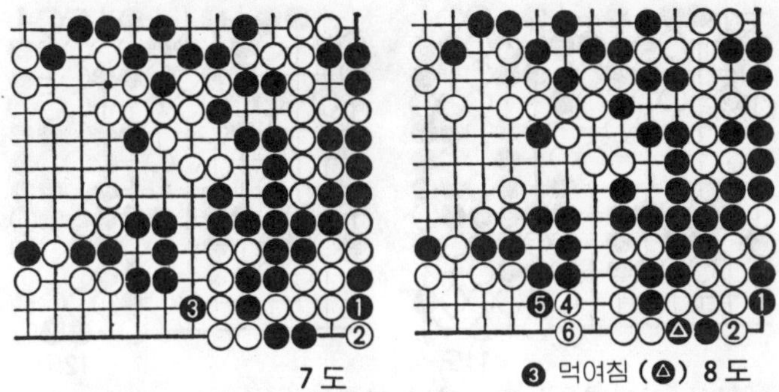

7 도　　❸ 먹여침 (◬) 8 도

7 도 (급소) 전도의 변화이다. 하변의 백에 대해서는 흑 1 의 뻗음이다.

다음 흑은 3 의 곳에 마늘모하여 성공이다.

8 도 (삶) 흑 1 로 늘면 백은 반대쪽을 때린다.

흑◬에 먹여치기 백 4 , 6 으로 산다.

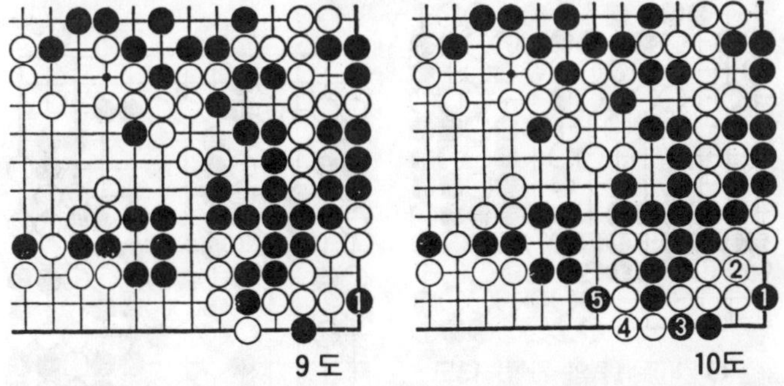

9 도　　10도

9 도 (붙임) 귀를 둔다면 흑 1 의 치중이다. 이것이 맥이다.

10도 (이음) 흑 1 에 대하여 2 로 이으면 3 의 곳에 밀고 4 를 기다려 5 로 마늘모한다. 그러나 여기에서 최강 수단을 나타내지 않는 것이 불만이다.

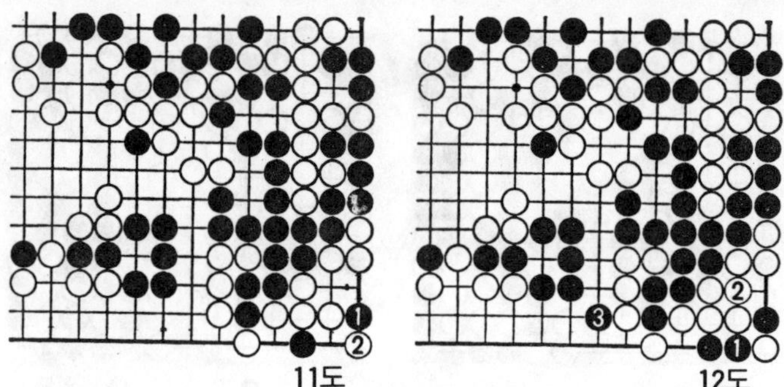

11도　　　　　　　　　　　　12도

11도 (집어넣음) 흑 1 의 붙임에는 백 2 로 집어넣는다.

12도 (괴변인가?) 다음에 흑 1 로 잡으면 백 2 로 잇는다.

흑 3 의 마늘모 붙임에는 귀는 어찌될까?

13도 (집) 여기에서 백 1 로 젖히면 흑 2, 4 이하 백 7, 흑 8 로 되따낸다.

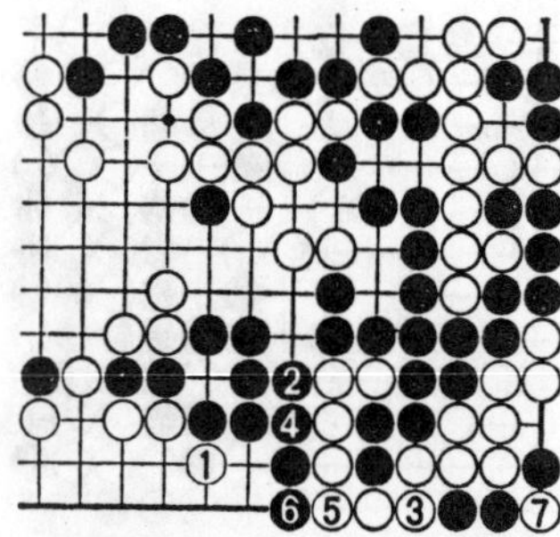

❽ 되따냄 (7 의 왼쪽) 13도

14도 (귀곡사) 결과는 귀곡사의 모양이다.

흑은 2 집이 나지 않아서 귀를 잡아야 한다.

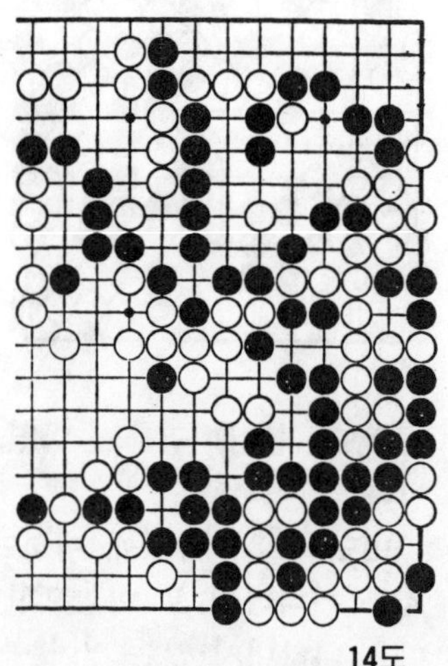

14도

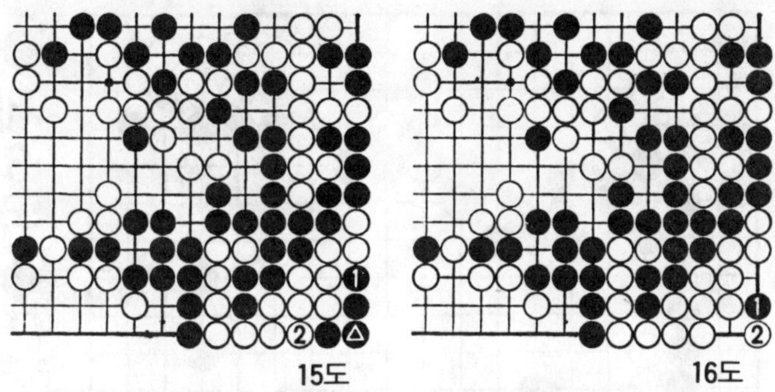
15도　　16도

15도(때림) 흑은 △에 이은 다음 1로 공격하면 백2로 4점을 때린다.

16도(패) 흑1에는 백2로 받아서 패이다. 그러니까 4도의 패는 흑의 실패이다.

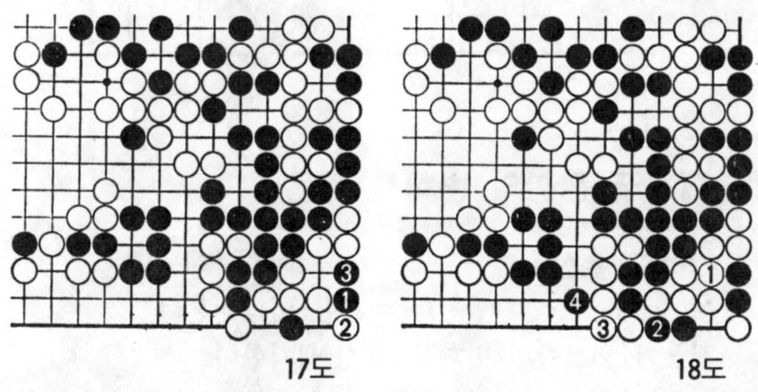
17도　　18도

17도마술(변화) 흑1에 백2는 흑3이 정해이다.

18도(성공) 여기에서 백1로 2점을 때리면 흑2, 4이다.

이것은 7도의 환원이다.

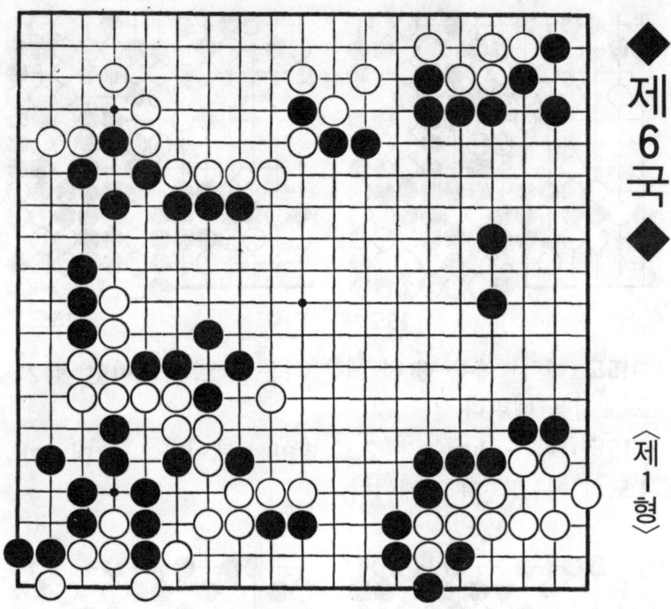

제 6 국 정황의 변화를 읽음

〈1 형〉 흑선

여기에서 프로의 실전의 변화를 나타내본다.

전문가는 정황의 변화를 항상 생각한다.

이 모양은 전형적인 예인데 어떤 미묘함들이 이곳에 숨어 있을까?

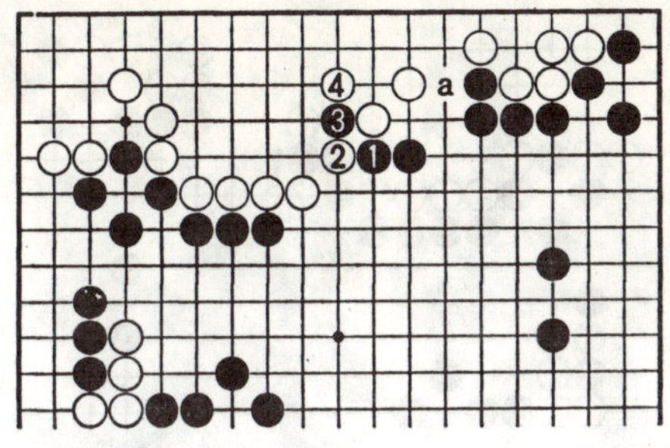

1 도

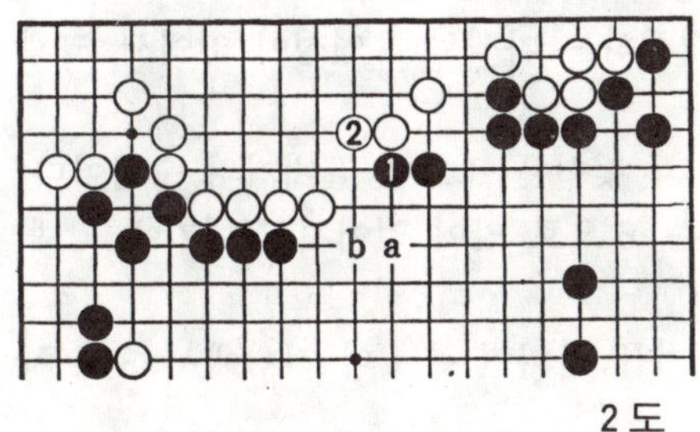

2 도

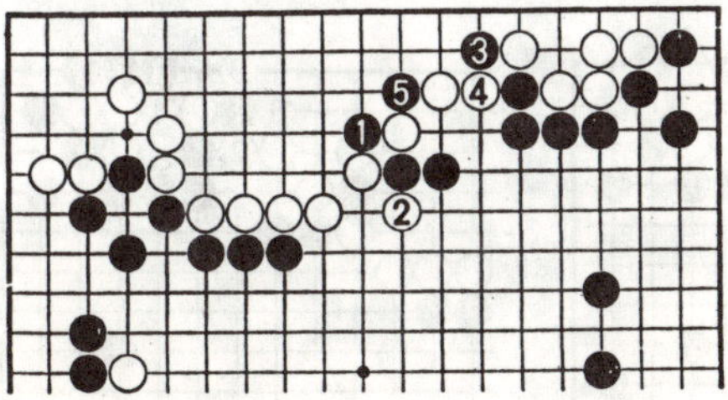

3 도

1 도 (누르고 끊음) 실전에서 두는 모양은 흑 1로 누르고 3으로 끊음이다.

백 4의 단수로 변화의 여지가 있다.

백 4로 a의곳은 흑 4로 내려선다.

2 도 (늘다) 흑 1에 백 2로 느는 것은 견실하지만 이익이 없다. 흑a나 b로 만족이다.

3 도 (파멸) 흑 1의 끊음에 백 2로 두는 것은 흑 3, 5로 백이 파멸된다.

4 도 (봉쇄) 상변에 둔다면 봉쇄의 수법으로는 흑 **1**의 단수에서 **3**의 봉쇄이다.

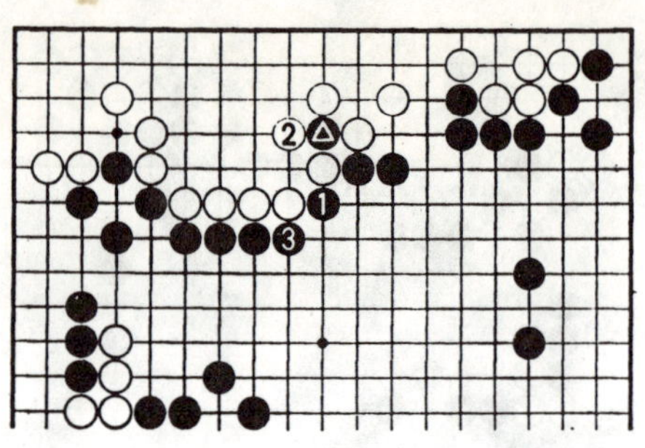

4 도

흑◬의 끊음이 방책의 역활을 한다.

이것이 정황에 대처하는 자세로 유연성이 있어서 크게 좋다.

5 도 (실패) 흑 **1** 의 젖힘은 조그만 끝내기의 수법이다

백 **2** 에 흑 **3**, **5** 는 **6** 으로 맛이 없어져 끝내기에 낙재이다.

6 도 (치중) 끝내기를 한다면 흑 **1** 의 젖힘에서 **3** 의 치중이다.

백 **4** 의 이음에는 **5**, **7** 까지, 이것은 백집이 크게 감소되었다.

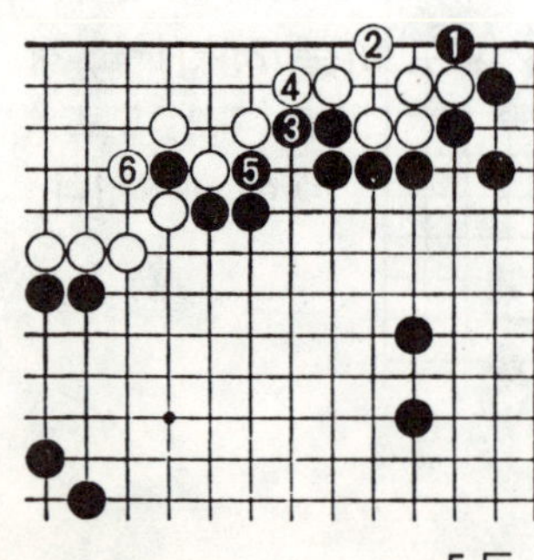

5 도

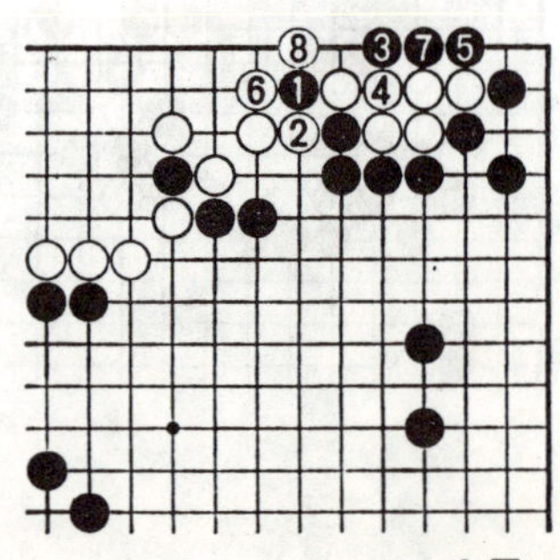

6 도

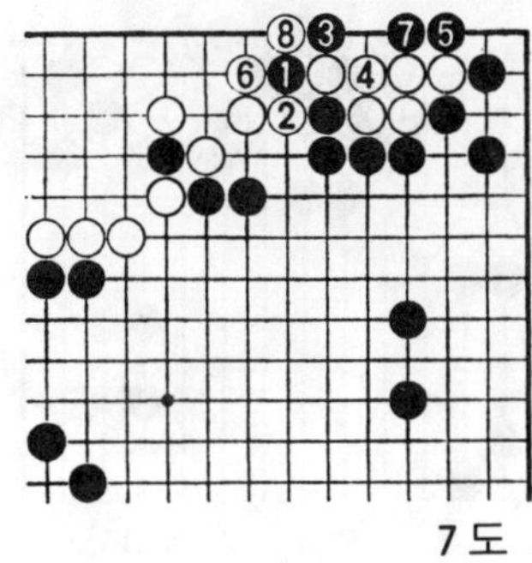

7 도

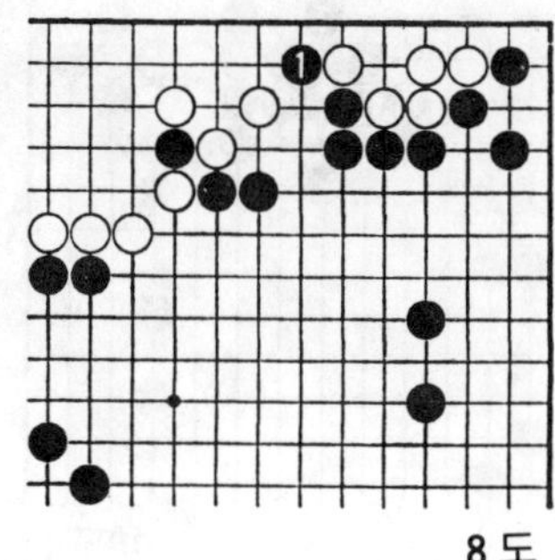

8 도

7 도(흑선) 흑 1 의 젖힘으로 나가면 3 의 단수 다음 5, 7 이 끝내기의 수법이다.

그러나 이것은 흑의 손해이다. 전도보다도 2 집 손해이다.

그러면 여기에서 정황을 살펴볼 이유가 있다.

독자라면 어디다 두어야 할까?

이런 곳을 고심 끝에 찾을 수 있어야만 기력연마에 큰 도움이 될 것이다.

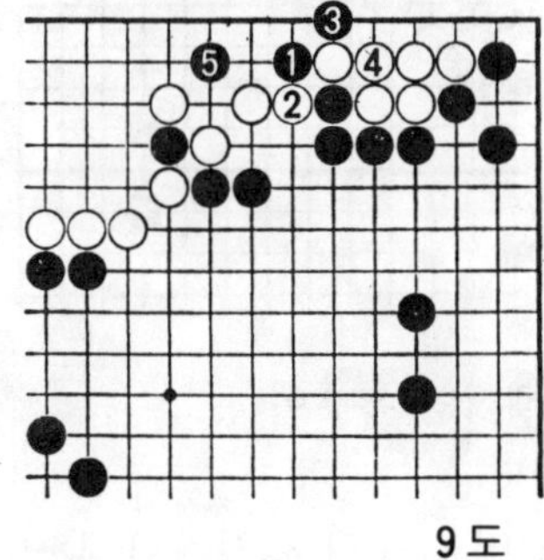

9 도

8 도(젖힘) 흑 1 의 젖혀 나감은 당연하다.

9 도 마술 (한칸) 흑 1 에서 3 의 단수 다음에 5 의 한칸이 묘수이다.

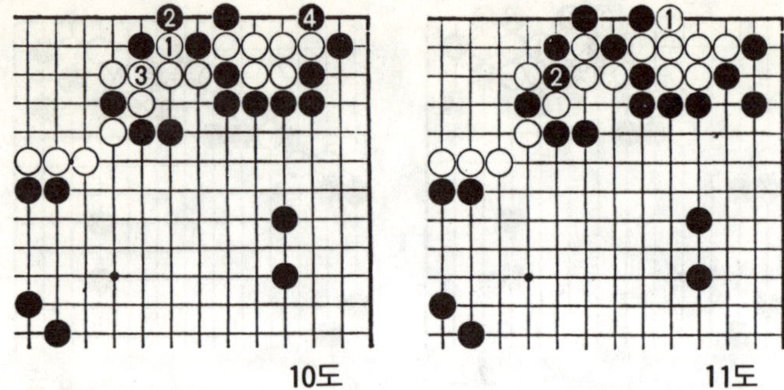

10도　　　　　　　　11도

10도 마술(패) 여기에서 백 1 로 나가면 흑 2 로 받아서 패이다.

백 6 점을 다투는 패이다. 이맥을 기억해 두기 바란다.

11도 (변화) 전도의 백 3 으로 2 점을 단수하는 것은 패를 피하는 수이다.

그러나 흑 2 로 되면 방어를 태만히 할 수 없다.

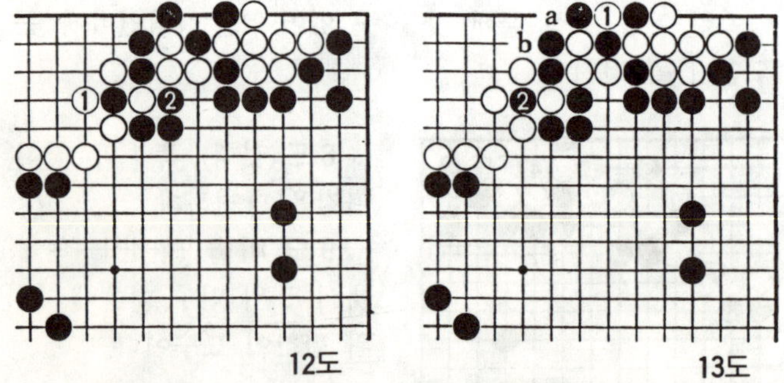

12도　　　　　　　　13도

12도 (해) 여기에서 백 1 로 때리면 흑 2 이다.

10도보다 큰 패로 백이 궁하다.

13도 (패를 못피함) 백 3 점을 이을 수가 없어 백 1 로 때리면 흑 2 로 때려서 패의 시작이다. 다음에 백a 는 흑b 로 나간다. 흑a 를 b 하는 것은 패이다.

14도 (경솔) 여기에서 백 1 로 빠지는 것은 당연하다. 흑 2 는 경솔한 수이다.

용기가 부족하다.

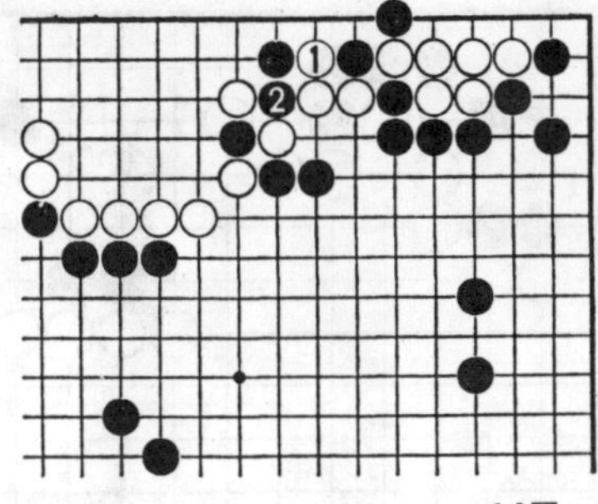
14도

15도 (젖힘) 여기에서 백 1, 흑 2 의 단수에서 백은 3의 젖힘이 맥이다.

16도 마술(변화) 다음에 흑a 로 취하면 백b 이다.

흑a 를 b 로 나가는 것은 백a 의 이음으로 흑 3 점을 도울 수 없다. 반대로 백에 마술을 사용하는 형으로 흑의 실패이다.

14도 흑 2 의 급공은 실패이다.

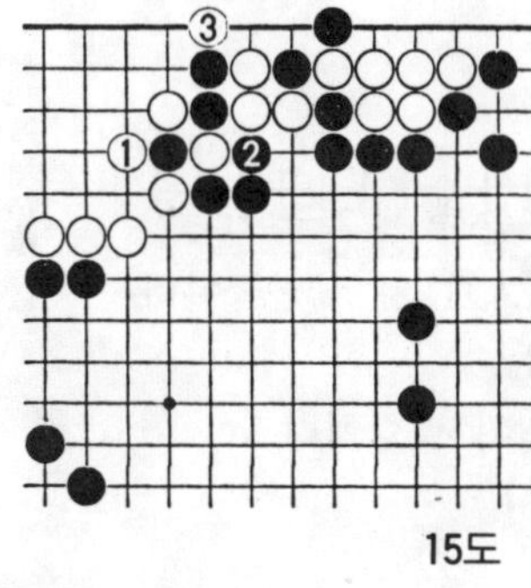
15도

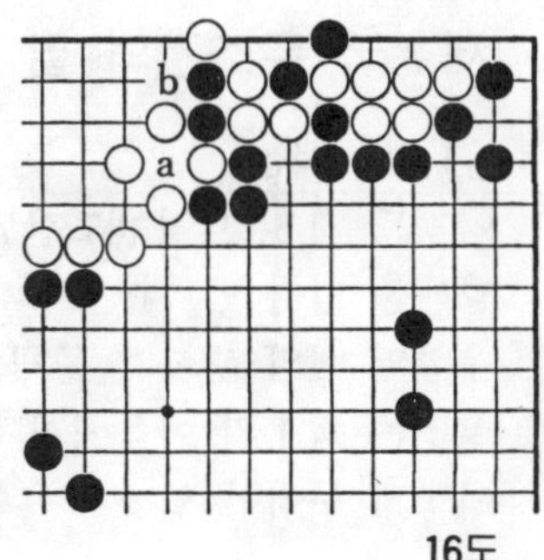

16도

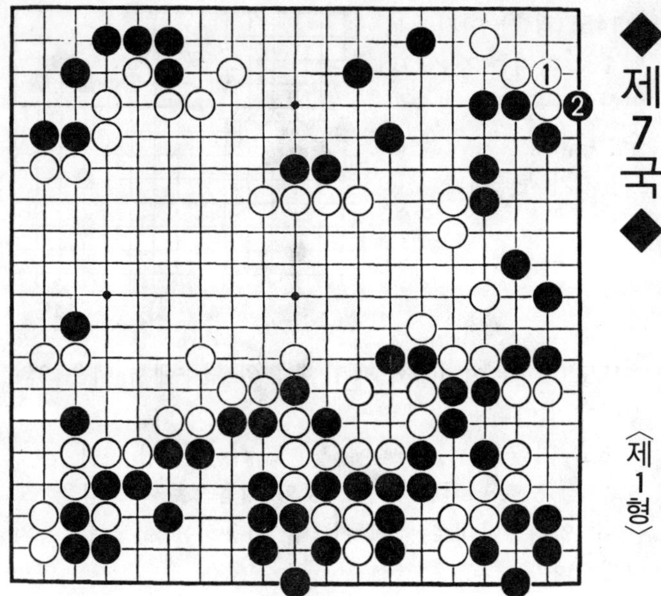

◆ 제 7 국 ◆

〈제 1 형〉

제 7 국 무조건의 삶

〈1 형〉 백선

이것도 제 3 기 명인도전 7 번 승부 제 2 국이다.
임해봉 명인(백)과 오오다께(大竹)의 실전국이다.
우상의 백의 생사가 문제이다.
실전은 백 1 의 이음에서 흑 2 의 젖힘이다.
어떻게 두어야 할까?

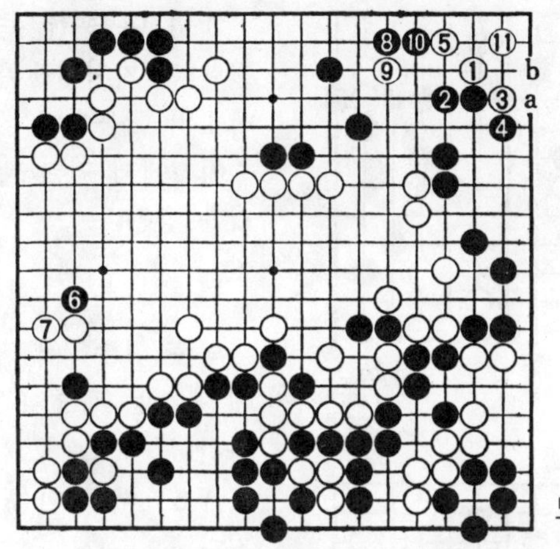

1 도

1 도 (실전경과) 1형의 우상귀의 모양은 백 1의 3·3의 붙임에 흑 2, 백 3, 5로 사는 모양이다.

백을 잡은 임해봉은 1의 곳을 이었다.

이것은 우상의 전두에 승패를 맡긴다는 살신의 국면이다.

백 9, 흑10까지 된 모양이라면 흑a, 백b로 패이다.

여기서 일단 검토해 보기로 하자.

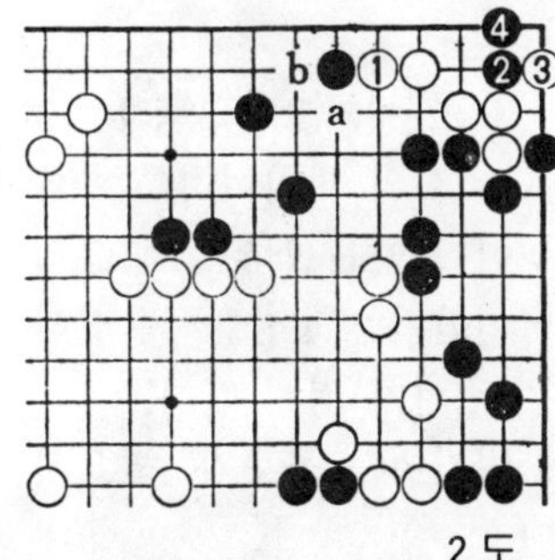

2 도

2 도(실패) 백 1로 부딪히는 것은 흑 2, 4로 눈을 빼앗는다. 백 a에는 흑 b로 그만이다.

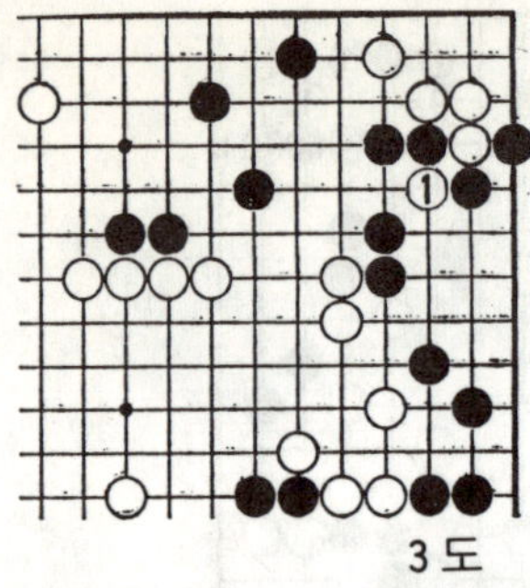

3 도

3 도 마술 (끊음) 무조건 사는 기사회생의 묘착은 백 **1** 의 끊음이다.

여기에서 귀의 백돌은 활기를 얻는다.

4 도(단수) 백 **1** 의 끊음에 흑 **2** 는 백 **3**, **5** 로 뻗어 나간다.

흑 **6**, 백 **7** 다음 흑 **8** 까지다.

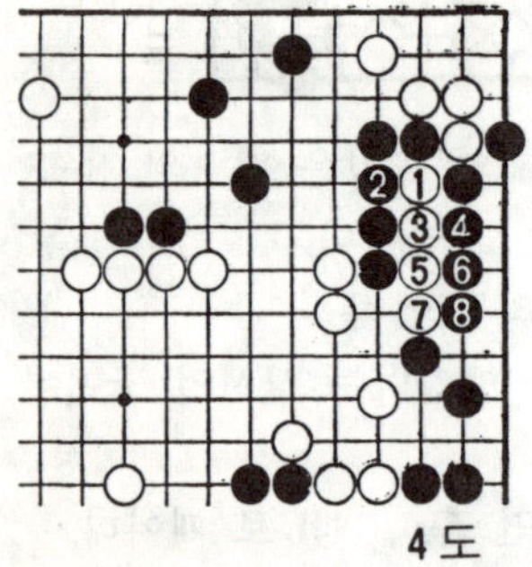

4 도

5 도(실패) 이런 중요한 기로를 맞이하여 백 **1** 로 4 점을 이으면 흑 **2** 로 둘 수 밖에 없다.

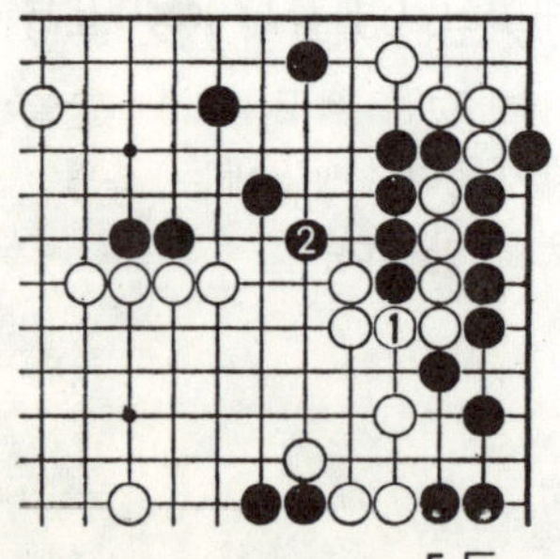

5 도

6 도(세기모양) 백 **1**, **3** 은 비상의 세기이다.

이 모양은 백의 필승의 국면인가? 4 점을 연결하는 전과가 적지 않다.

여기에는 공부가 필요하다.

7 도(위쪽 막음) **4 도** 이상의 정해를 나타내기 전에 백 **1**로 나가면 흑 **2**로 막아 단수하는 것은 백 **3**이 준비된 수순이다.

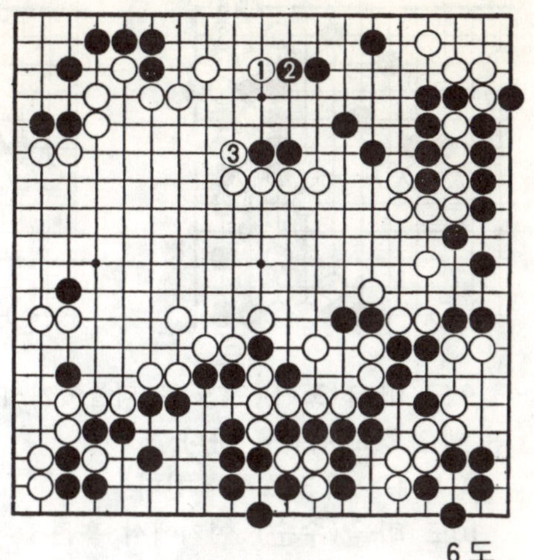

6 도

8 도(백생) 백이 귀를 두면 흑 **1**이다.

백 **2**, 흑 **3** 다음에 **4**의 곳을 먹여친다. 흑이 때리고 나면 **6**으로 조여 3점을 잡고 산다. 이 다음 중앙은 흑 a, 백 b, 흑 c, 백 d이다.

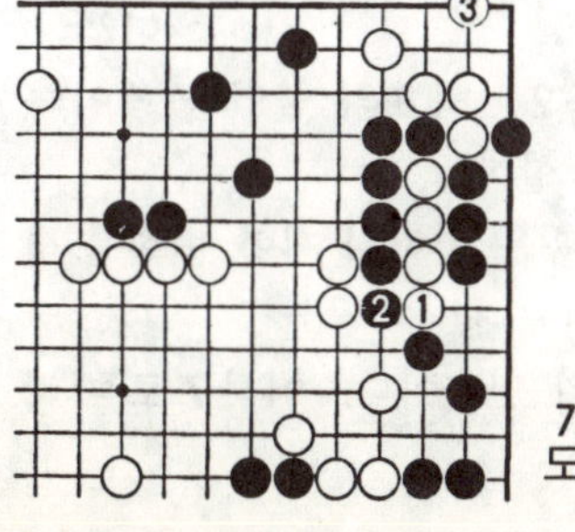

7 도

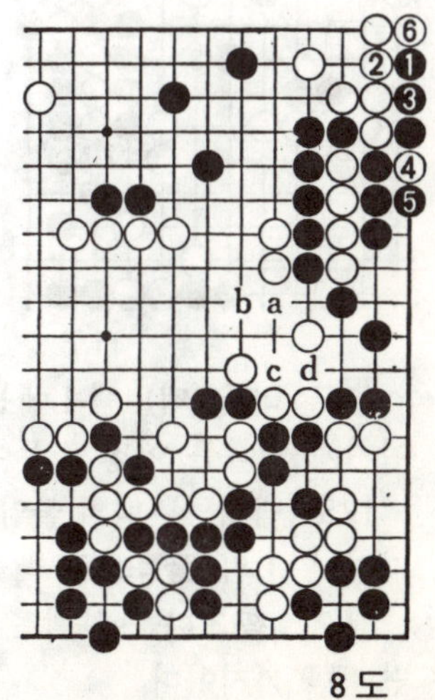

8 도

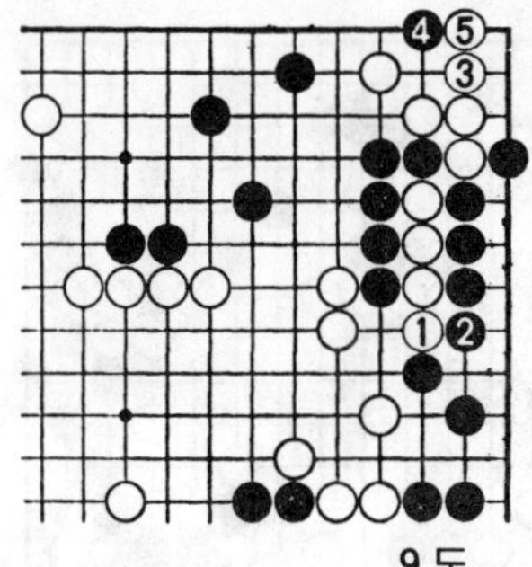

9도

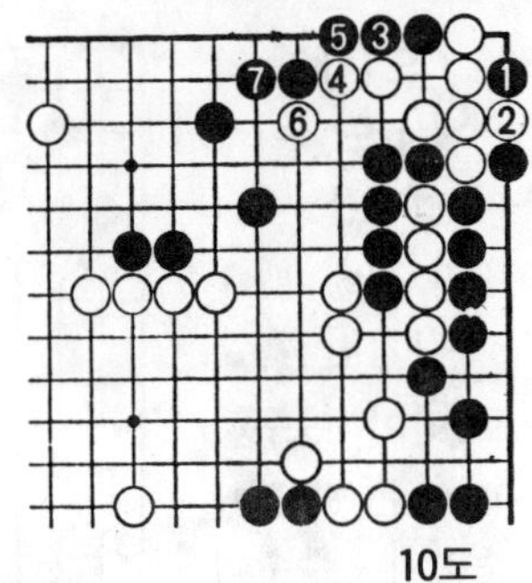

10도

9도 마술(포위) 4도로 되돌아가서 흑2로 단수를 하면 백3으로 귀쪽을 둔다.

흑4에는 백5로 응수한다.

10도 마술(수순) 여기에서 흑은 3, 5로 건너가기 전에 흑1, 백2의 교환을 하였다. 이것이 수순이다.

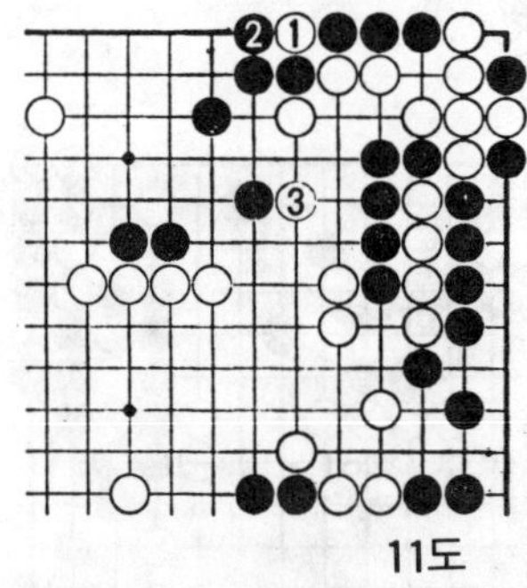

11도

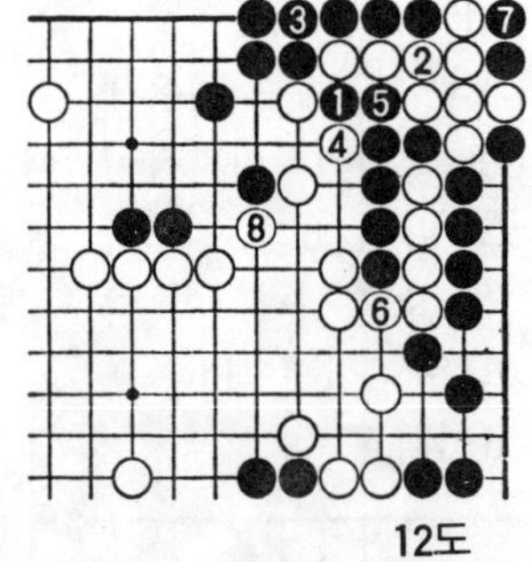

12도

11도 마술(맥) 백1에는 흑2, 백3의 붙임은 맥이다. 여기에서 흑은 어떻게 두어야 할까.

12도(백성공) 백의 붙임에 흑은 이하의 제반 변화를 생각하여 1의 끊음으로 백을 잡는다.

백2, 흑3 다음에 백은 4의 단수이다. 이하 7로 때리면 백8까지이다.

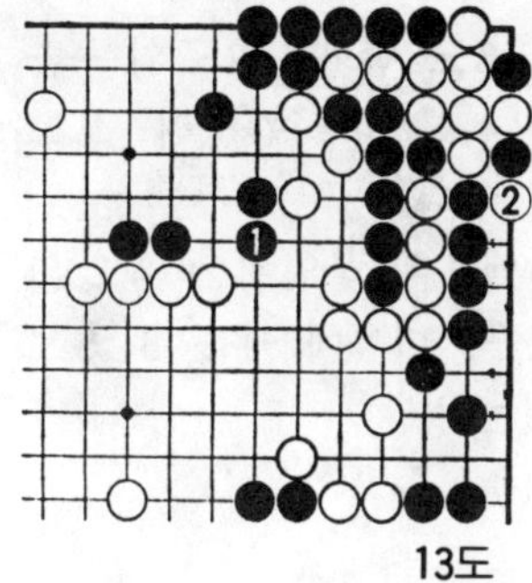
13도

13도 (흑이 나쁘다) 전도의 흑 7 로 9 점을 때리지 않고 1 의 곳을 두는 것은 반대로 백 2 로 되어 7 점이 잡힌다.

이것은 최악의 결론이다. 전도의 때리는 수로는 따지지 않으면 안된다.

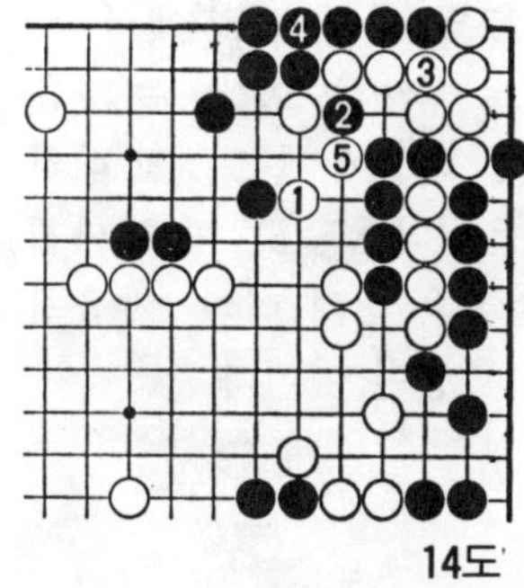
14도

14도 (실패) 10도 흑 1 이 없다면 공배가 있어서 백 1 에 흑 2 로 끊으면 3 의 단수 다음에 5 로 민다.

이것은 입장이 바뀌었다.

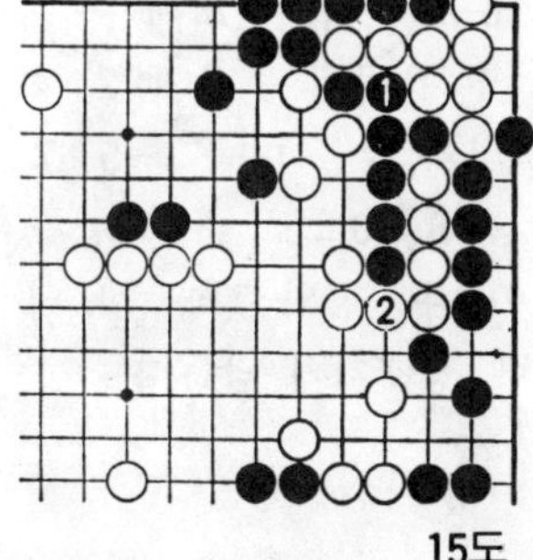
15도

15도 (흑이 나쁘다) 흑 1 로 이으면 백 2 로 이어서 7 점을 잡는다.

10도의 백 1 과는 엄청난 차이다.

흑 1 로 4 점을 때리면 귀의 백은 산다.

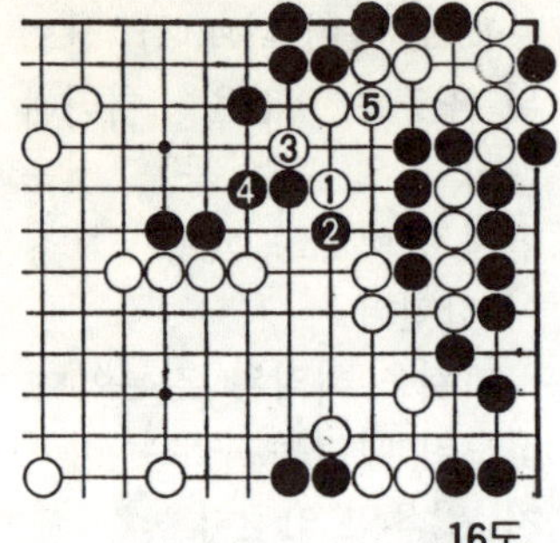
16도

16도(변화) 12도의 수순이 빠른 것을 증명해 보고자 한다.

백 1의 붙임에는 흑 2의 응수. 다음에 백은 3, 5로 잇는다.

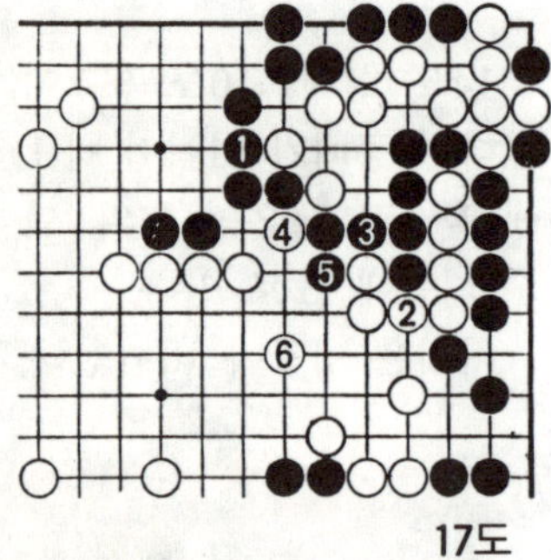
17도

17도(무리) 여기에서 흑 1로 상변을 보강하는 것은 백 2 다음에 흑 3, 백 4의 끊음이다. 흑 5, 백 6까지 이 흑은 귀의 백과 싸움인데 흑승이 아니다.

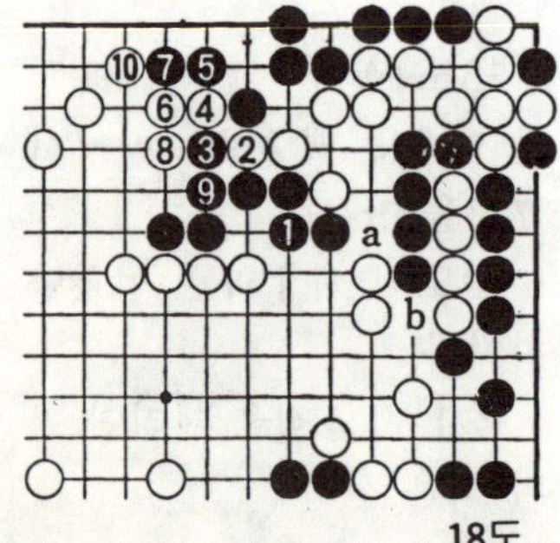

18도

18도(무리) 전도의 흑 1을 1의 곳에 두면 백 2, 4로 나가 끊은 다음 흑 5, 7에 백 8, 10으로 내린다.

이 다음 a의 곳과 b의 곳에 상채기가 남는다.

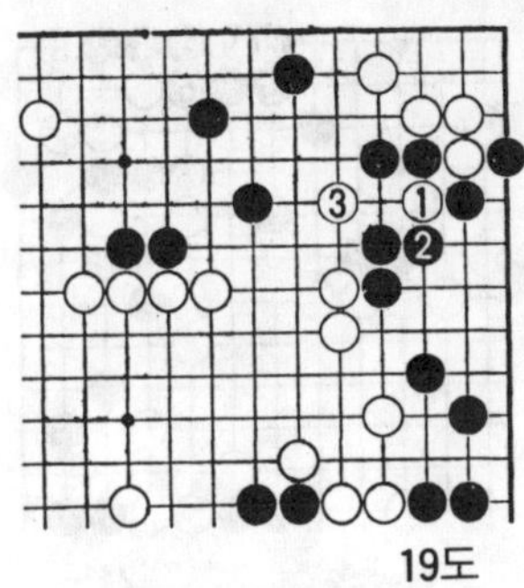

19도

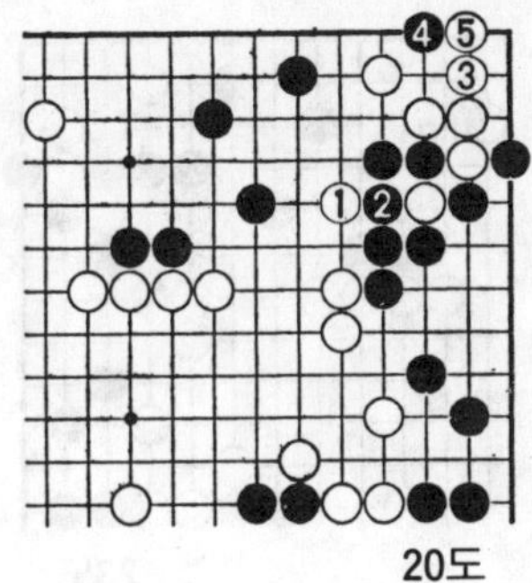

20도

19도 마술(들여다봄) 백 1의 끊음에는 당연히 흑 2이다. 여기에서 수를 검토할 필요가 있다.

이에 대하여 백 3의 들여다 보는 수가 멋진 점이다.

20도(변화) 백 1에 흑 2로 때리면 백 3이 9도와 같은 맥이다.

상대의 힘을 이용하는데 크게 좋다.

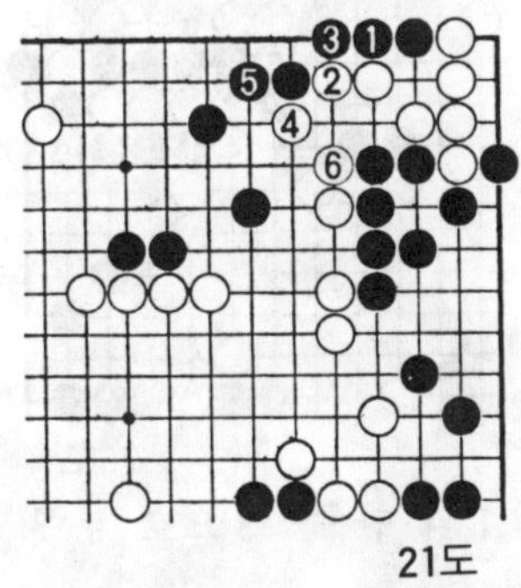

21도

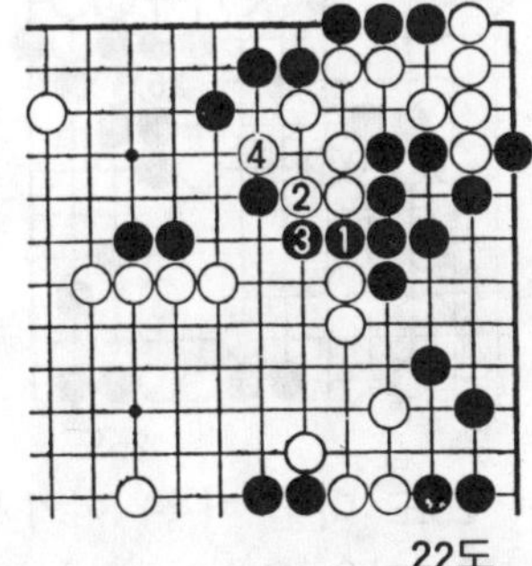

22도

21도(변화) 흑 1, 3으로 밀어내게 한 다음에 백 4, 6으로 활로를 개척한다.

22도(백삶) 여기에서 흑 1, 3은 2, 4로 사는 모양이다.

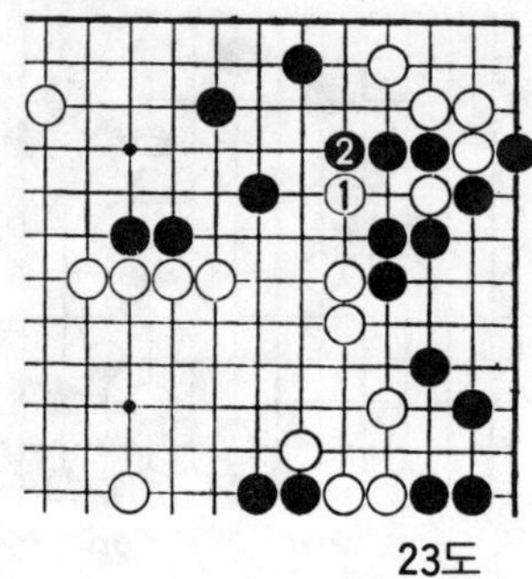

23도

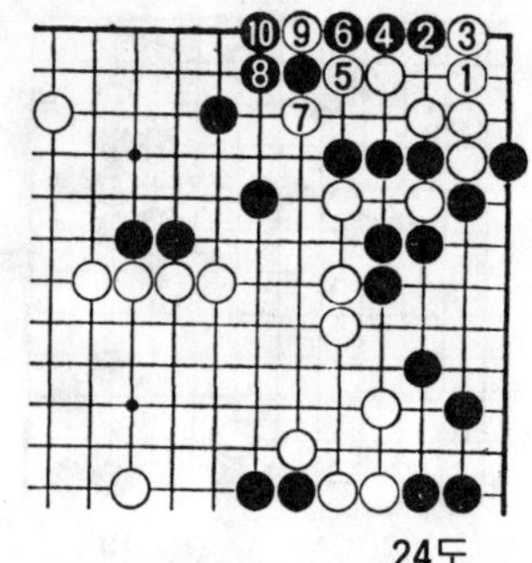

24도

23도 (누름) 백 1 의 묘맥이 흑 2 로 누르는 수는 어떨까? 검토해 보기로 하자.

24도 (변화) 이 모양에서 백 1 은 흑 2 로 두어 3 으로 막는 것이 힘의 이용이다.

백 5, 7 다음 흑 8 까지——.

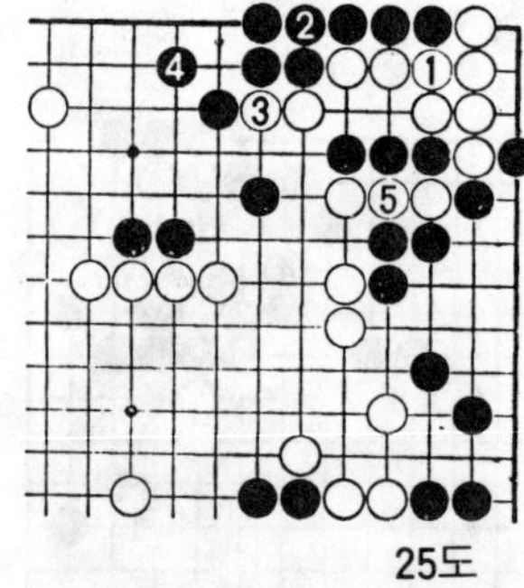

25도

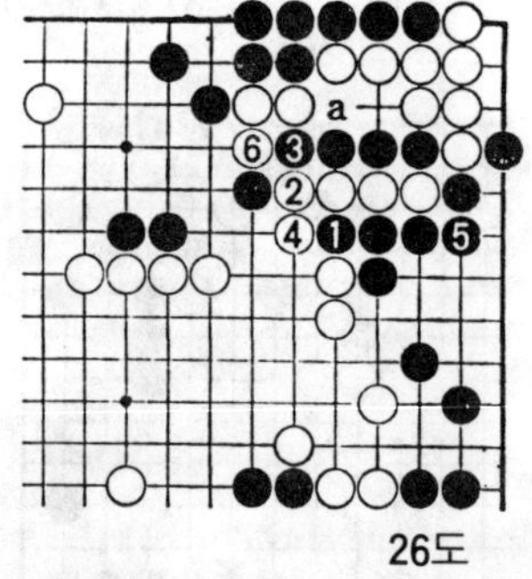

26도

25도 마술(이음) 여기에서 백 1 의 단수, 3 으로 부딪히는 것은 흑 4 의 지킴이 필연이다.

그러면 가만이 백 5 로 잇는다.

26도 마술(4 점) 흑 1 의 단수에서 3 으로 두면 백 4 로 나간다. 흑 5 에는 6 으로 끊는다. 5 로 a 의 곳 끊음을 단수하여 성공이다.

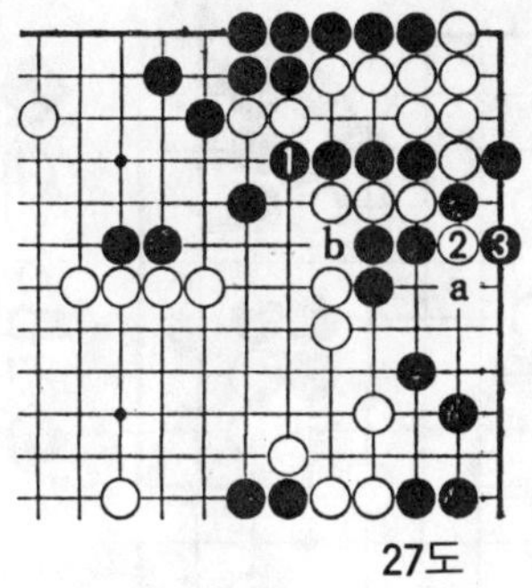

27도

27도(패) 전도 흑 1의 단수에서 단순히 1로 끄는 것은 백 2의 끊음 다음 3으로 젖혀 패인가?

백 a이면 b로 단수를 할 수 있는데……

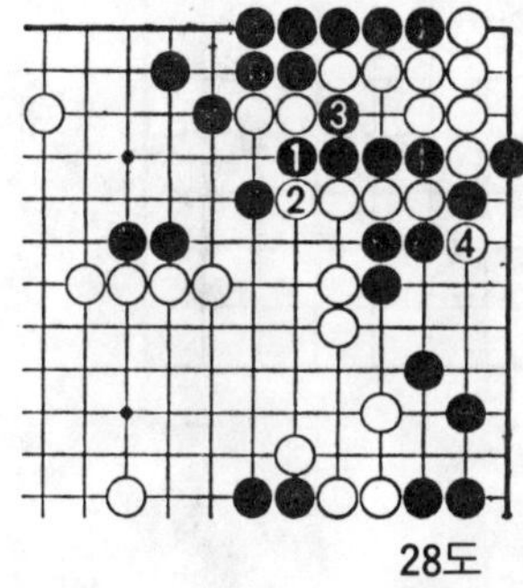
28도

28도(변화) 흑 1에는 계속 백 2로 단수를 한다.

흑 3으로 2점을 잡으면 4의 곳을 끊는다.

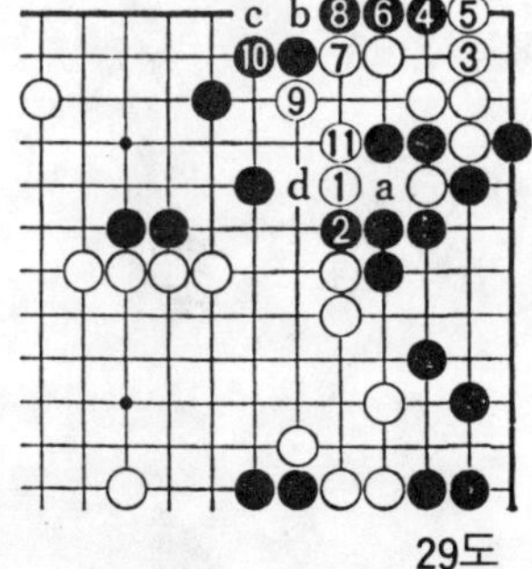

29도

29도(환원) 백 1의 들여다봄에 흑 2로 받는 것은 백 3 다음 11까지 간단히 해결된다.

흑 a에는 백 b, 흑 c, 백 d로 두어 23형의 사는 모양이 된다.

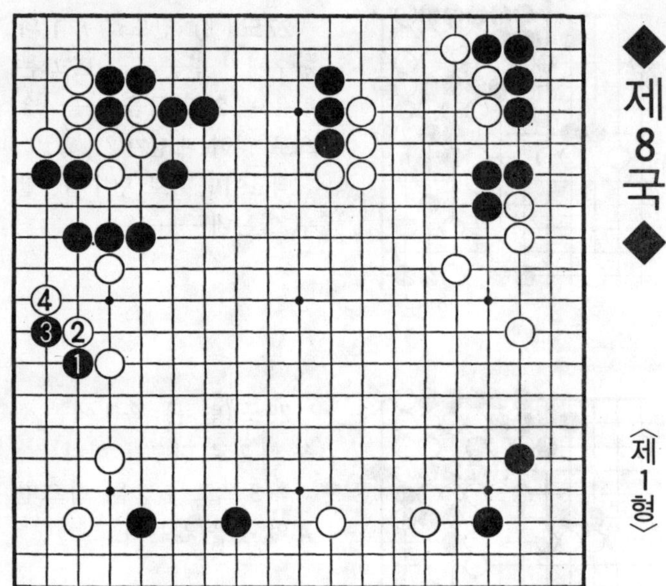

◆ 제 8 국 ◆

〈제 1 형〉

제 8 국 변화기의 찬스

〈1 형〉 흑선

쇼와 53년 시대에 편강총(片岡聰)은 5 단이었다.
나의 백번이었다.
흑 1 의 붙임으로 백진에 침입하였다.
백 2 , 4 의 2 단젖힘에서 흑의 변화이다.

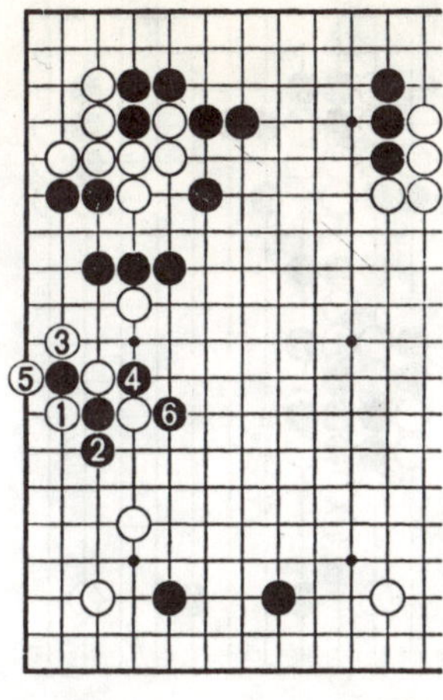

1 도

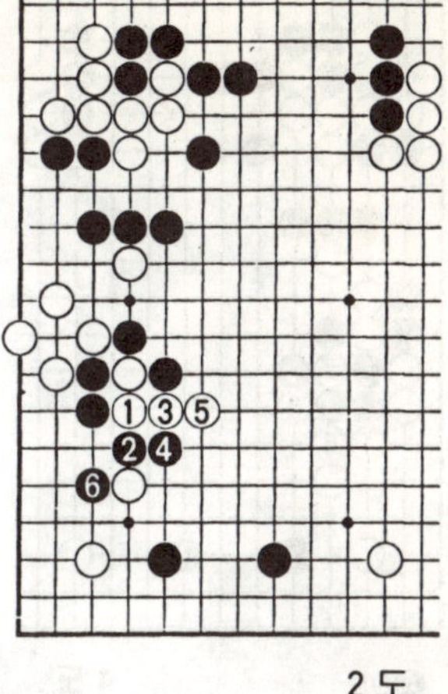

2 도

1 도(한점 단수) 1 형의 삶의 수순에 대해서이다. 흑 3 으로 젖혀 반발을 하면 백 4 의 2 단젖힘이다. 여기에서 백 1, 3 으로 한점을 끊어서 잡는 것은 흑 4, 6 이 있다.

2 도(흑 좋다) 여기에서 백 1 로 나가면 흑은 2, 4, 6 으로 좋다.

3 도(밀다) 1 도 백 3 으로 1 의곳을 미는 것은 이후 흑 4 까지 변화한다.

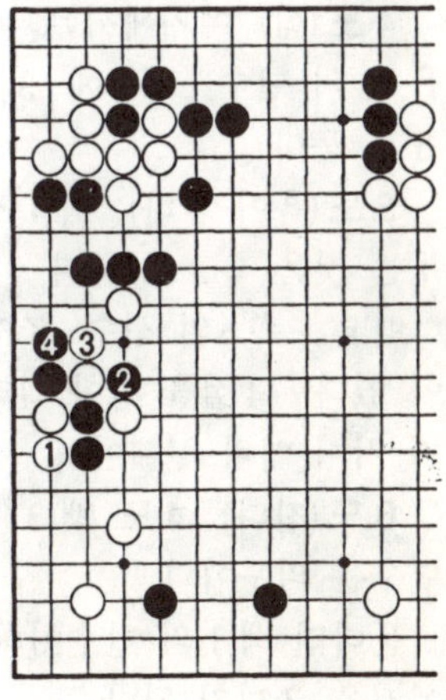

3 도

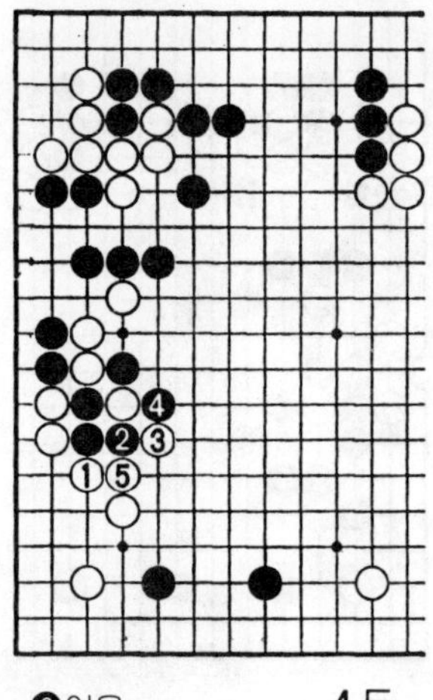

❻이음　　4도

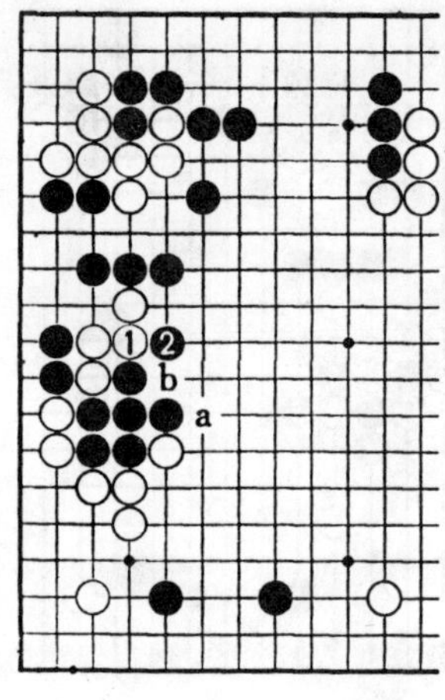

5도

4도(삶) 여기에서는 백은 **1**의 단수, 다음에 **3**, **5**로 둔다.

5도(흑이 좋다) 백 **1**로 두는 것은 흑 **2**로 둔다.

백 a, 흑 b의 선수 조임이 있다. 4점을 잡아 실리가 커서 백의 실패이다.

6도(잡다) **4도** 백 **3**의 단수는 의문이다.

둔다면 백 **1**의 단수이다. 이것은 **7**까지 된다.

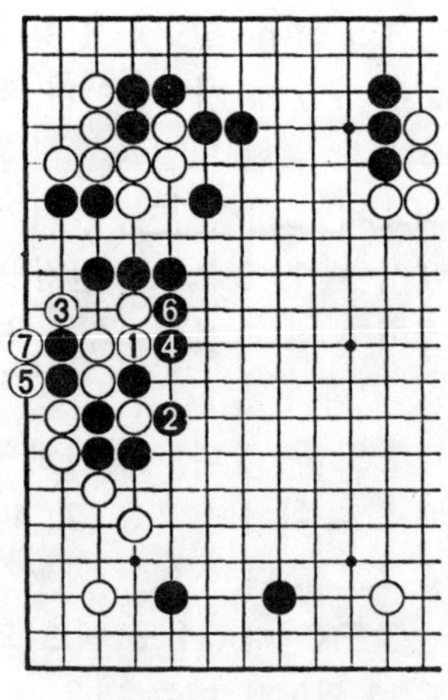

6도

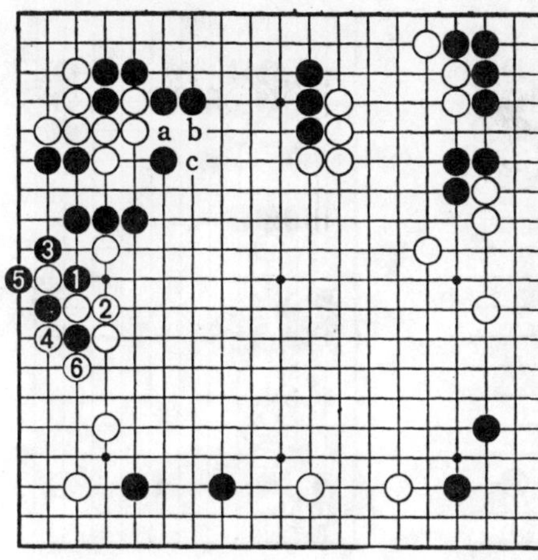

7 도

7 도 (실전경과) 실전에서는 흑 **1** 의 끊음이 없다. 백 **4**, 흑 **5** 에서 백 **6** 의 때림이다. 사실은 변화를 나타낼 절호의 기회가 있다.

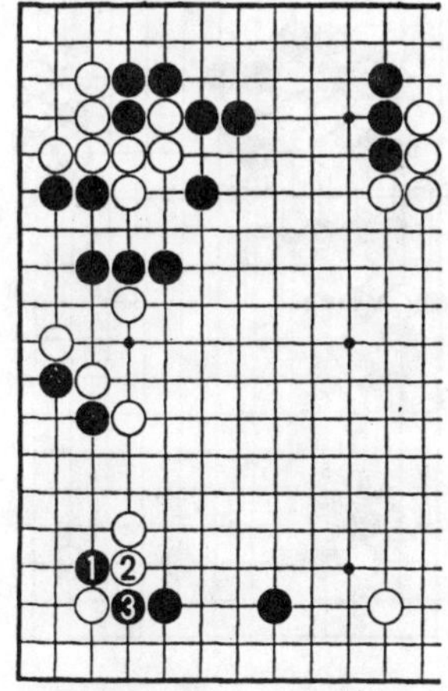

8 도

8 도 마술(건너붙임)

변쪽을 움직여서 귀를 흑 **1** 로 붙여두고, **3** 으로 자르는 것이 백에 대항하는 수단이다. 여기서부터 수를 생각해내지 않으면 안된다. 과연 어떤 수가 있을까?

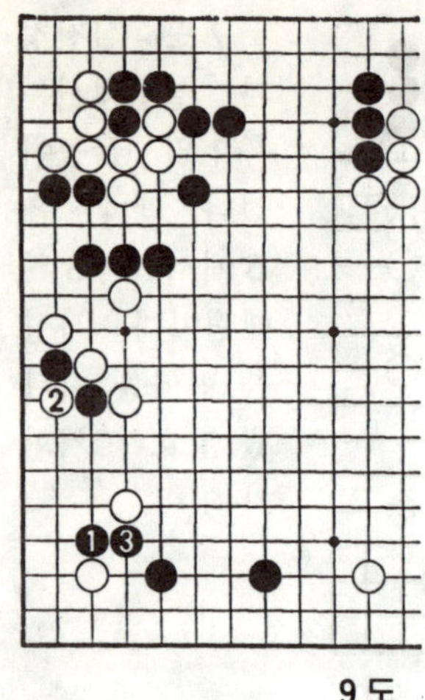

9 도

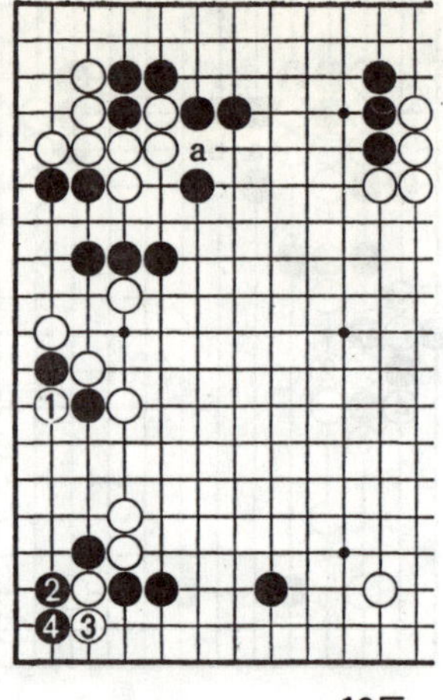

10도

9 도(흑 크게 이익) 흑 1 의 건너붙임에는 백 2 로 끊으면 흑 3 으로 잇는다.

10도(귀의 이익) 흑의 건너 붙임에 대하여 백 1 로 두는 것은 흑 2, 4 로 둔다. 백 a의 나가끊음이 남는다.

11도(이익) 귀의 끊음에 대하여 백 1 은 흑 2 다음 4 의 끊음이 있다. 여기에서—

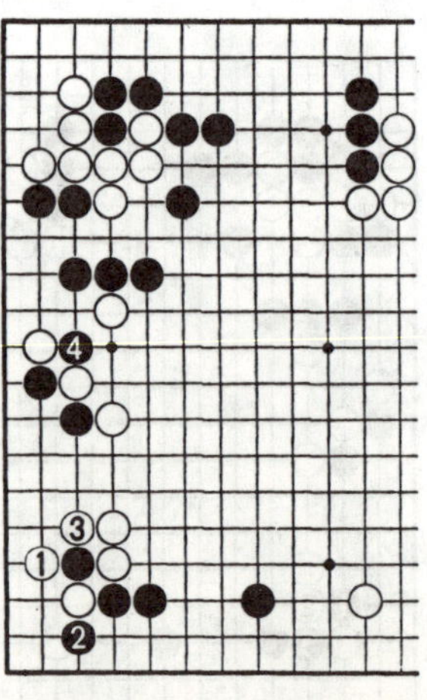

11도

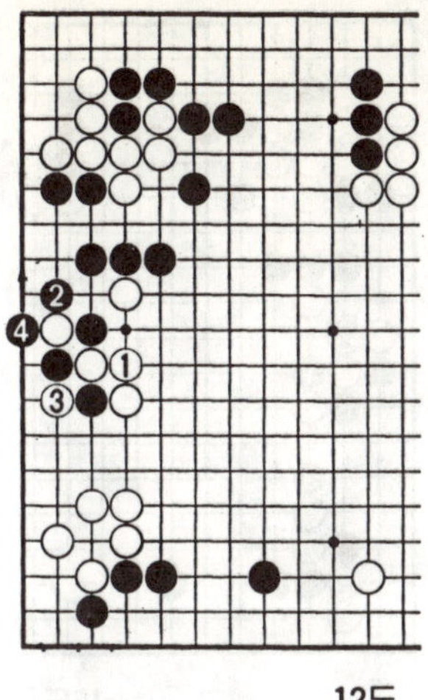

12도

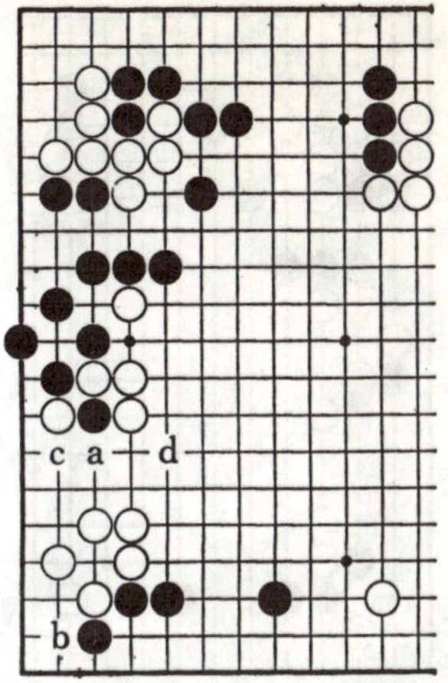

13도

12도 (변화) 백 1의 이음에는 흑 2, 4로 한점을 잡는 것이다.

13도 (판단) 전도의 다음 백 a의 때림에 흑 b로 움직이는 모양이다. 귀를 b로 막으면 흑 a, 백 c, 다음에 d의 곳을 이용한다.

14도 (내림) 흑 1의 건너붙임 다음에서 백 4의 내림까지이다.

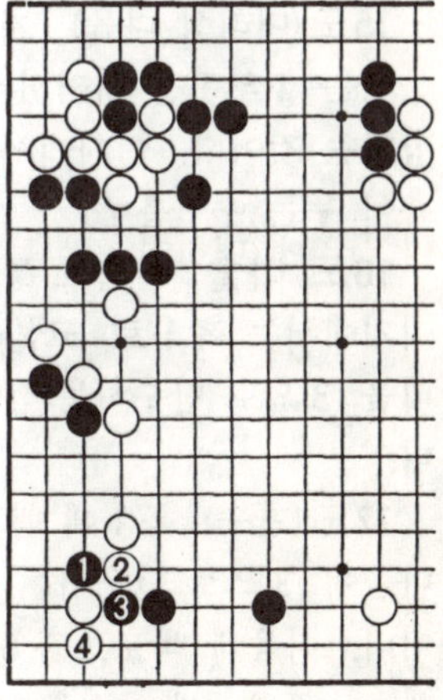

14도

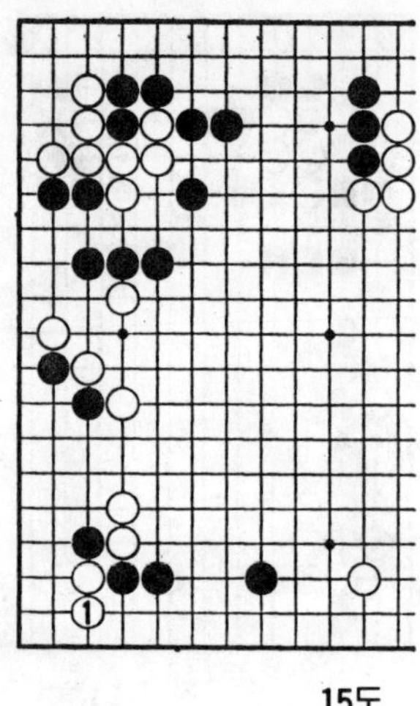

15도

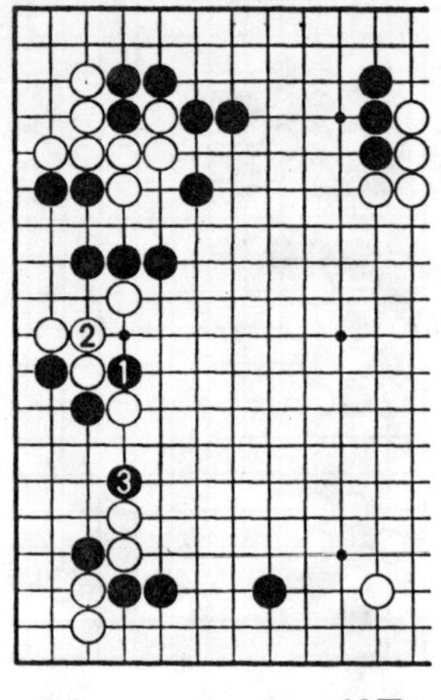

16도

15도 (내려섬 다음) 자, 문제는 1의곳을 내려서 저항하는 것이다. 여기에서 흑이 두는 수단은?

16도 마술 (붙이고 끊음) 여기에서는 흑 1로 코붙인 다음 3으로 단수하는 점이다.

17도 (단수) 흑 1에 백 2, 다음에 3으로 단수하는 수이다. 다음에 백 a, 흑 b, 백 c, 흑 d, 백 e, 흑 f 까지 두텁다.

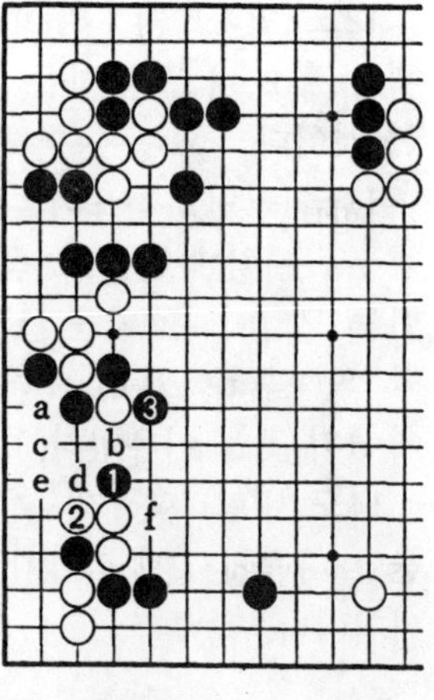

17도

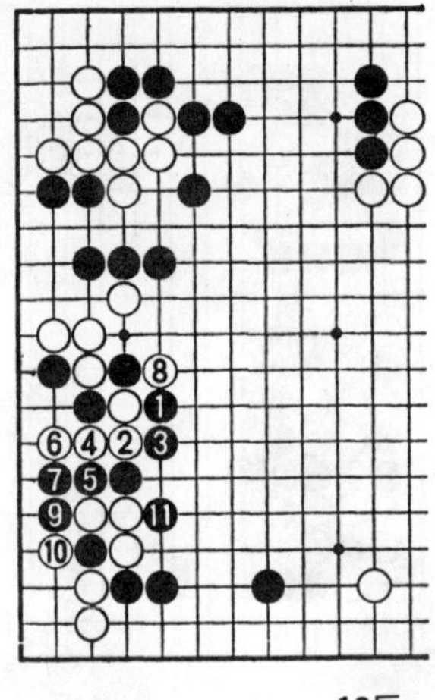

18도

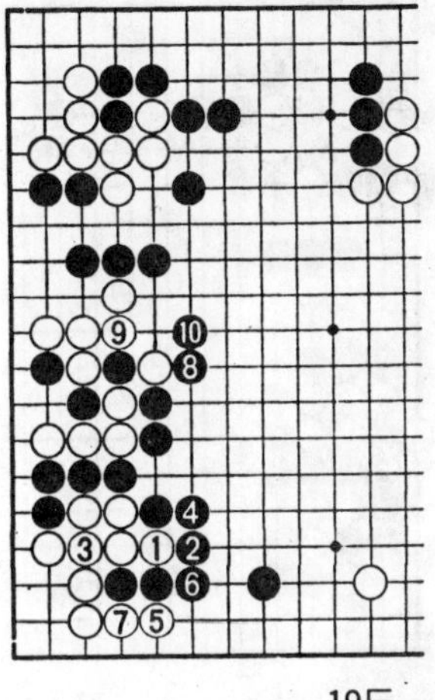

19도

18도 (돌파) 자, 흑 **1** 의 단수에 백 **2** 로 나가면 어찌 될까? 그것은 **11**까지 돌파 당한다.

19도 (흑 우세) 백이 귀를 살기 위해서는 **1** 로 나와서 **7** 까지인데 흑**10**까지 외곽이 봉쇄당한다.

20도 (흑 좋다) 백 **2** 의 때림에는 흑 **3** 의 단수 다음에 **7** 까지이다. 흑에서 a 나 b의 곳을 두어 봉쇄하면 c의 곳을 두어 산다.

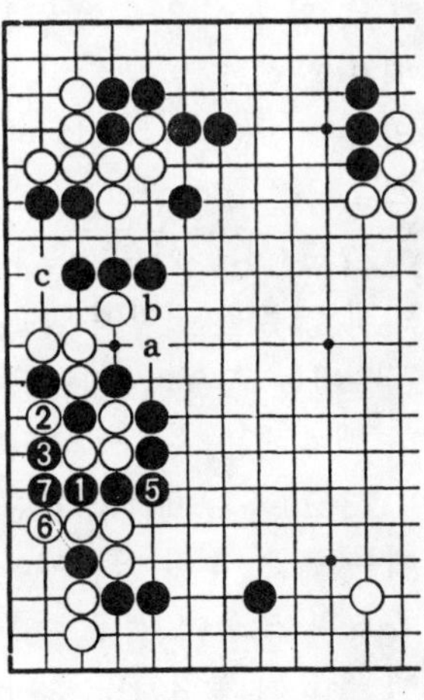

④이음

20도

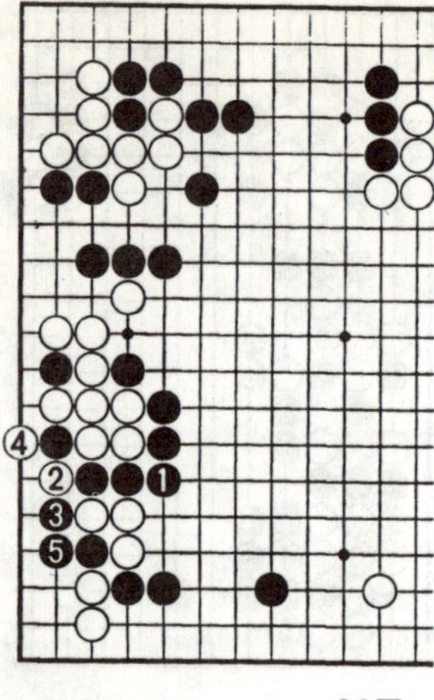

21도

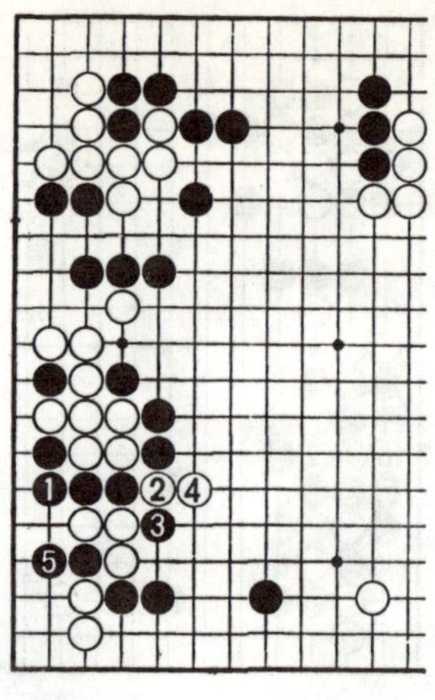

22도

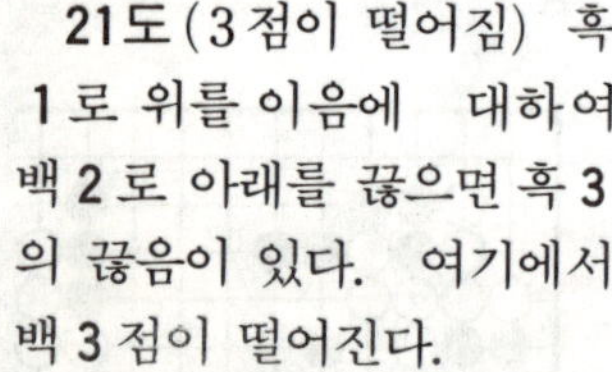

21도 (3점이 떨어짐) 흑 **1**로 위를 이음에 대하여 백 **2**로 아래를 끊으면 흑 **3**의 끊음이 있다. 여기에서 백 **3**점이 떨어진다.

22도 (아래 이음) 흑 **1**로 아래 이음에 대하여 백 **2**의 끊음에는 흑 **3**의 맞끊음이다. 백 **4**에는 흑 **5**까지 된다.

23도 (흑 우세) 백 **1** 단수에는 흑 **2**, **4**의 이음이다. 흑 **6**의 뻗음에 백 **7**, 다음에 흑 **8**의 붙임이다. 다음 백 a로 3점을 잡으면 흑 b이다.

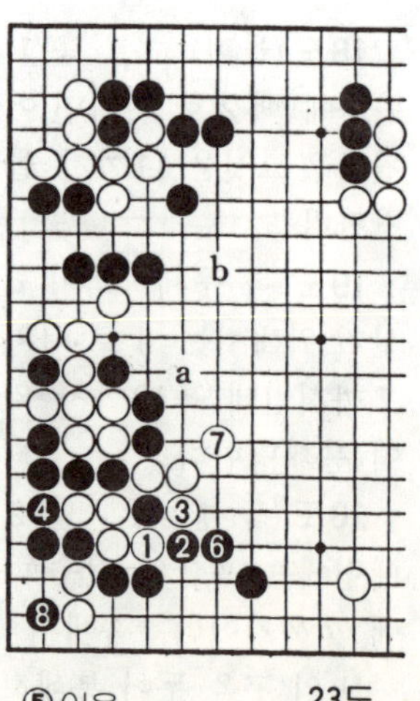

⑤이음

23도

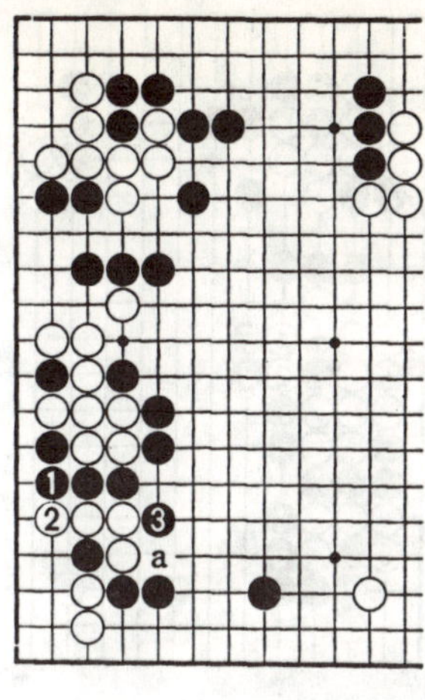

24도

24도 (봉쇄) 흑 1의 이음에는 백 2 다음에 흑 3의 젖힘이다. 다음에 a의 곳을 이으면 널판지와 같다.

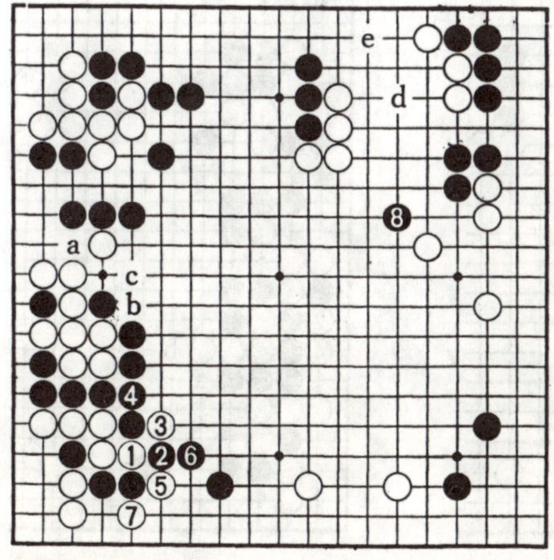

25도

25도 (흑우세) 백 1로 나가면 3, 5 다음 7까지 2점을 잡는다. 그러나 흑은 8까지 되어서 우세이다.

흑 a, 백 b, 흑 c는 강렬한 수법이다.

상변의 백은 d의 지킴에서 e의 곳이다.

26도(흑우세) 흑 **1**의 젖힘에 백 **2**, **4**의 한점 끊음이다. 이것은 입체적이다. 백 **6**에는 흑 **7**까지 흑의 우세이다.

27도(아래단수) 처음으로 되돌아가서 흑 **1**, 백 **2**, 흑 **3**의 아래단수이다. 백 **8**의 내려섬은 냉정한 수이다 여기에서—·

28도(백연락) 흑 **1**의 이음에 백 **2**, **4**로 변에 건너가는 수. 흑 a의 누름에는 백 b의 뻗음이다.

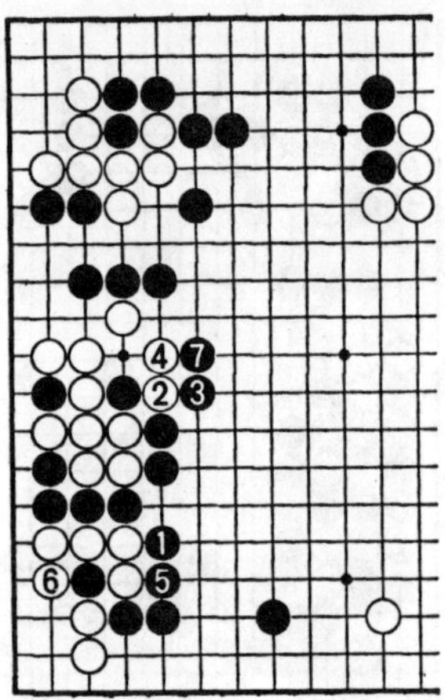

26도

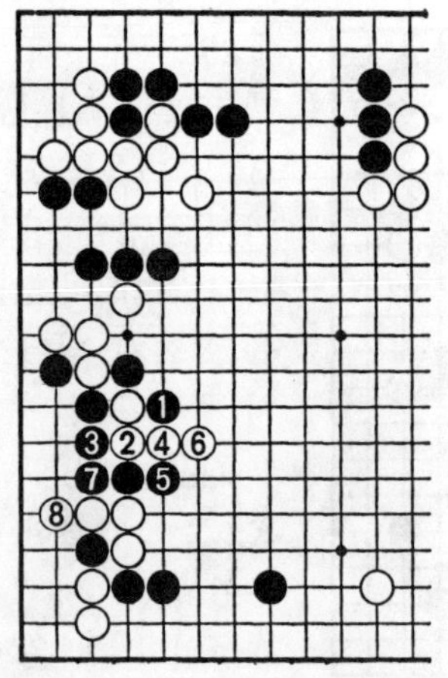

27도

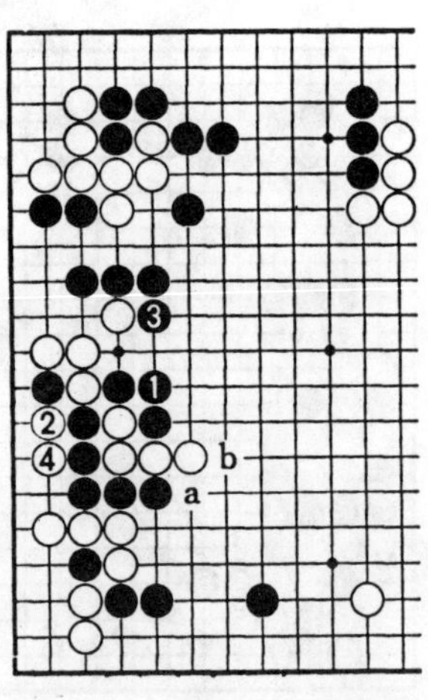

28도

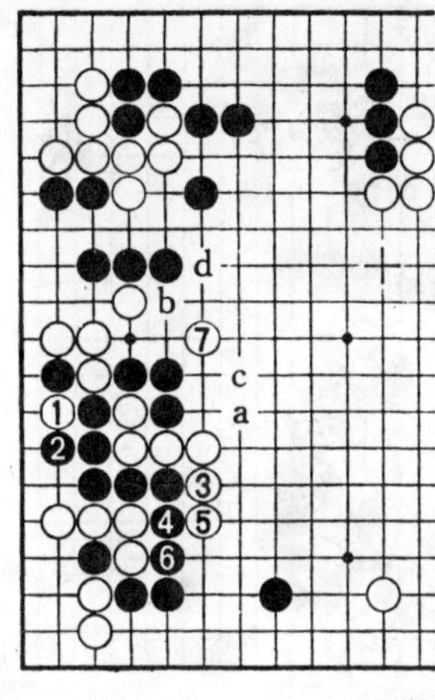
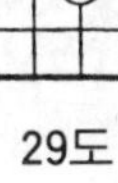

29도

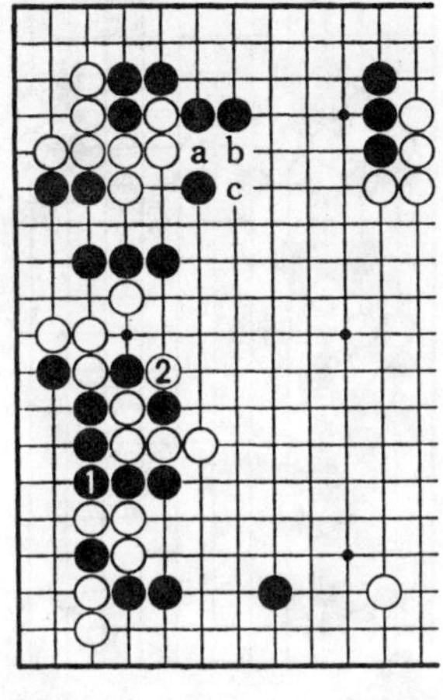

30도

29도 마술 (씌움) 전도의 변화이다. 백 **1** 에는 흑 **2**, 백 **3**, **5** 에서 **7** 까지 묘맥이다.

흑 a로 나가는 수는 백 b, 흑 c ,백 d까지 난전이 된다.

30도 (변화) **27**도의 변화이다. 흑 **1** 의 이음에는 백 **2** 의 끊음이다. 다음에 백 a , 흑 b , 백 c 로 나가 끊는다.

31도 (저돌) 처음으로 되돌아가서 흑 **1** 의 코붙임이다. 백 **2** 에는 흑 **3** 이다.

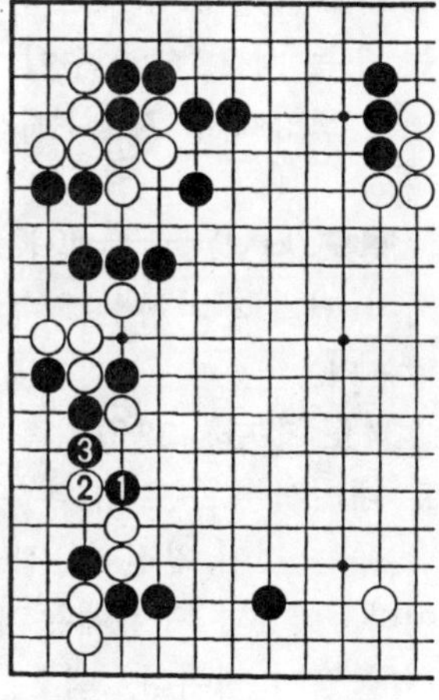

31도

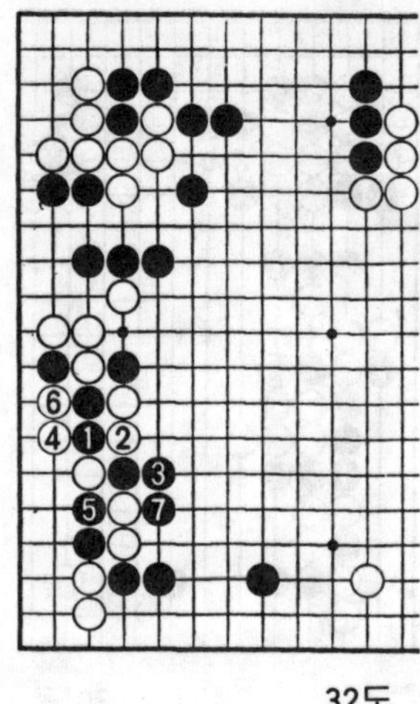

32도

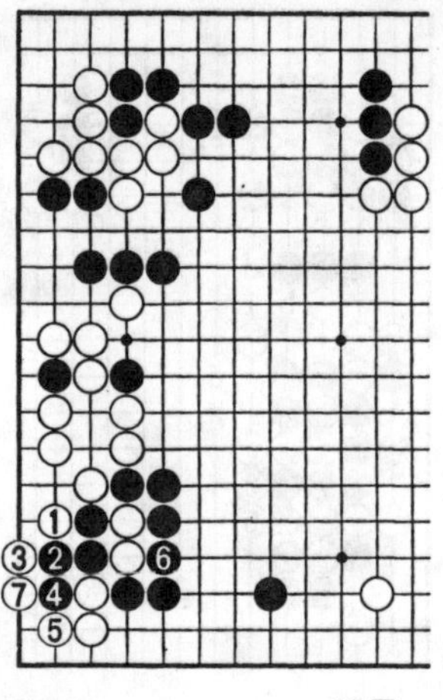

33도

32도 (본수) 흑 **1**로 나가는 수는 백 **2**, **4**의 수이다.

이 모양에서 **7**은 본수이다.

33도 (건넘) 백 **1**에서 **7**까지 귀에 건너가는 수가 남는다.

34도 (전단) **32도** 흑 **7**로 내려서는 수로 **1**의 곳을 두는 것이 완전한 잡음이다. 백 a의 누름에는 b의 붙임이 맥이다. 백 **2**, **4**로 나가 끊어서 새로운 전단을 구한다.

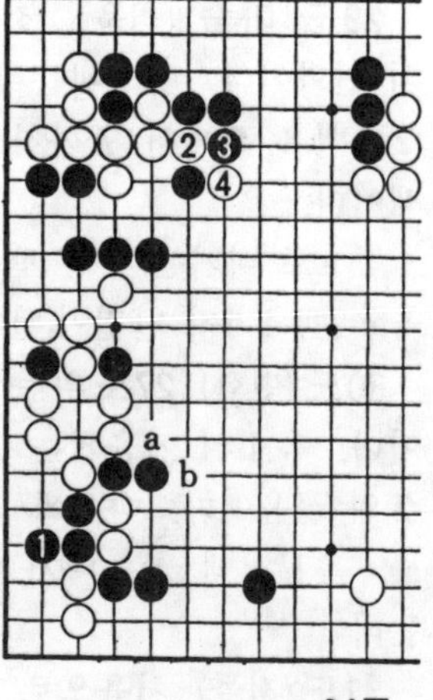

34도

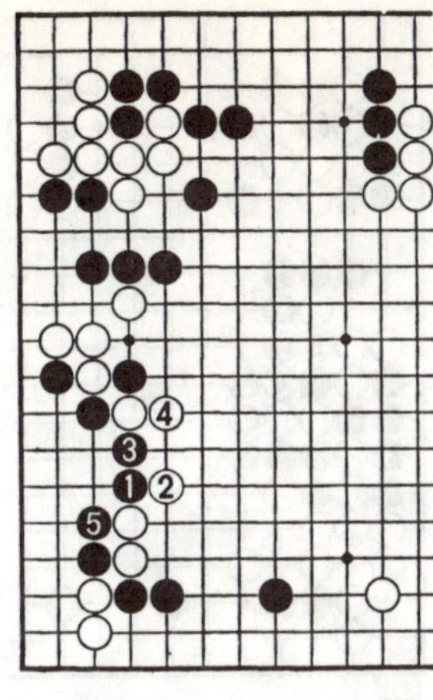

35도

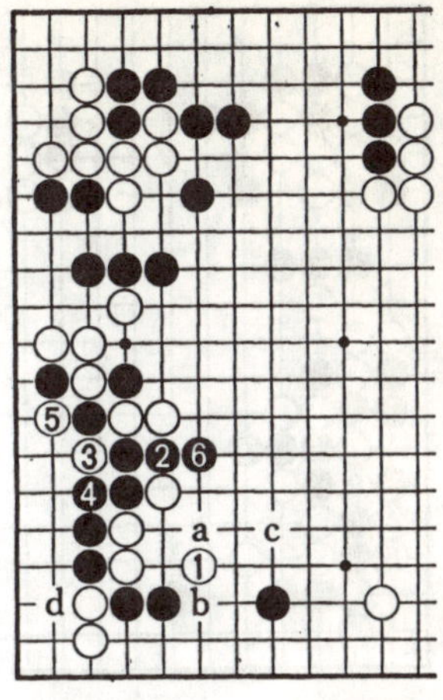

36도

35도 (건넘) 흑 1의 코붙임에 백 2로 위를 두는 것은 흑 3에서 5까지의 건넘이 있다.

36도 (흑 좋다) 여기에서 백 1에 씌우면 흑 2의 나감에서 3으로 끊는다. 다음 6의 뻗음까지이다. 백 a 에는 흑 b로 건너간다. 백 c 흑 d로 흑이 나쁘지가 않다

37도 (흑이 좋다) 백 1의 끊음에 흑 2로 잇는 수이다. 이하 8까지 흑이 좋은 결과이다.

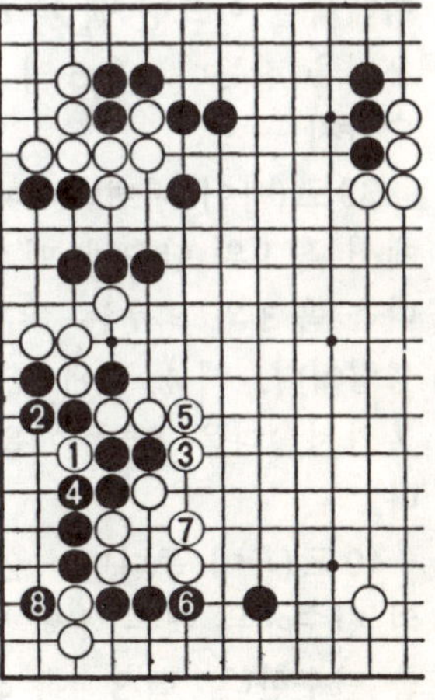

37도

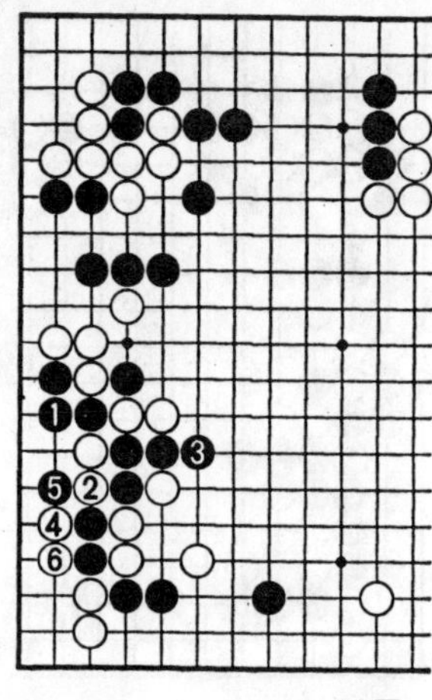

38도

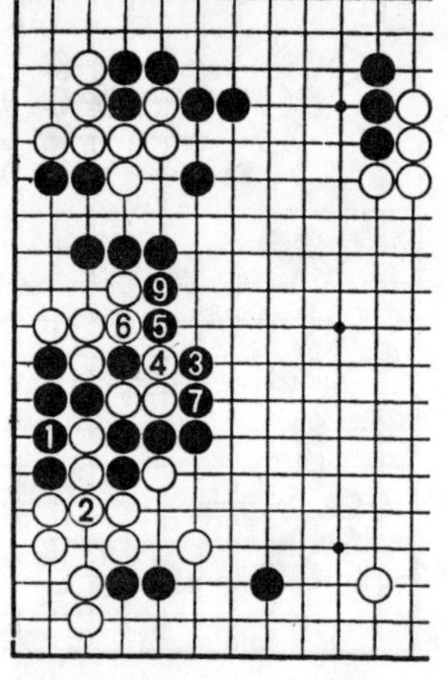

⑧ 이음(6의 아래) 39도

38도(2점 잡음) 흑 **1**로 아래쪽을 이으면 백 **2**, **4**로 2점을 잡는다. 흑**5**의 단수까지—.

39도(백이 나쁘다) 여기에서 흑**1**의 단수에 백**2**, 다음 흑**3**의 씌우는 수의 성립이다. 백**4**, **6**에 흑**5**, **7**까지, 다음 **9**의 이음이다.

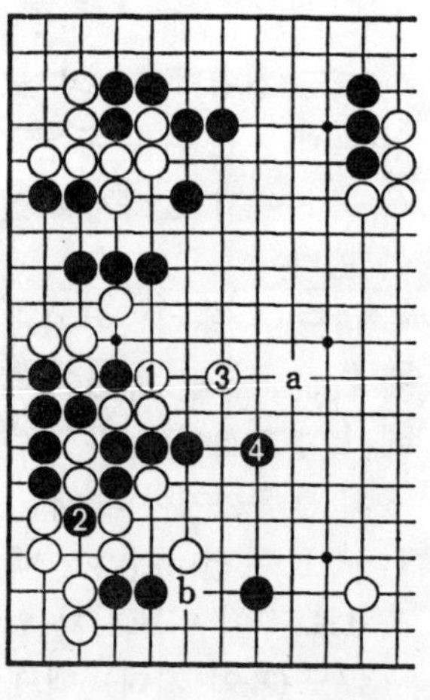

40도

40도(흑이 둔다면) 2점의 단수에는 백은 **1**의 곳을 단수한다. 백**3**, 흑**4**의 한칸이다. 다음에 백a의 한칸 뜀에는 흑b의 건넘이 있다. 백a로 b의 곳 2점을 잡으면 흑a로 호조이다.

41도(뜀) 흑 **1**의 코붙임에 백 **2**이면 다음 흑 **3**이 상식이다.

42도(흑 호조) 여기에서 백 **1**의 나감에는 **2, 4**다음 흑 **6, 8**까지 흑이 나쁘지 않다.

43도(변화) 다음에 백 **1**은 용기있는 수이다. 흑 **2**, **4**의 끊음에서 **10**까지 백 2점을 잡는다. 백**11**의 끊음 다음에 흑 a는 강수이다.

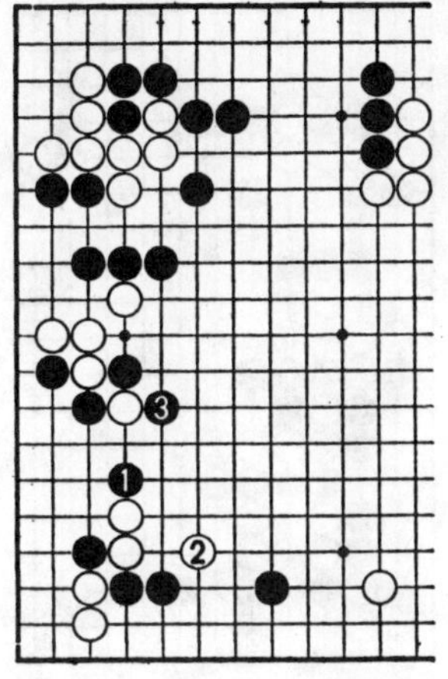

41도

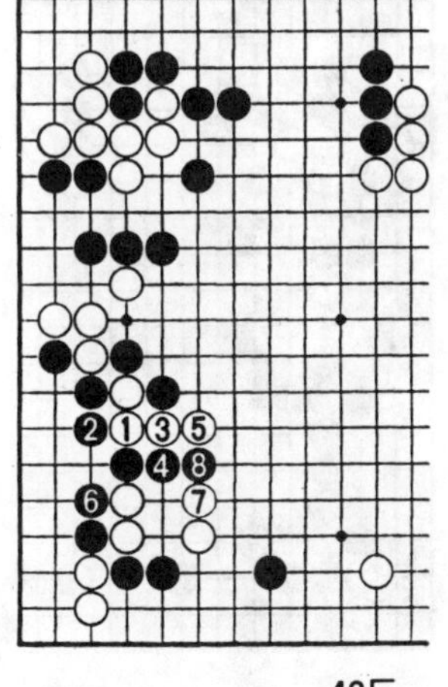

42도

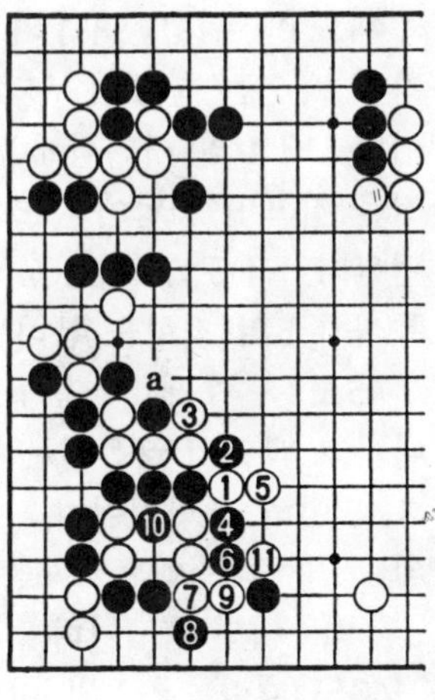

43도

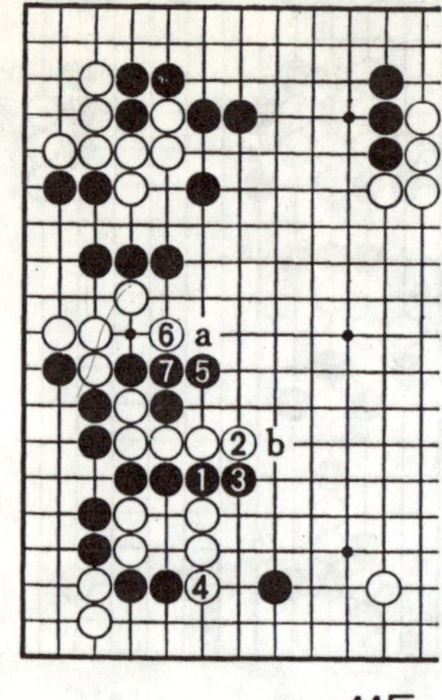

44도

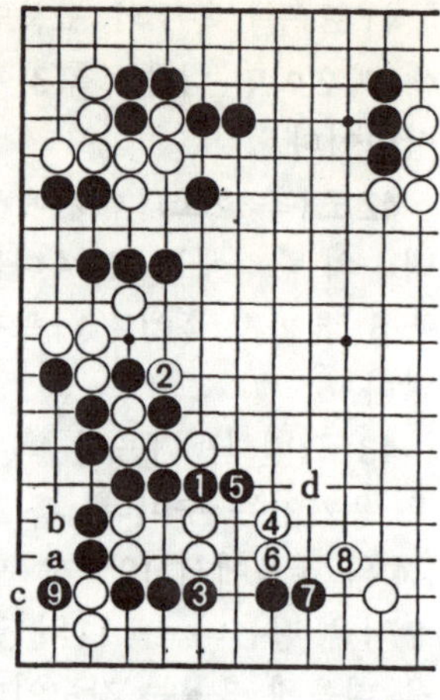

45도

44도 (백 위험) 흑 **1**의 나감에 백 **2**는 흑 **3**의 부딪힘이다. 백 **4**의 내려섬에 2점을 잡으면 중앙이 크게 변한다. 흑 **5**, **7** 다음 a의 봉쇄가 b의 젖힘을 본다.

45도 (흑 우세) 흑 **1**로 나가고 백 **2**의 끊음에는 흑 **3**, **5** 이하 **9**까지이다. 흑의 우세이다. 백 **8**로 a, 흑 b, 백 c이면 흑 d이다.

46도 (때림) 흑 **1**의 단수에 백 **2**, **4**는 안전책이 아닐 수 없다.

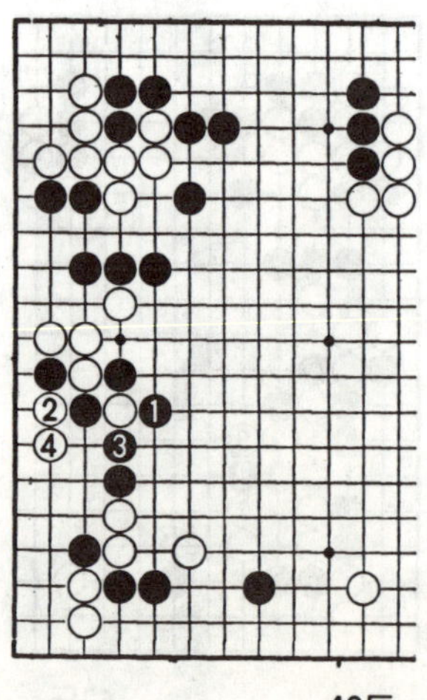

46도

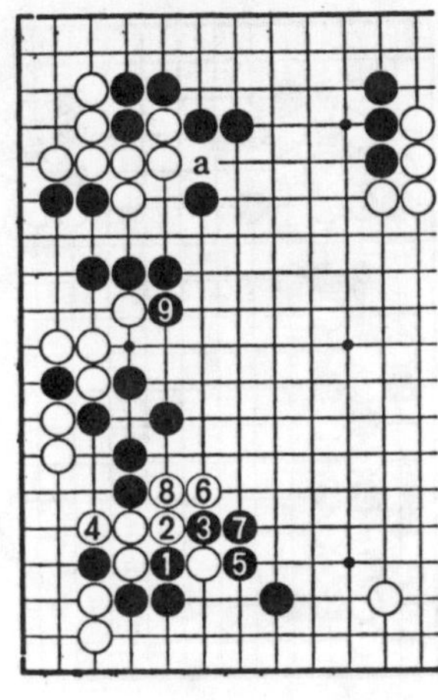

47도

47도 (흑이 두텁다) 여기에서 흑 1, 3의 나가 끊음은 백 4로 되돌아가서 흑 5로 단수를 한다. 백 a의 나가끊음이 있다.

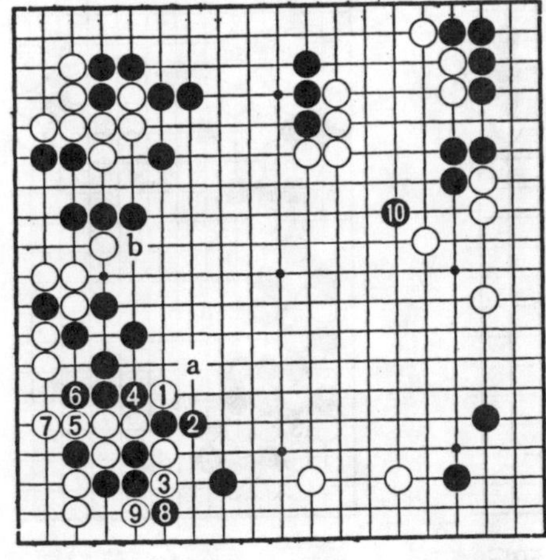

48도

48도 (흑의 우세) 흑의 나가 끊음에 대하여 백 1의 단수에서 3으로 두는 수이다.

흑 10으로 a의 곳에 두어 한 점을 잡는 것은 백도 1의 한점을 움직여 큰 변화이다.

49도 (부딪혀 나감) 흑 **1** 의 붙임에 백 **2**, 다음에 흑 **3** 의 나감이 있다. **3** 으로 a는 b의 뜀이 있다.

50도 (젖히고 젖힘) 여기에서 백 **1** 로 한점을 잡는것은 흑 **2**, **4** 로 양쪽을 젖힌다.

51도 (흑이 좋다) 백은 **1** 로 나가고 흑 **2**, **4** 다음에 **5**, **7** 로 둔다. 좌변 백은 b의 곳 나가끊음이 있다. 이것은 흑이 나쁘지 않다.

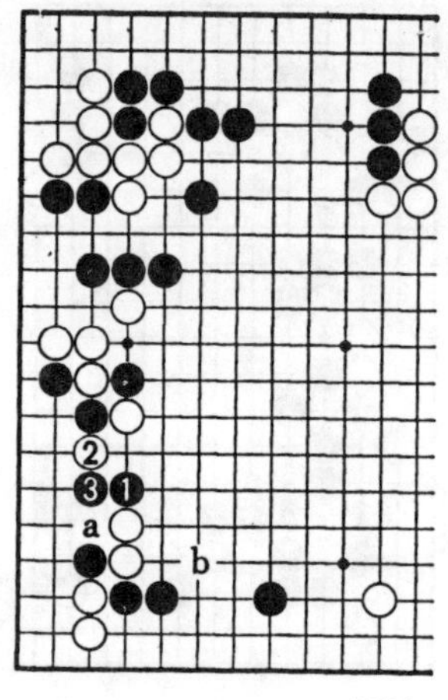

49도

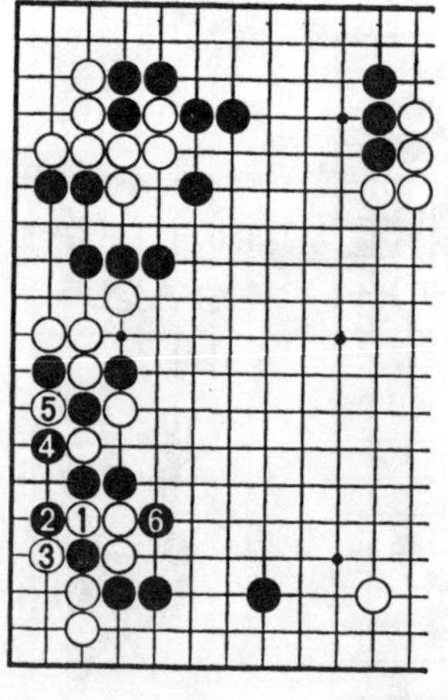

50도

51도

52도(좌측 내림) 최후에 백 1로 귀를 내리는 수이다. 흑은 2의 곳을 뻗는다.

53도(흑 좋다) 여기에서 백은 1의 곳을 내려선다. 흑 2, 백 3에서 흑 4, 다음 8의 때림까지이다. 7도의 실전경과와 비교하여 보자.

54도(백 무리) 전도의 변화이다. 흑 1의 뻗음에 백 2이면 3으로 머리를 내민다.

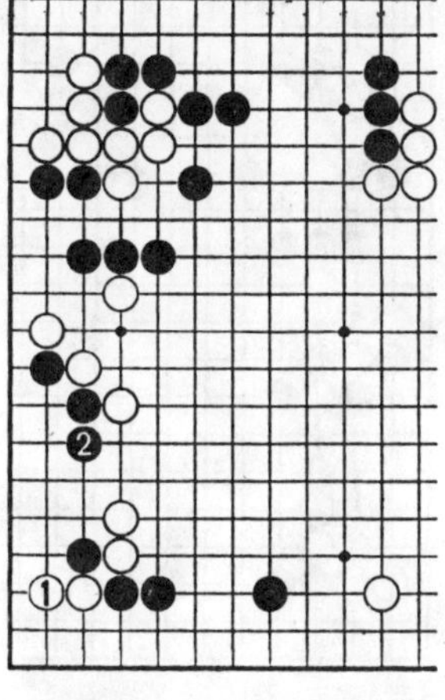

52도

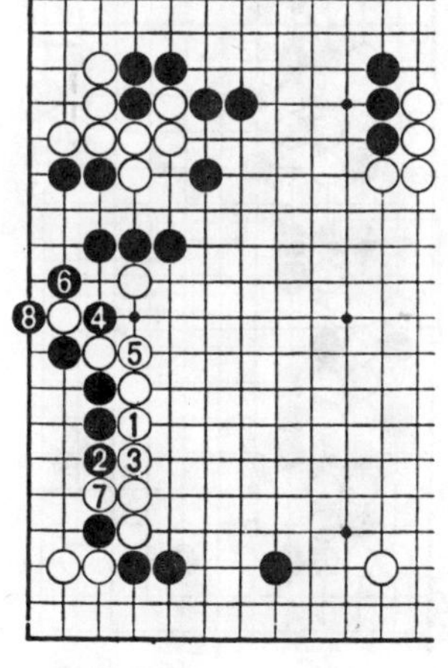

53도

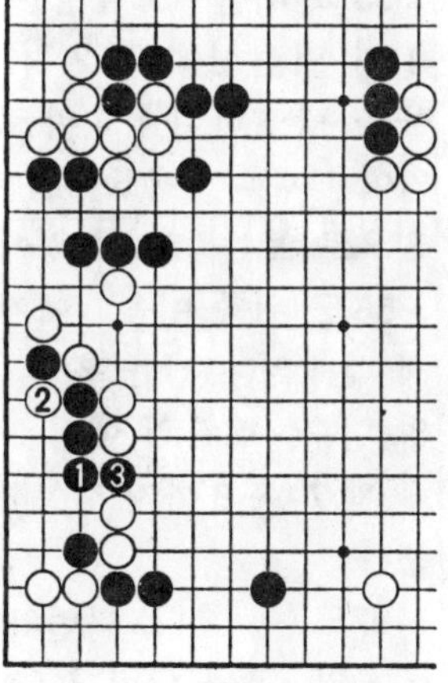

54도

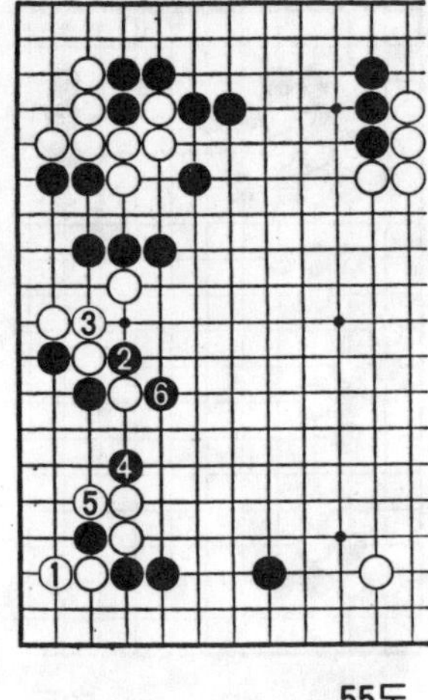

55도

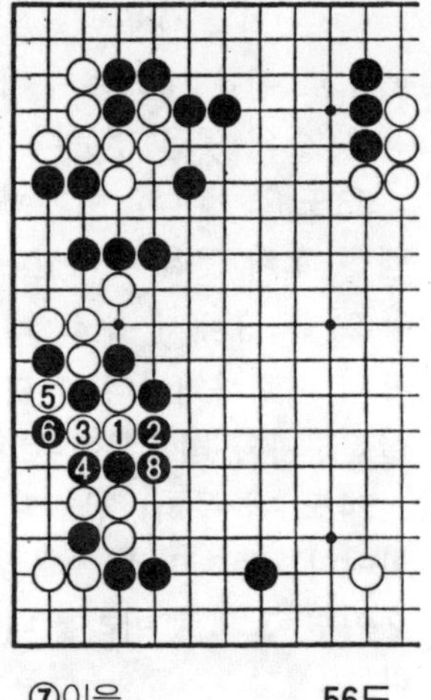

⑦이음 56도

55도 마술 (코붙임) 백 1의 내려섬에 흑 2의 끊음은 당연하다. 4의 코붙임이 맥이다. 백 5에는 흑 6으로 보는 것이 요령이다.

56도 (위쪽 이음) 여기에서 백 1의 나감은 흑 2, 4의 단수, 백 5의 때림에 흑 6, 백 7, 흑 8까지 견실하게 둔다.

57도 (흑 좋다) 좌변의 백은 a의 곳에 나가서 흑의 나가끊음을 방지하는 요령이다. 흑이 나쁘지 않다.

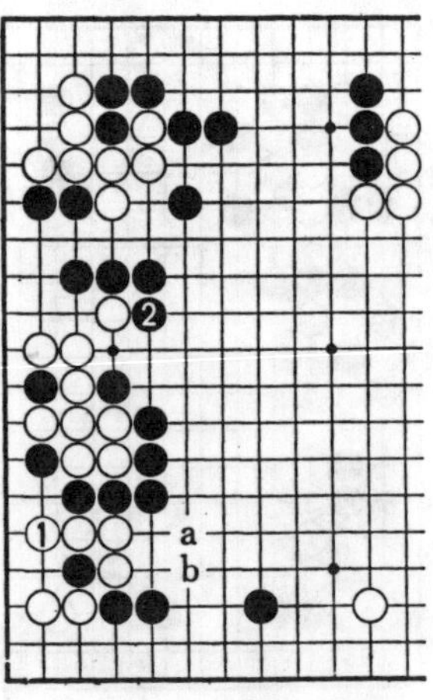

57도

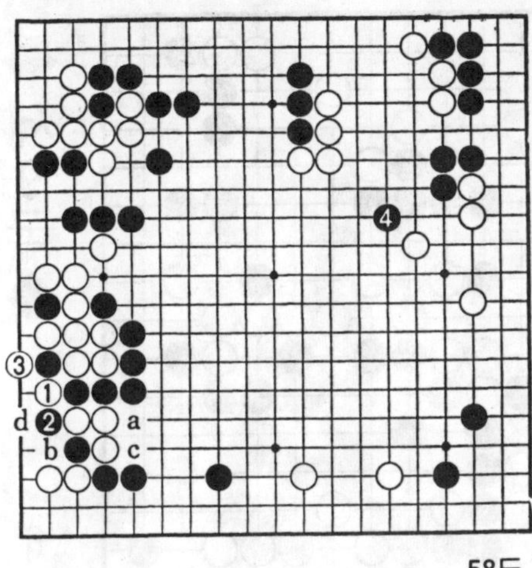

58도

58도(흑 우세) 전도의 백 **1**의 내려섬으로 **1**의 곳을 끊음은 무모하다. 흑 **2**, 백 **3** 다음에 흑 a, 백 b, 흑 c, 백 d이다. 흑 **4**로 나가 상변의 백을 공격하는 것이 좋은 수이다.

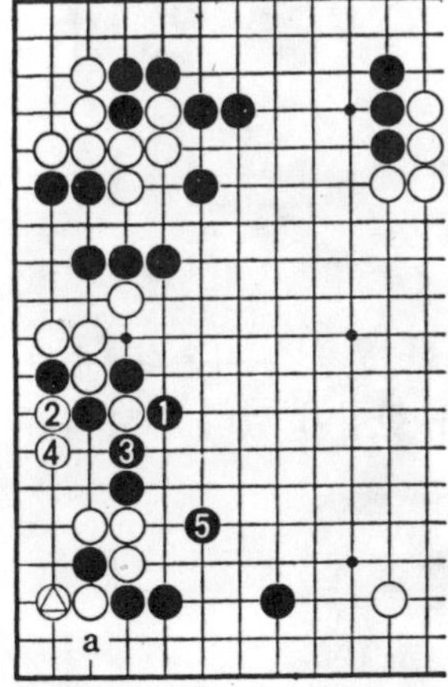

59도

59도(흑 우세) 흑 **1**의 단수에 백 **2**, **4**로 연결하는 것은 흑 **5**의 날일자로 중앙이 두터워 불만이 아니다.

백은 전체가 여위여서 나쁘다.

본국에는 흑의 건너 붙임, 귀의 끊음, 백의 코붙임(15~16도)의 기회를 잃어 미세한 바둑이 예상된다.

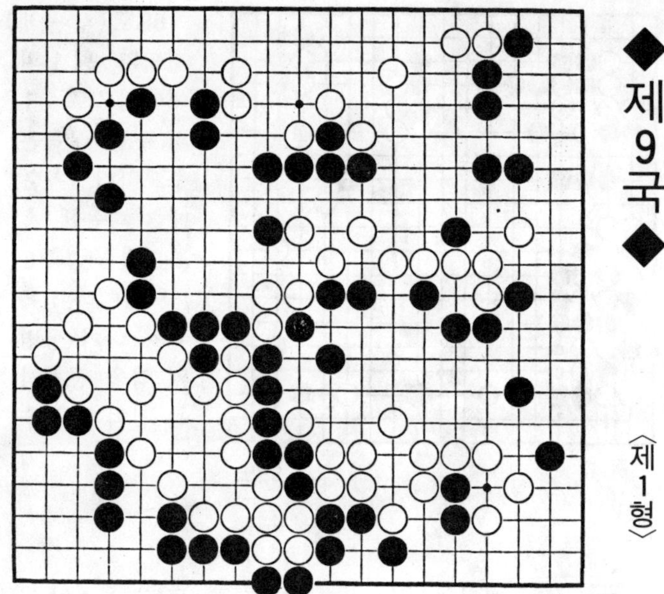

제9국 결함 찌르기

〈1형〉 백선

본장의 마지막에 어깨짚기에 관한 문제가 나온다. 우변에서 중앙에 이르기까지 백12점은 한집이 없다. 그렇다면 흑모양의 결함을 찾아야 한다.

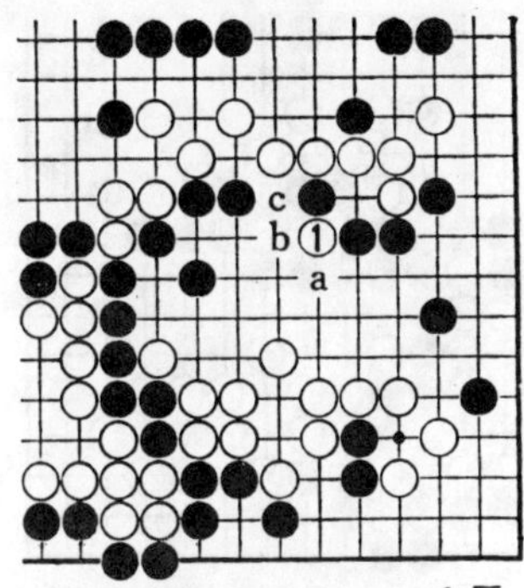

1 도

1 도(실패) 결함을 찌르는 것으로 백 **1**의 곳은 어떨까? 그러나 백 **1**의 붙임은 실패이다. 흑 a, 백 b 다음에 c로 이으면 그만이다. 이것은 실패이다.

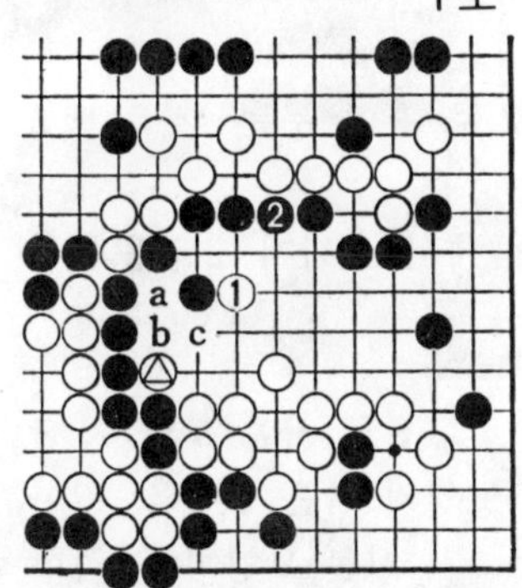

2 도

2 도(실패) 백 **1**의 붙임이 맥점인가? 여기에서는 흑 **2**의 이음이 있다. 백 a, 흑 b, 백 c로 조이는 것은 착각이다. 백 ◬가 있어서 맥이 성립하지 않는다.

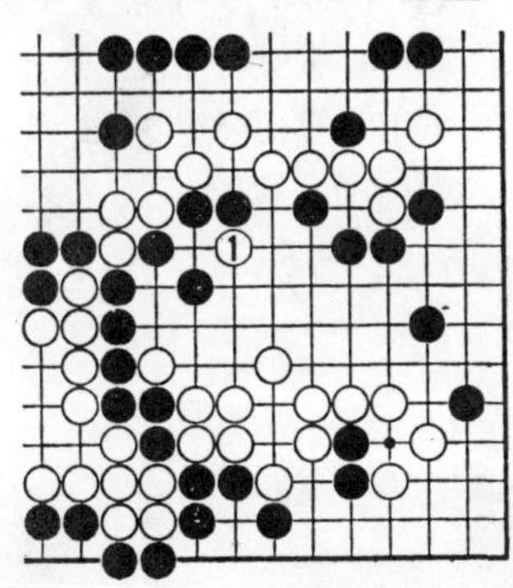

3 도

3 도 마술 (붙임) 백 **1**의 붙임이 급소로 이것이 정해이다.

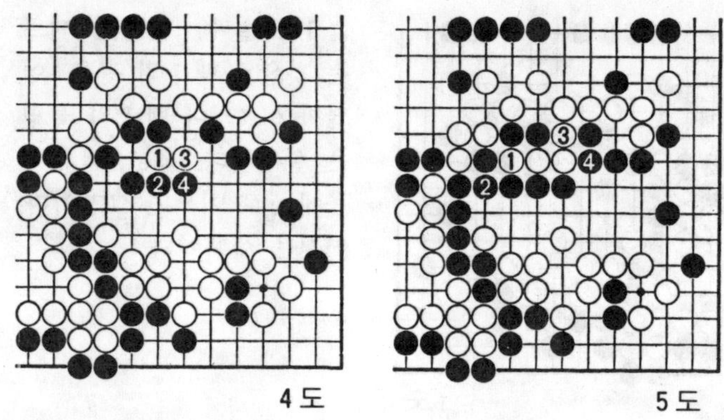

4 도　　　　　　　　　　　　5 도

4 도(끌다) 백 **1** 이 붙임에 **2** 로 흑이 두는 것은 백 **3** 으로 끌면 흑 **4** 로 되어——

5 도(2점 잡다) 백 **1** 의 끊음에서 **3** 까지 2점을 잡는다.

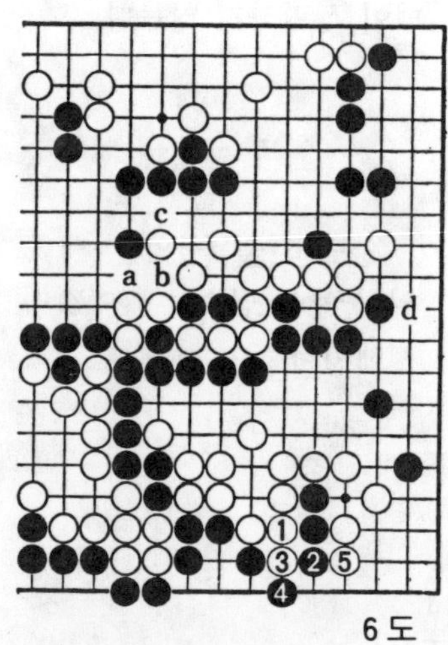

6 도

6 도(사는 모양) 중앙의 백은 2점을 잡아서 사는 모양이다. 하변은 **1** 에서 **5** 까지 큰곳이다. 중앙의 집은 흑a 백b, 흑c이면 백d 에 붙여서 산다.

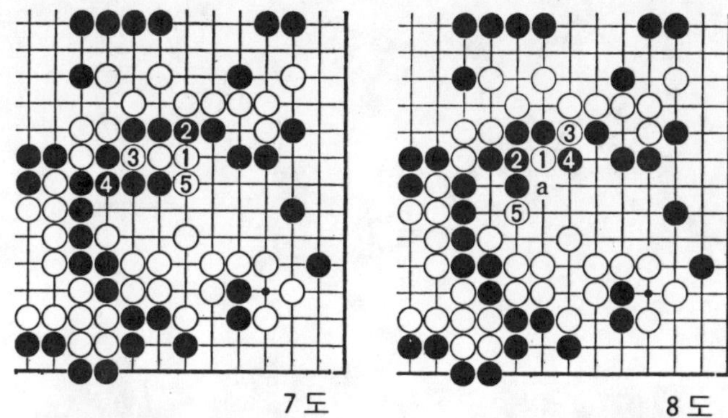

7 도 8 도

7 도 (10점 끊음) 4 도의 변화이다. 백 1 의 뻗음에 흑 2 이면 백 3, 흑 4 다음에 5 로 꼬부린다.

8 도 마술 (맞보기) 백 1 의 붙임에 흑이 2 로 받으면 백 3 으로 나간 다음에 5 의 곳에 둔다. 되따냄의 먹여치기와 a 의 곳은 맞보기이다.

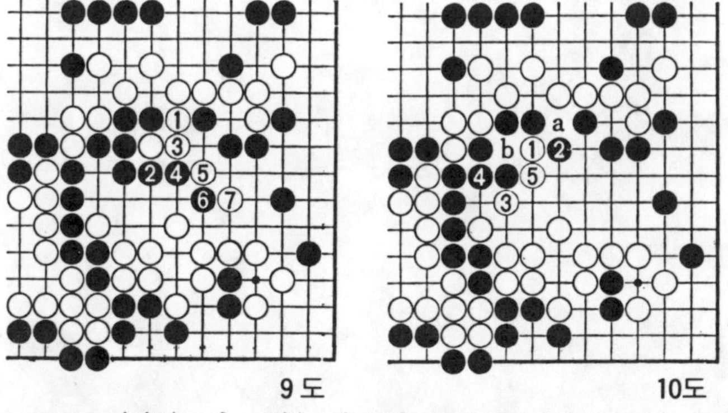

9 도 10도

9 도 마술 (13점 끊음) 백 1 에 2 로 미는 것은 5, 7 의 2 단젖힘이 교묘한 수이다. 흑13점이 수중에 떨어진다.

10도 마술 (맞보기) 백 1 의 붙임에 흑 2 의 받음은백 3 의 마늘모 붙임 다음 5 까지 끊는다. a 와b 는 맞보기이다.

제2장

돌을 죽이는 마술

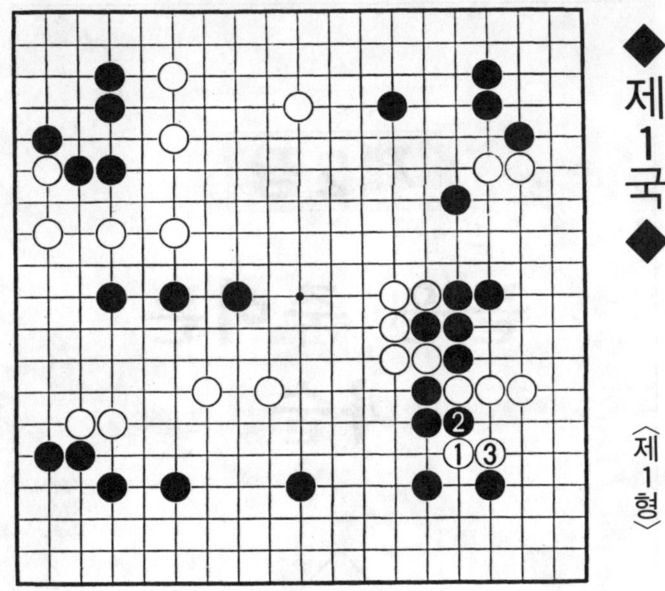

◆제1국◆

〈제1형〉

이 장에서는 돌을 키워서 버리는 것을 살펴 볼수가 있다.

어디에 중점을 두는지 실전적인 모양들은 감상하여 보자.

제1국 부분전은 정확히

〈1형〉 흑선

여기에서는 부분전의 시작이다.

백1에 흑2의 나감, 다음에 3으로 끄는 수이다.

자, 이곳에서 어떻게 두어야 할까?

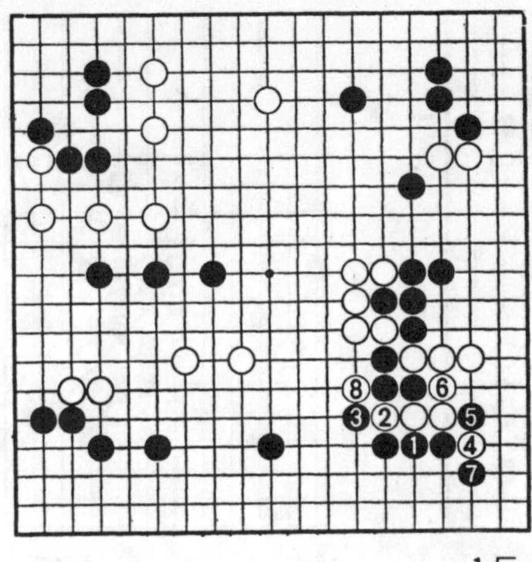

1도

1도(실전 경과) 6점 바둑이다. 흑1의 막대기의 이음에서 백2이하 8까지이다.

1형 흑1의 나가는 수로 1의 곳을 이었다.

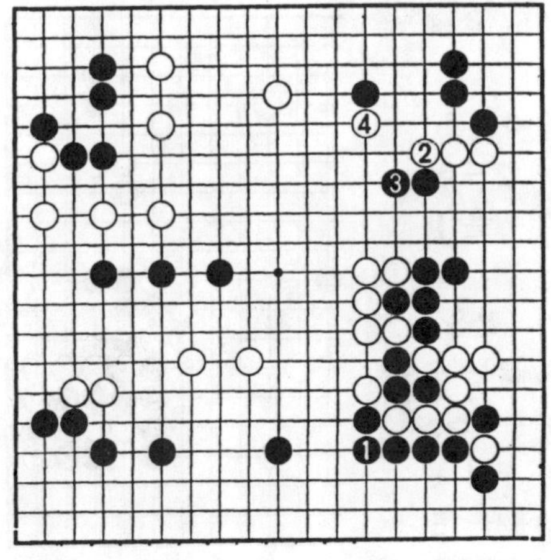

2도

2도 (실전) 여기에서 흑1의 이음은 적은 곳이다.

백2의 누름에서 4의 날일자 붙임이 있다.

이 1의 붙임은—·

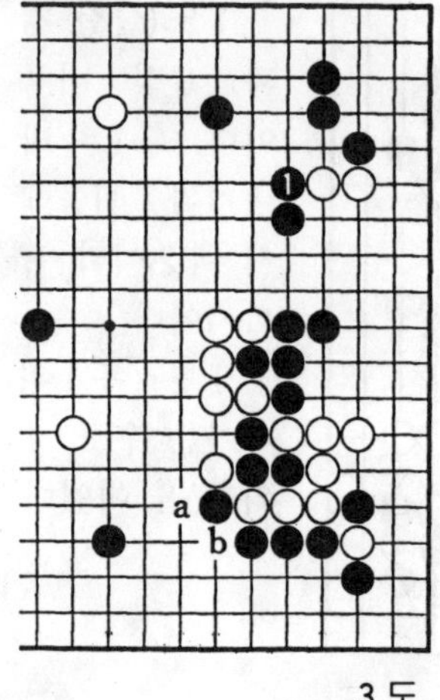

3 도

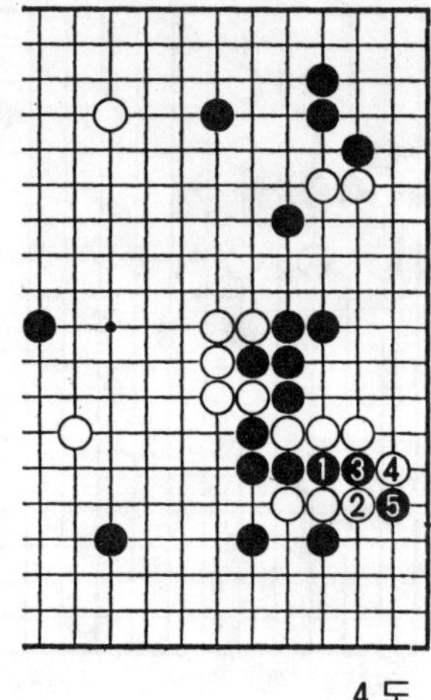

4 도

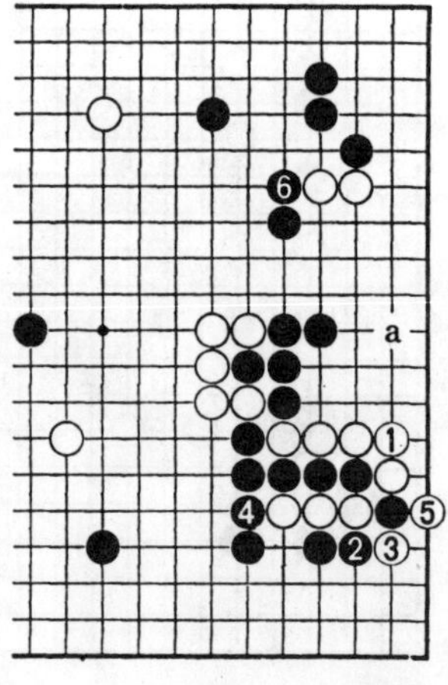

5 도

3 도(요점) 우하를 손빼면 흑 **1** 이 요점이다.

귀는 백 a의 단수에는 b로 이어 그만이다. **2** 도의 실전보는 흑이 좋지 않은 전투이다.

4 도 마술 (나가 끊음) 흑 **1**, **3** 다음 **5** 로 끊는 수이다. 기합이 있는 수이다.

5 도(명쾌) 백은 **1** 의 곳을 이으면 흑 **2**, **4** 에서 **5** 까지 명쾌하게 둔다. 다음에 백 a의 달림이 있다.

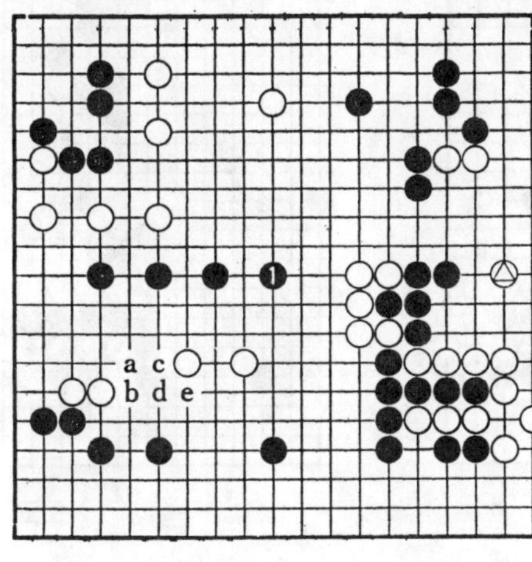

6 도

6 도(흑 좋다) 전도의 다음 백에게 ◬를 허락하면 흑 **1**로 뛰어 좌변을 보강한다. 다음에 흑 a, 백 b, 흑 c, 백 d, 흑 e의 끊음을 노린다.

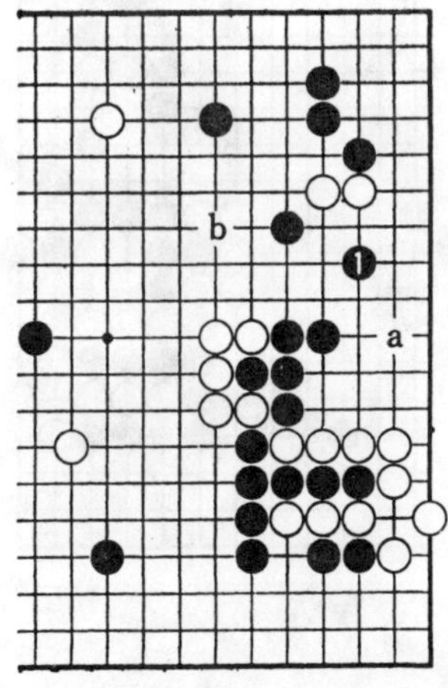

7 도

7 도(하나의 방법) **3 도** 흑 **1**의 내려섬은 본수이다.

이것을 **1**로 날일자 하는 것은 백 a의 미끄러짐에 대처하는 수이다. 다음 흑 b로 모양을 갖춘다.

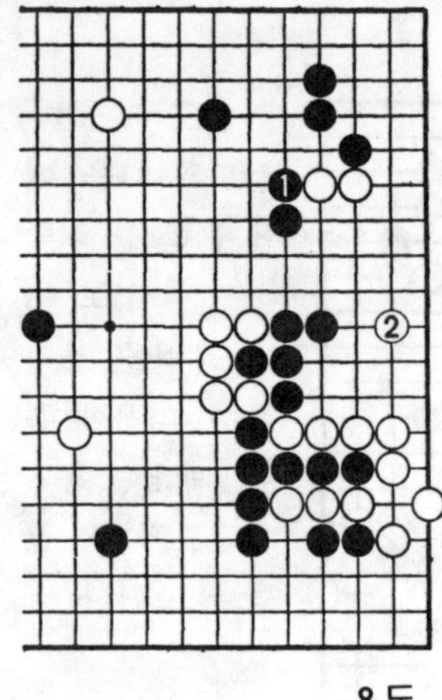

8 도

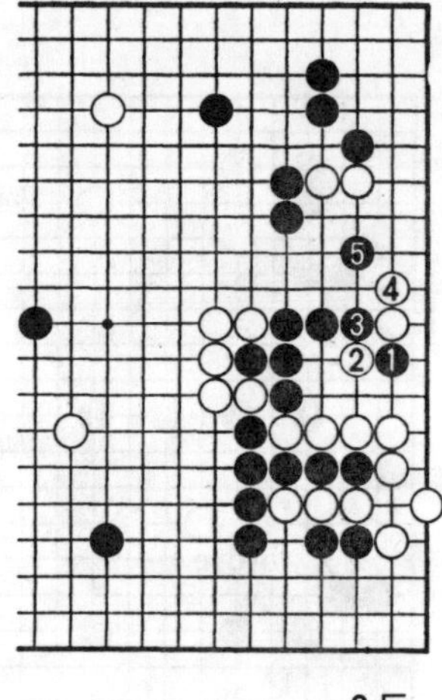

9 도

8 도(변화) 흑 1의 막음에 대하여 백은 2의 미끄러짐으로 보강을 한다. 백도 1과 2의 양쪽을 다 둘 수는 없다.

9 도(붙임) 흑 1로 붙이는 수가 예리하다. 백 2, 흑 3의 끊음이 있다. 여기에서 백 4는 당연하다. 다음 흑은 5로 씌운다.

10도(이상형) 흑 1의 끊음에 대하여 백 2는 흑 3, 5로 이상적인 모양이다.

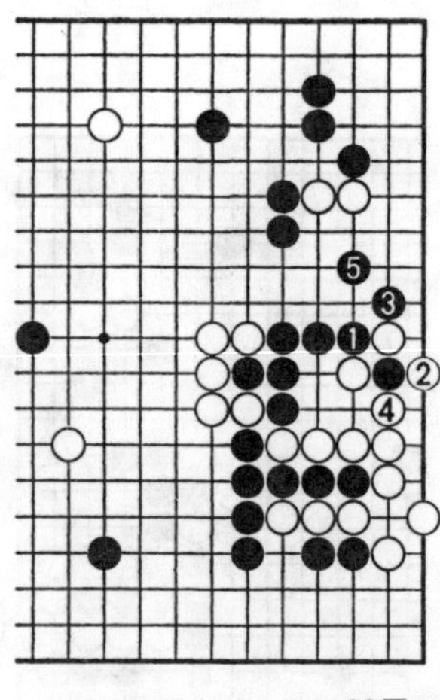

10도

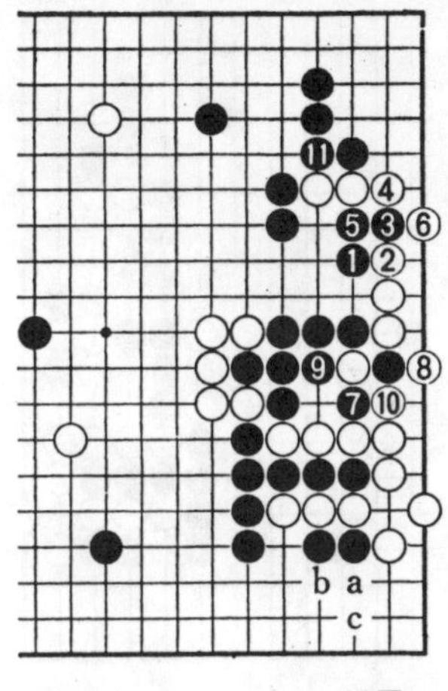

11도

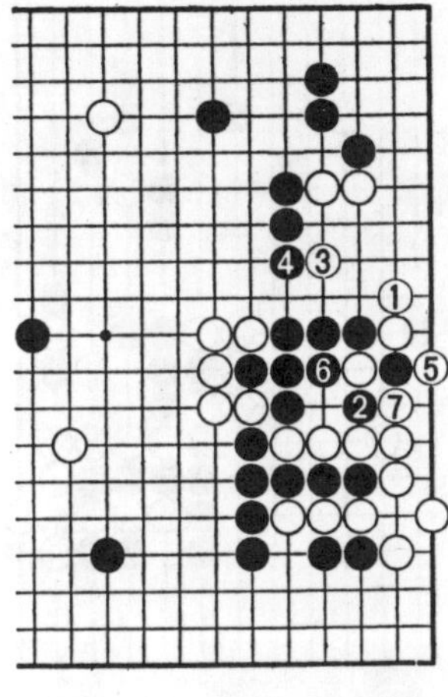

12도

11도(변화) **9**도에 계속하여 흑**1**에 백**2**로 건너가는 것은 **3, 5** 다음에 **7, 9**로 한점을 때린다. 백**10**에는 **11**로 보강을 한다. 귀를 a, 흑b, c로 내려서는 모양이다.

12도(이익) 백**1**로 뻗으면 흑**2** 단수 다음에 **7**까지 건너간다.

13도(백을 잡음) **11**도의 변화이다. 흑**1**로 젖혀 나갈때 백**2**의 끊음은 흑**3**으로 **2**점이 잡힌다.

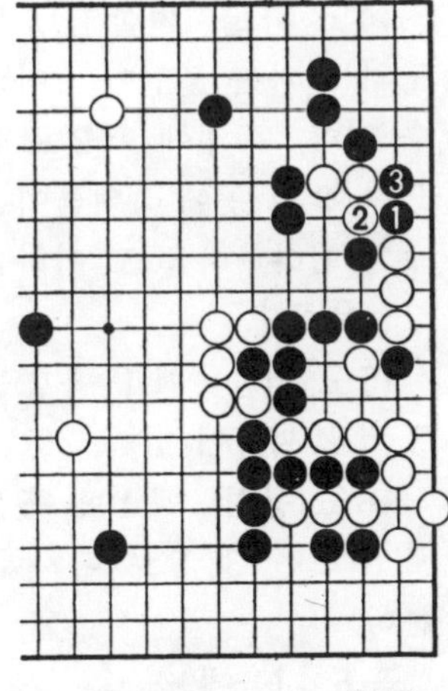

13도

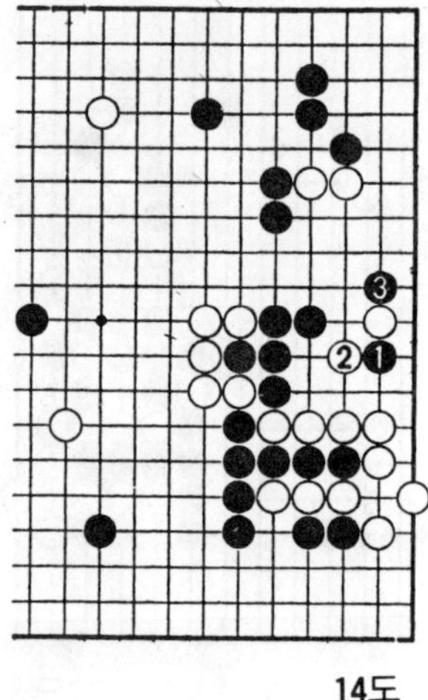
14도

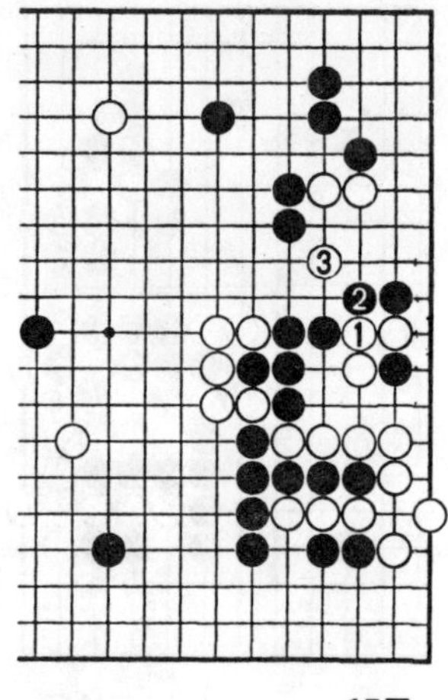
15도

14도 마술 (껴붙임) 11도의 결과는 불만이 아닐 수 없다. 흑 1 에 백 2 로 받으면 3 의 곳에 껴붙이는 수가 있다. 다음 도 이하를 살펴보자.

15도 (뻗음) 백 1, 흑 2 는 3 으로 찌름이 있다.

16도 (공격) 백 1 에 흑 2 로 이으면 3, 5 로 나가 끊는다.

흑 6 다음에— ·

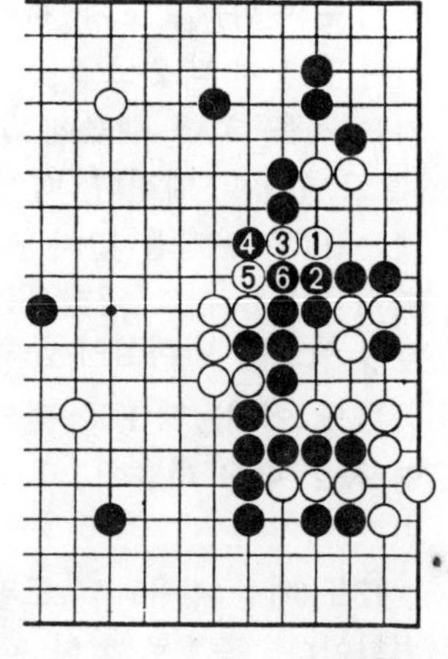
16도

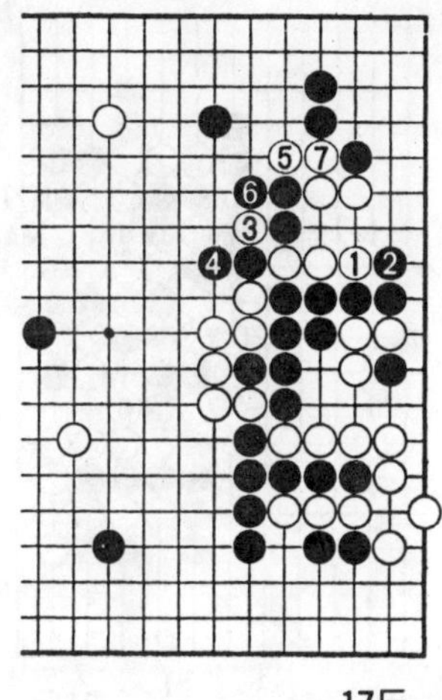

17도

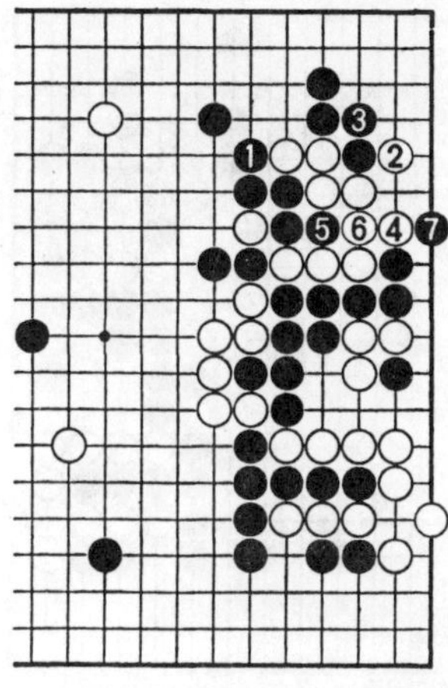

18도

17도 (변화) 여기에서 백 1은 흑 2로 둔다. 백 3의 끊음에서 5, 7로 나가 문제가 있다. 흑은 어떻게 두어야 할까?

18도 마술 (급소) 여기에서 흑 1의 내려섬이 급소이다.

백 2, 4에 대해서는 5, 7의 젖힘으로 공격을 한다.

19도 (흑승) 전도 백 2로 1의 곳을 끊으면 흑 2, 백 3에 4로 나간다.

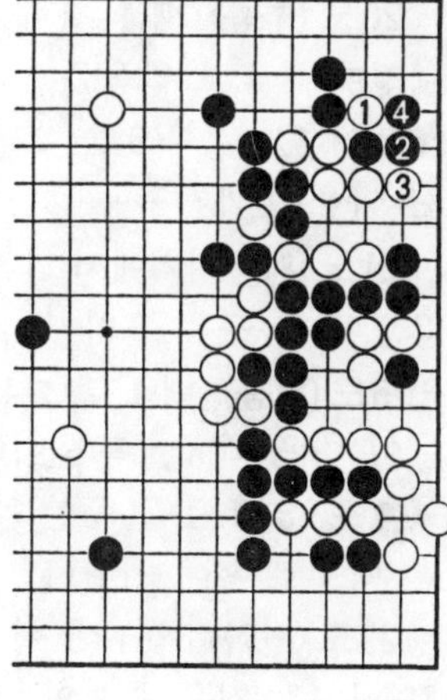

19도

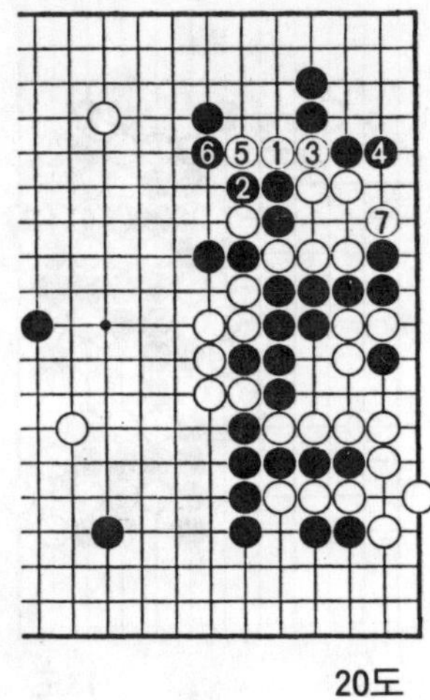

20도

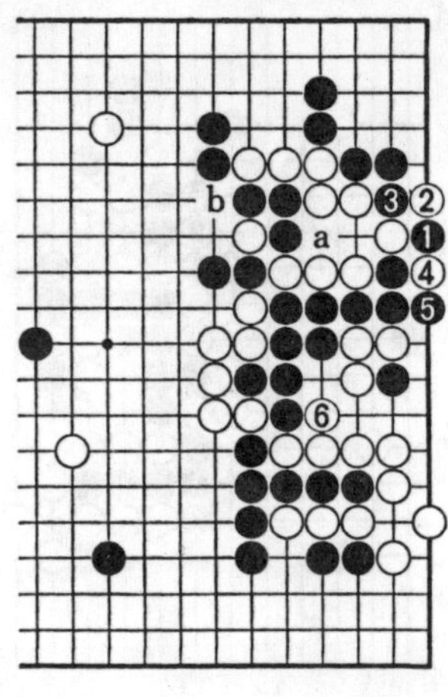

21도

20도 (누름) 백 1, 3에 나갈때 흑 4로 받음은 5의 누름이 있다. 흑 6을 교환한 다음 7까지—·

21도 (패) 여기에서 1, 3으로 두는 수는 5까지 패이다.

이 다음 백 a, 흑 b 이다. 흑 1로 3의 곳을 두는 것은 백 1로 흑이 안된다.

22도 (변화) 흑 1에 백 2로 나가는 것은 흑 3의 끊음이 있어 백이 나쁘다.

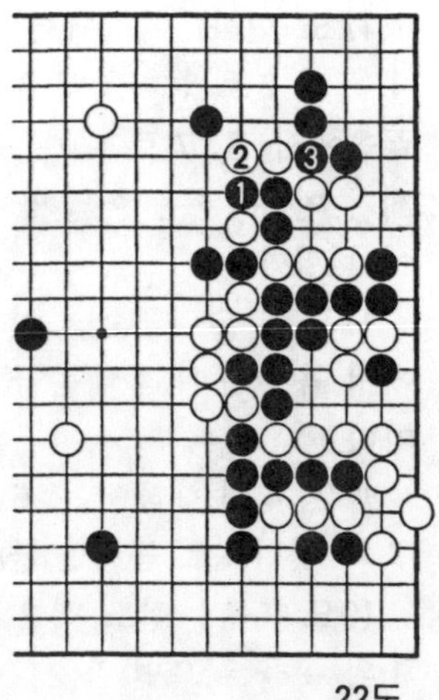

22도

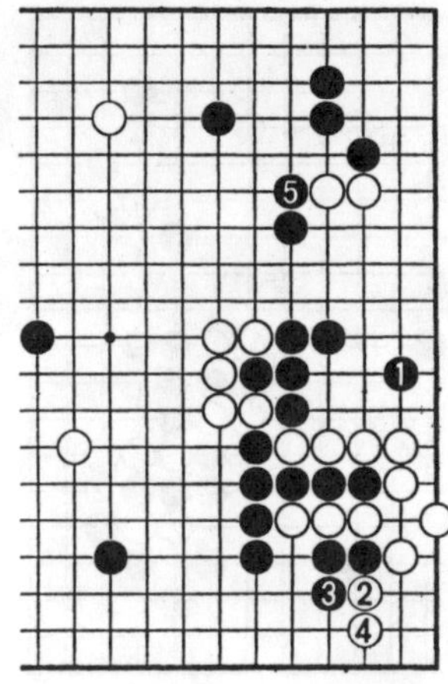

23도

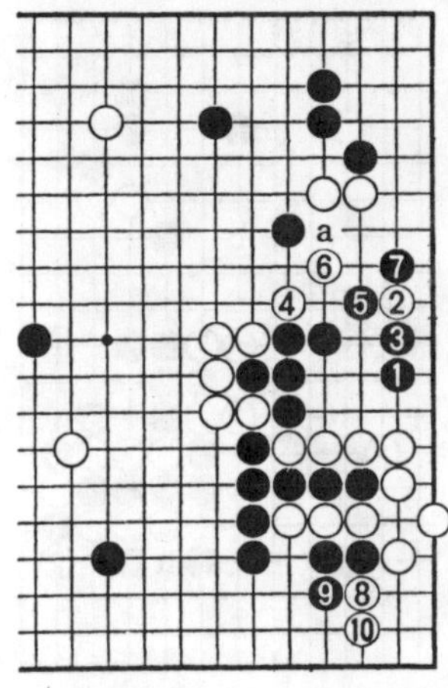

24도

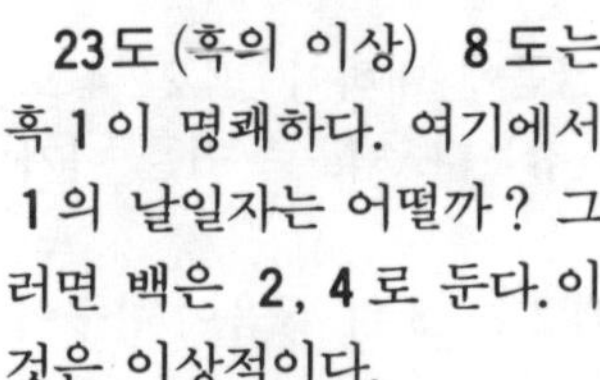

23도 (흑의 이상) **8** 도는 흑 **1** 이 명쾌하다. 여기에서 **1** 의 날일자는 어떨까? 그러면 백은 **2**, **4** 로 둔다. 이것은 이상적이다.

24도 (흑 좋다) 흑 **1** 에 백 **2** 의 반발은 흑 **3** 이 정확한 응수이다. 백 **4** 에는 흑 **5**, **7**. 백 **8**, **10**의 삶 다음에 흑 a가 있어 흑이 나쁘지 않다.

25도 (난해) **5** 도의 변화이다. 6점 대국의 어려운 모양으로 흑이 좋은 모양이다.

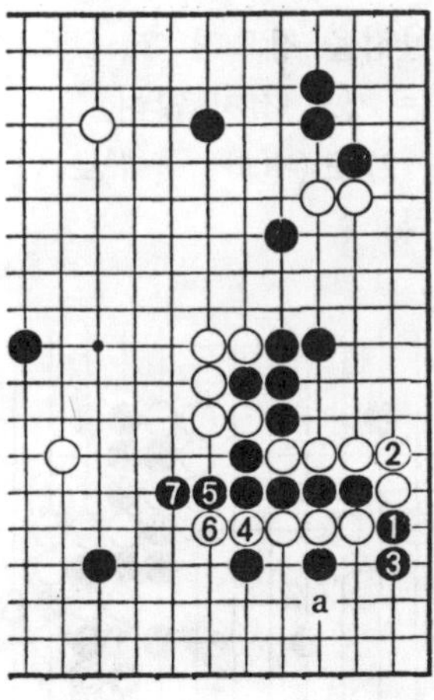

25도

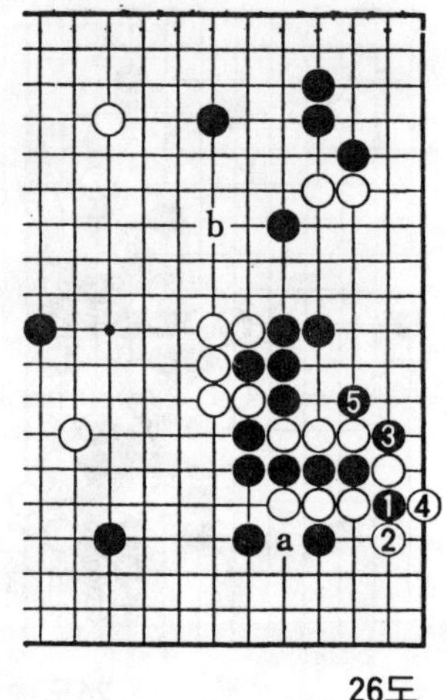

26도

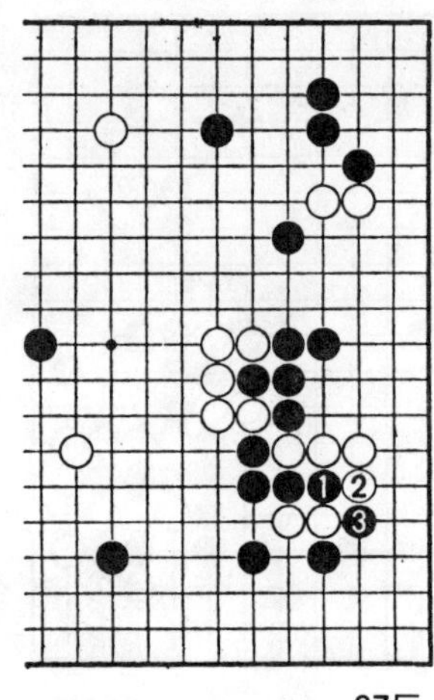

27도

26도 (흑이익) 흑 1 의 귀를 끊음에 대하여 백 2, 4 로 한점을 잡으면 3, 5 로 3 점을 잡는다. 백a 로 귀를 나가는 것도 적지 않다.

27도 (변화) 흑 1 로 나갈때 백 2 는 3 의 끊음이 한수이다.

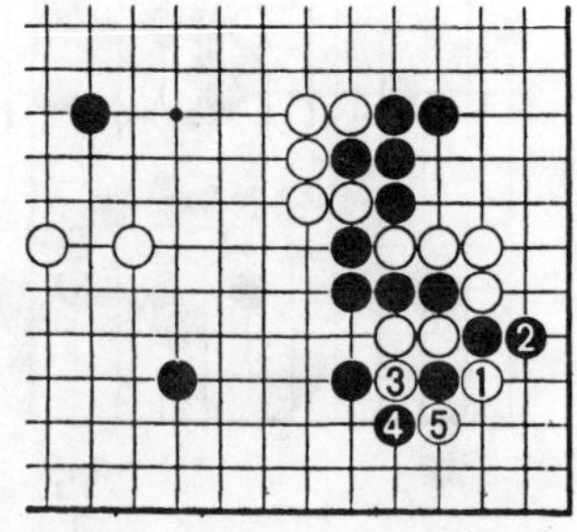

28도

28도 (단수) 여기에서 백 1 의 끊음에는 흑 2 로 내려선다. 이것은 당연하다. 이어서 백 3 으로 나가면 흑 4, 백 5 로 때린다.

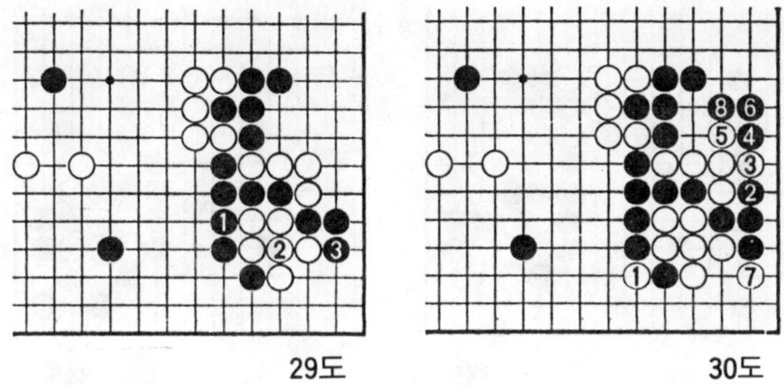

29도　　　　30도

29도 마술(조임) 흑 1 에 백 2 는 당연한 수이다.

계속하여 정신을 가다듬고 흑 3 으로 꼬부린다. 여기에 비술이 숨어 있다.

30도 마술(흑승) 여기에서 백 1 로 두면 흑 2 다음 4 의 곳을 껴붙인다. 이하 8 까지 한수 빠르다.

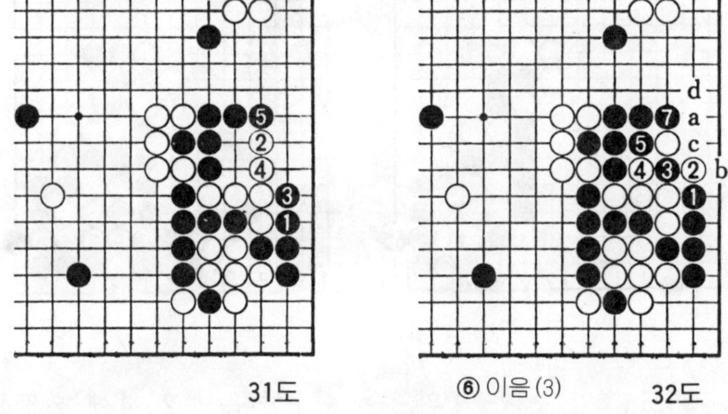

31도　　⑥ 이음(3)　　32도

31도(흑승) 흑 1 에 백 2 는 흑 3, 5 이다. 이 공격은 흑의 승리가 아닐 수 없다.

32도(흑승) 흑 1 에 백 2 는 이하 7 의 내림까지이다.

백a, 흑b, 백c, 흑d 로 흑모양이 즐겁다 따라서——

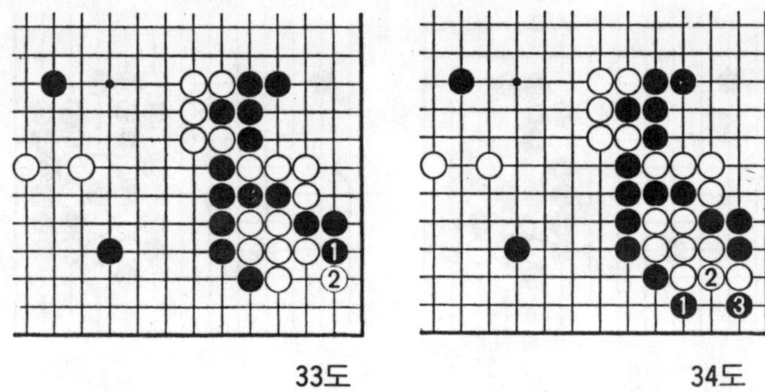

33도　　34도

33도(내림) 흑 **1** 로 내림에는 백도 귀를 **2** 로 막는다.

34도 마술(껴붙임) 여기에서 흑 **1** 의 단수는 당연하다. 다음에 **3** 의 곳을 껴붙인다. 자, 이곳에서 백은 어떻게 둘까?

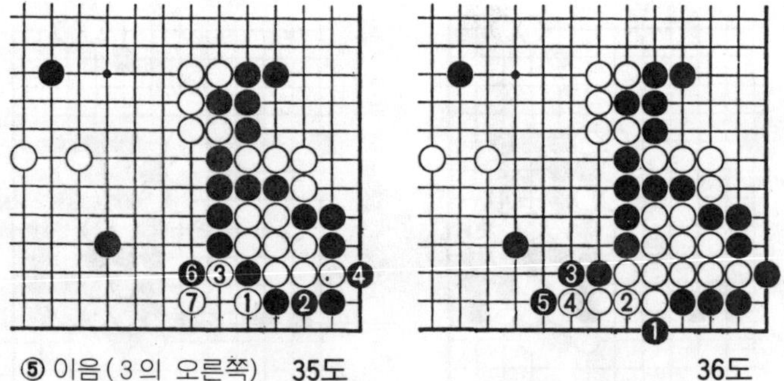

⑤ 이음(3의 오른쪽)　35도　　36도

35도(조임) 백은 **1** 의 곳을 단수한다. 흑 **2**, **4** 에는 **5** 까지 외길이다.

흑 **6** 에는 백 **7** 의 젖힘이다.

36도(공격) 흑 **1** 의 단수에 백 **2**, 다음 흑 **3** 에 **4** 로 느는 것은 **5** 의 곳을 차단한다.

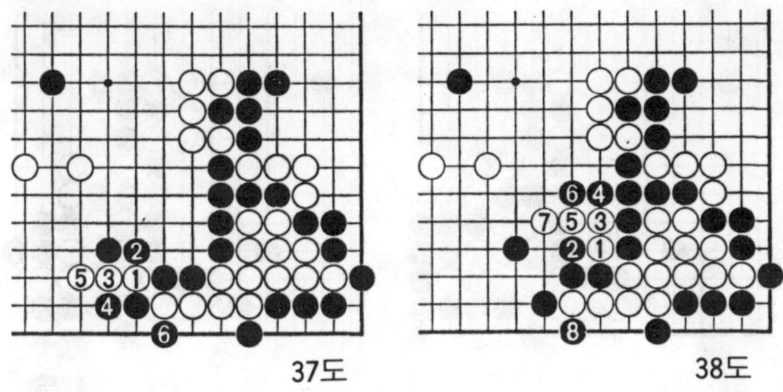
37도 38도

37도(흑승) 백 1 로 끊어 변화를 구하는 것은 흑 2, 4 의 단수 다음 6 으로 젖힌다. 여기에서는 흑이 한집빠르다.

38도(흑승) 백 1 의 끊음은 어떻까? 여기에서는 흑 2 가 정확하다. 백 3 에서 7 로 나가면 흑 8 의 젖힘까지 한 수 빠르다.

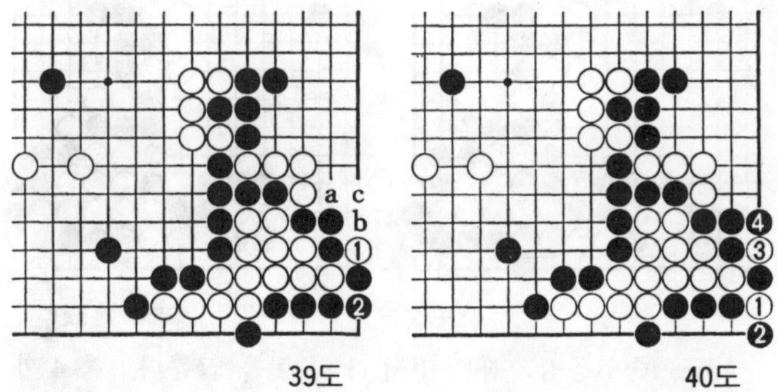

39도 40도

39도(흑승) 백 1 로 두면 흑 2 로 역시 백의 실패이다. 백a, 흑b, 백c에는 1 의 곳을 이어서 공격은 백승이아니다.

40도 (결점) 둔다면 백 1 이다. 흑 2 의 때림이 알기 쉽다. 백에는 흑 4 인데—·

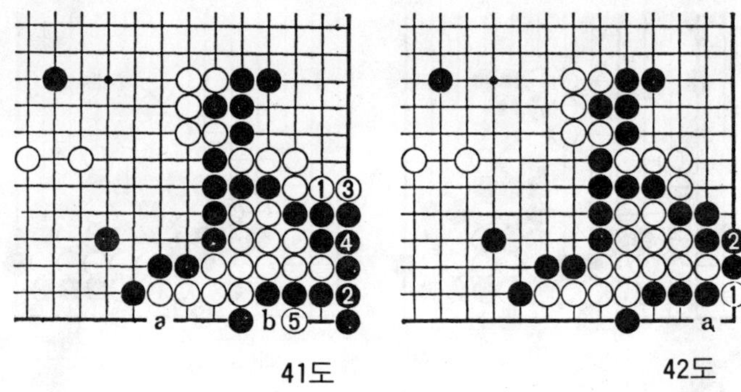

41도　　　　　　　　　　42도

41도 (흑의 실패) 백 **1**, **3** 에는 흑 **4** 이다. 그러면 백 **5** 의 치중이 있다. 흑a는 백b이다.

42도 마술 (이음) 백 **1** 로 먹여치면 흑 **2** 의 이음이 좋은 수이다. 백a를 젖히면 패이다.

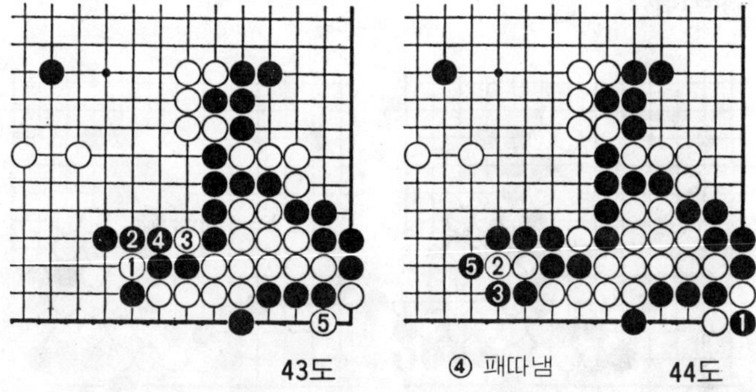

43도　　　　④ 패때냄　　　　44도

43도 (준비공작) 백은 먼저 **1** 의 곳을 끊는다. 흑 **4** 까지 된 다음 **5** 로 젖혀서 패이다.

44도 마술 (2점 때림) 흑 **1** 로 패를 잡으면 백 **2** 로 나간다. 알기쉬운 응수는 **5** 로 백 2 점을 때린다.

45도 (패의 계속) 여기에서 백 **1** 로 조이면 백 **3** 으로 나간다. 흑 **4** 다음에 백 **5** 로 때린다.

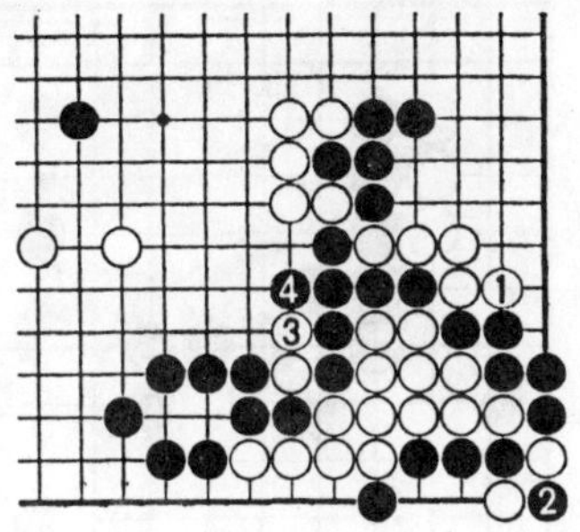

⑤ 패따냄(2의 위) **45도**

46도 (바꿔치기) 여기에서 백은 **4**, **6** 으로 우변을 움직인다. 흑 **7**, **9** 는 현명한 태도.

백a 에는 흑b 로 중앙을 둔다. 이것은 흑의 우세이다.

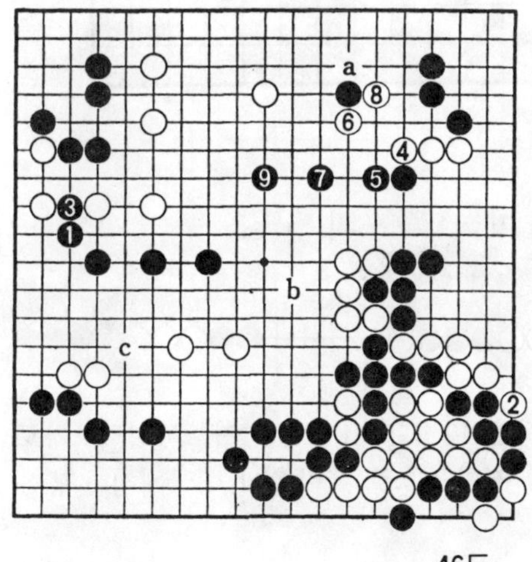

46도

부분전은 정확히 두어 우하귀는 바꿔치기이다.

이것이 가장 현명한 작전이다.

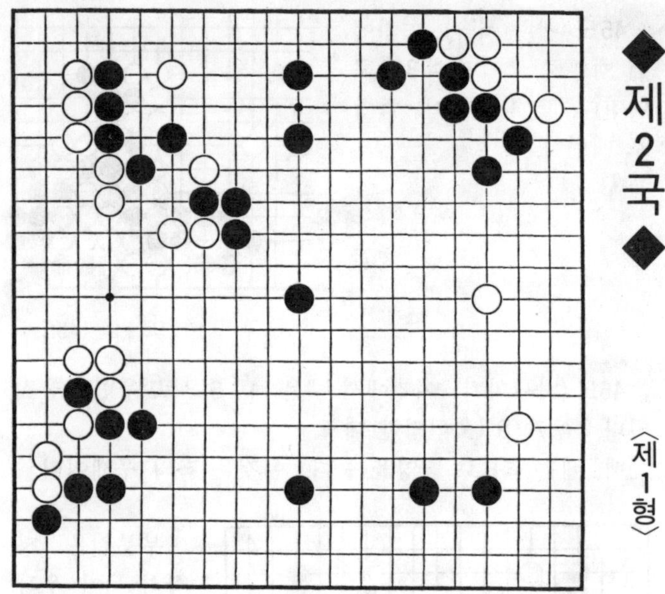

제 2 국 아마 바둑 특유의 모양

〈1 형〉 백선

결행의 수

중앙 상변에 접전이다.

여기에서 백이 두는 방법은 어떨까? 검토하여 보기로 하자. 이것은 5 점 접바둑으로 아마추어 대국에서 뽑은 진귀한 모양이다.

1 도 (실전)
1 형은 실전의 모양이 아니다.

실전의 수순은 백 1, 3 다음 5의 끊음이었다. 흑 6 으로 끌어낸 모양인데, 여기에서 끊음은 백 5 이다.

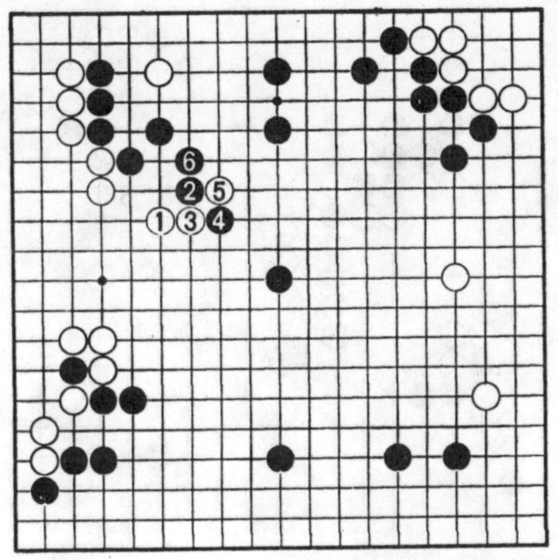

1 도

2 도 (껴붙임) 백 1 의 껴붙임에 흑 2 의 이음이다. 이것이 견실한 수이다. 1 형의 모양을 생각하여 보자.

3 도 (흑의 저항) 백 1 의 껴붙임에 흑 2 로 저항하는 수가 있다. 백 3, 5 에는 흑 6 까지 상식적이다.

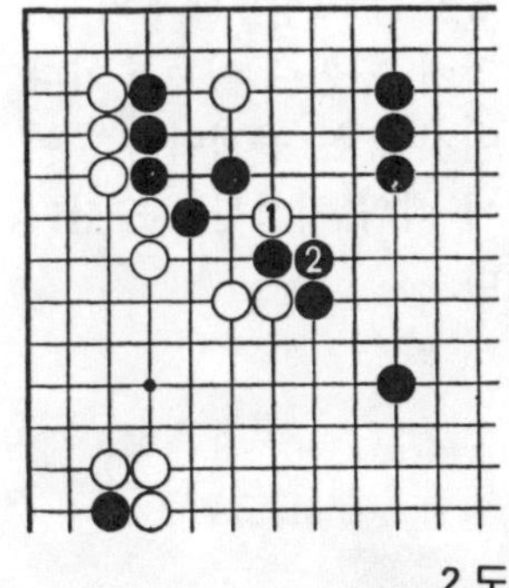

2 도

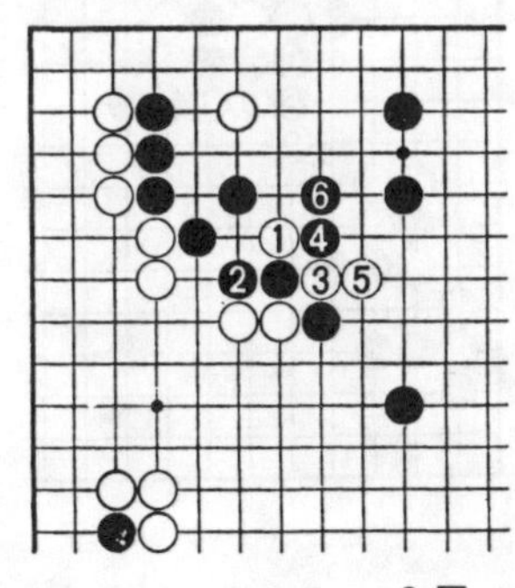

3 도

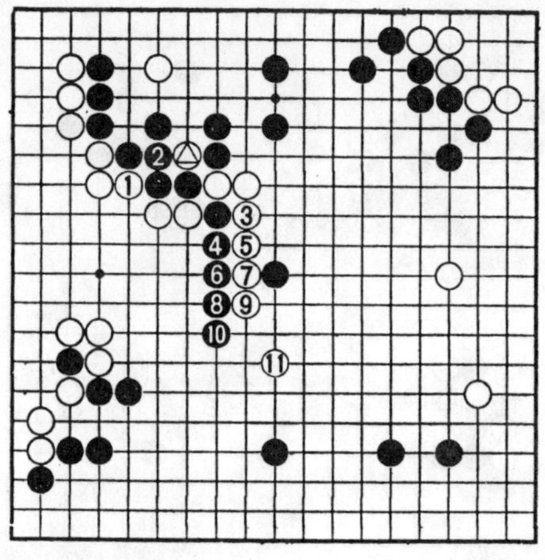

4 도

4 도 (중앙돌파) 전도에 계속하여 백 **1** 로 흑 **2** 를 강요하고 **3, 5** 로 돌파를 한다.

백 △의 한점을 이용하여 중앙의 백세가 확장이 된다. 이하 **11**까지—·

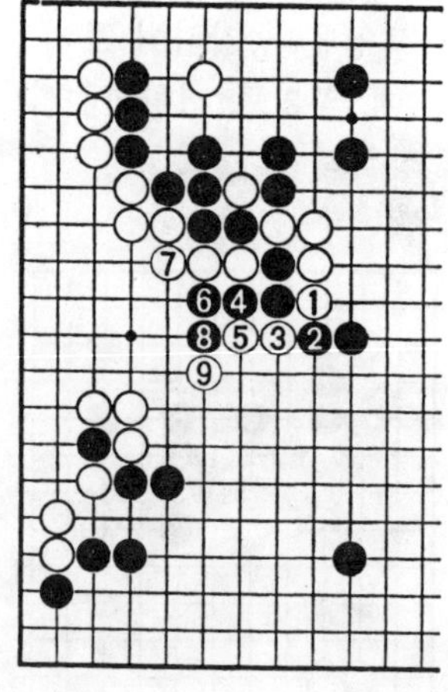

5 도

5 도(포획) 백 **1** 의 나감에 흑 **2** 로 받는 것은 백 **3** 의 끊음이다. 흑 **4** 에는 에서 **9** 까지이다.

6 도(출제형) 백 **1** 의 껴붙임에 흑 **2** 로 잇는 수이다.

이것이 본 문제이다. 여기에 백의 처절한 수단이 있다.

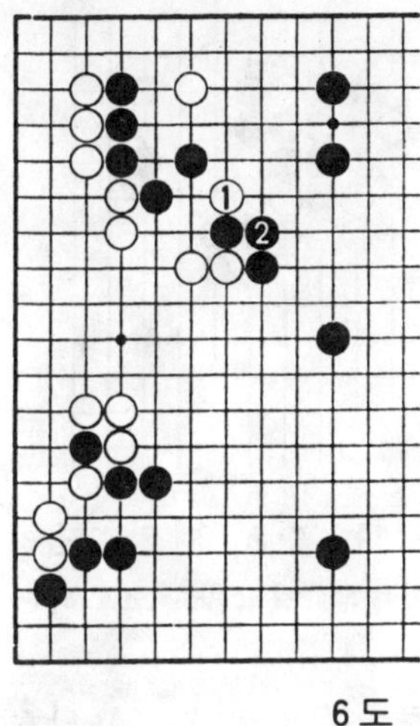

6 도

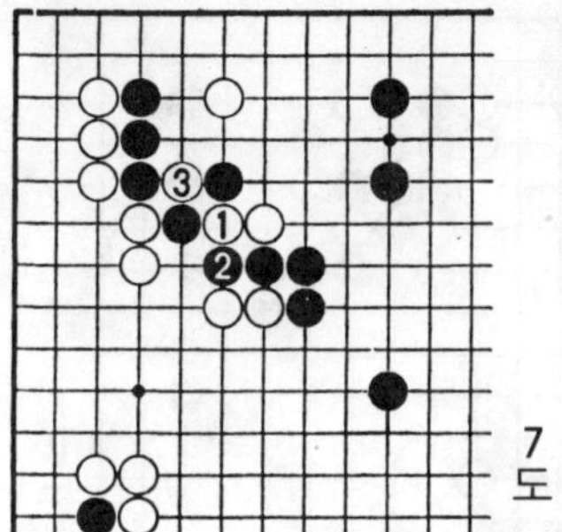

7 도

7·도 마술 (부딪혀 침입)

백 1 에는 흑 2 의 늘음. 다음에 3 의 곳을 먹여치는 수이다. 흑 2 로 2 의 좌측 나감은 백 2 로 이어서 수습한다.

8 도 (백 이익) 백 1 에 흑 2 로 이음은 백 3, 5 의 수습이다

흑 4 에는 백 5 로 둔다.

9 도 (한점 때림) 백 1 에 대하여 흑이 2 로 때리면 3 으로 패이다.

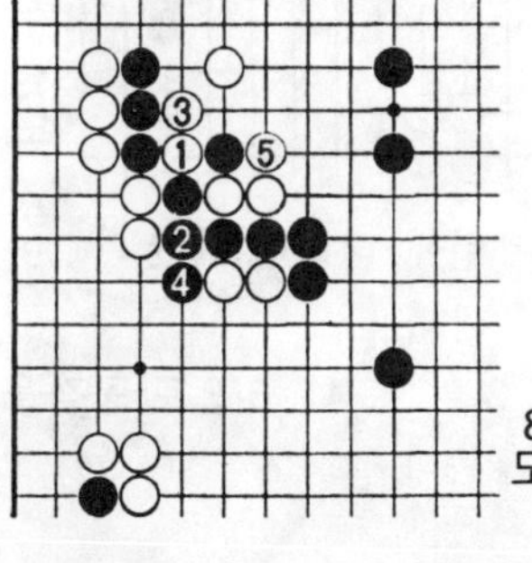

8 도

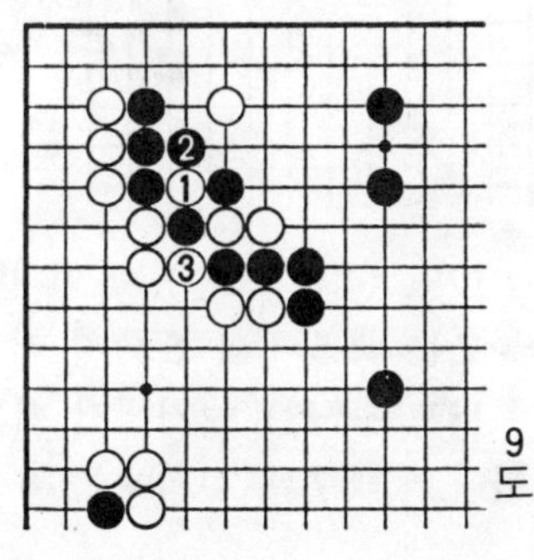

9 도

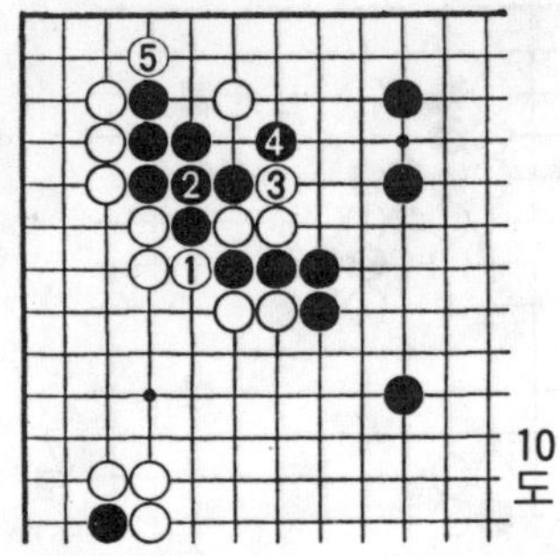

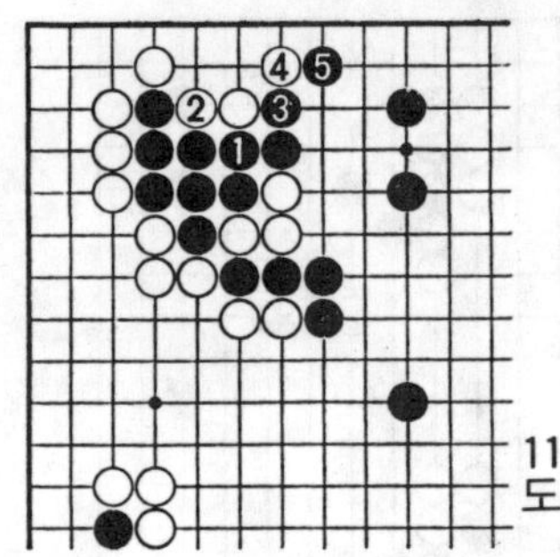

10도 마술 (건넘) 백 1의 단수에는 흑 2, 백 3 다음에 5로 건너간다. 흑 4의 젖힘은 상변의 연락을 도모하는 수이다.

11도 (백성공) 여기에서 흑 1로 이으면 백 2, 4 다음 5까지이다. 이것은 백의 성공이다. 여기까지가 9도 1의 먹여치기의 의미이다.

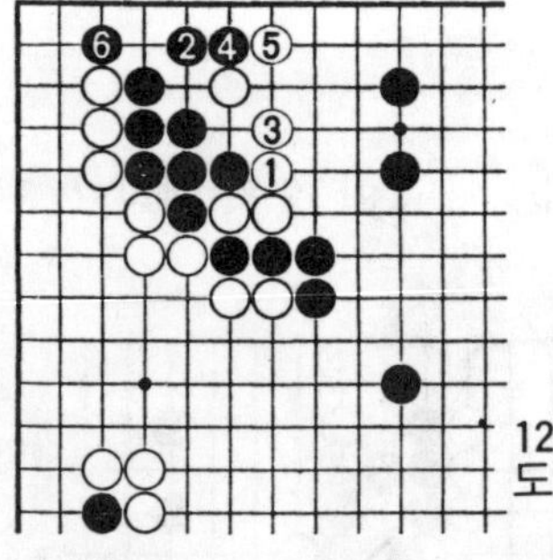

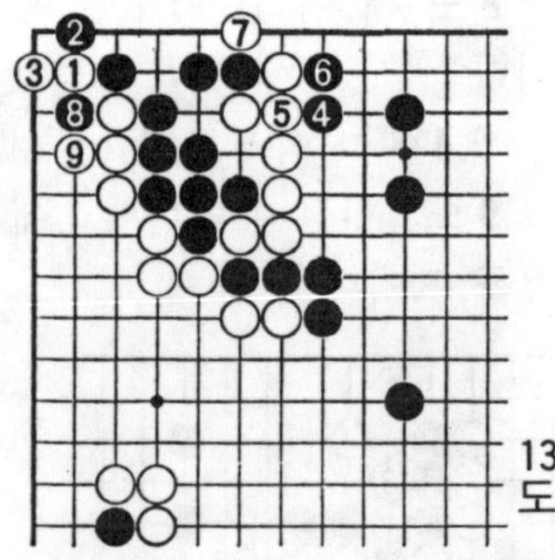

12도 (흑의 저항) 백 1의 꼬부림에 대하여 흑 2의 마늘모는 백 5에서 6까지 저항이 세다.

13도 (공격) 여기에서 백 1, 3은 흑 4, 6으로 공격을 한다. 백 7의 젖힘에는 8로 끊는다.

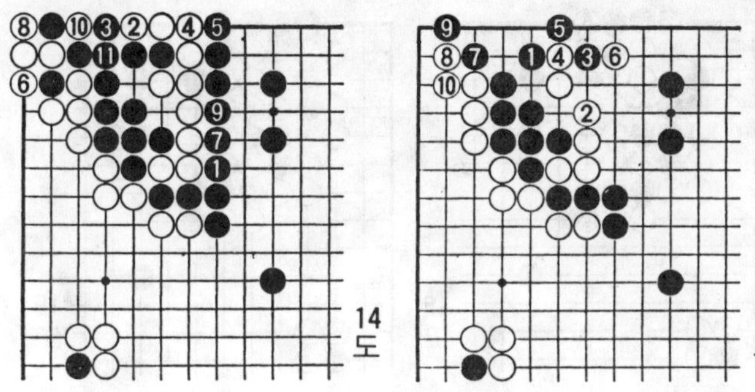

14도 (빅의 모양) 전도에 계속하여 흑 1 에서 9 는 백10으로 패를 취하는 11까지 빅모양이다.

15도 (흑의 위험) 흑 1, 백 2 는 흑 3 의 2 선이 한칸뜀이다. 그러면 백 6 으로 붙인다. 흑 7 의 젖힘에는 8, 10으로 젖혀이어 공격을 한다.

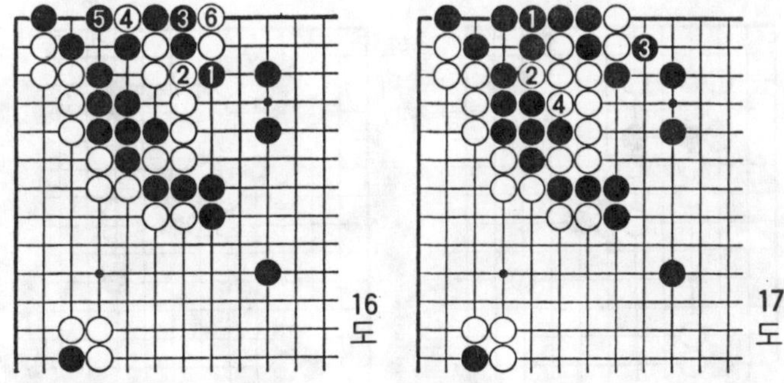

16도 (젖혀 나감) 여기에서 흑 1 의 젖힘에는 백 2 의 끊음에서 6 까지 단수한다.

17도 마술 (백승) 흑 1 로 이으면 백 2, 흑 3, 백 4 의 단수이다.

이것은 흑의 실패이다.

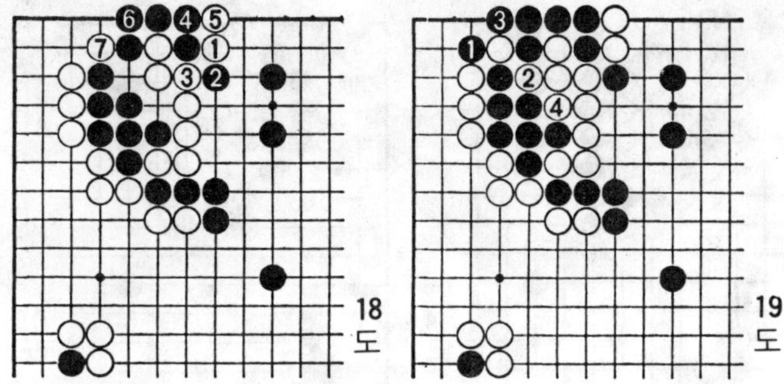

18도 마술 (단수이음) 15도의 변화인데 백 1의 껴붙임에는 귀를 젖히지 않으면 흑 2의 나감이다.

백 3, 5 다음에 6의 이음은 7의 단수붙임이 묘맥이다.

19도 마술(잇는 수 없다) 이 백 한점을 흑 1, 3 으로 잡는 것은 백 4 다음 잇는 수가 없다. 전도의 백 7은 공격의 맥이다.

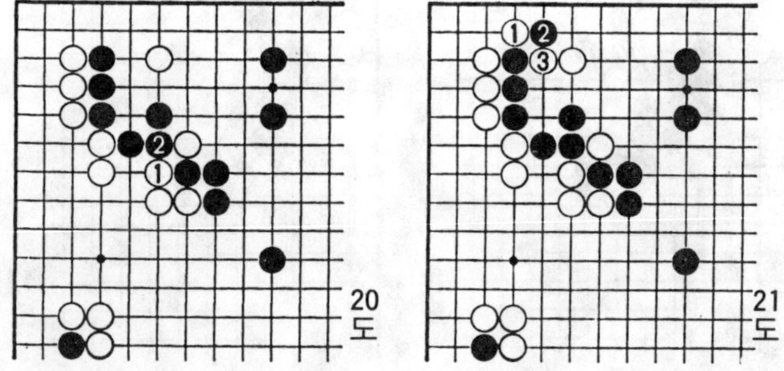

20도 (다른 방법) 백 1로 두는 것은 흑 2의 막음이다. 이하의 수단은 어떨까?

21도 마술(젖히고 끊음) 여기에서 백 1의 젖힘, 흑 2의 막음 다음에 백 3으로 끊는 수이다.

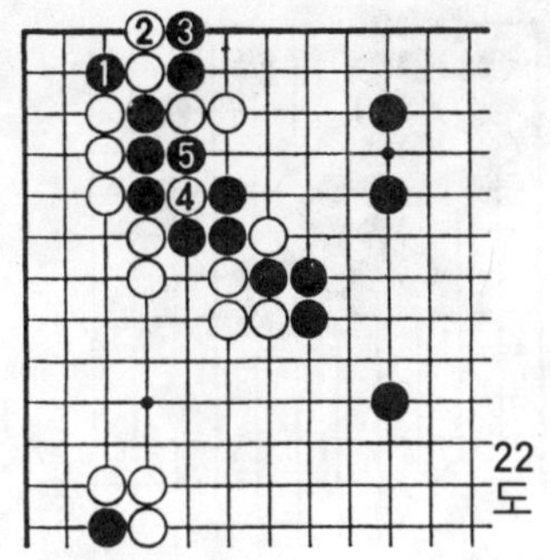

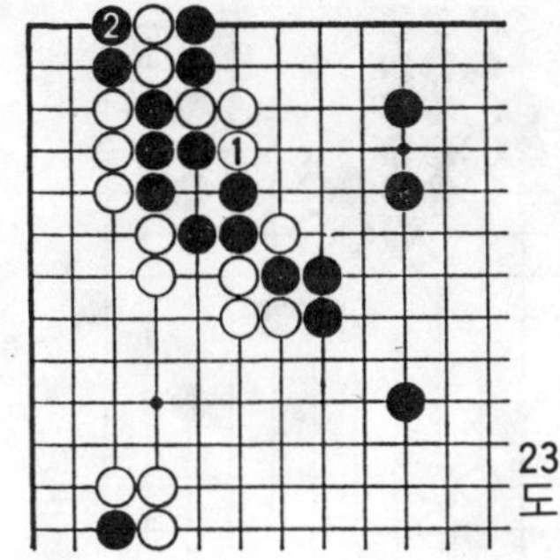

22도 (2점으로 키움) 여기에서 흑 **1**의 단수는 백 **2**의 내려섬. 이를 사석으로 이용을 한다. 흑 **3**에는 **4**의 곳을 먹여친다. 흑 **5**로 때려내면——.

23도 (결정수) 백 **1**의 단수가 모양의 급소이다. 백 2점을 때려낸 후——.

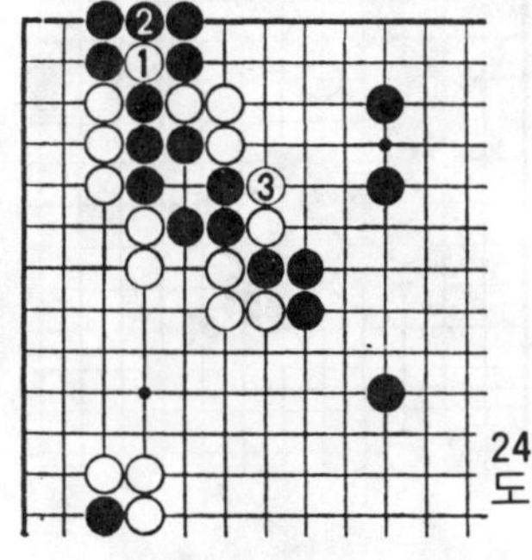

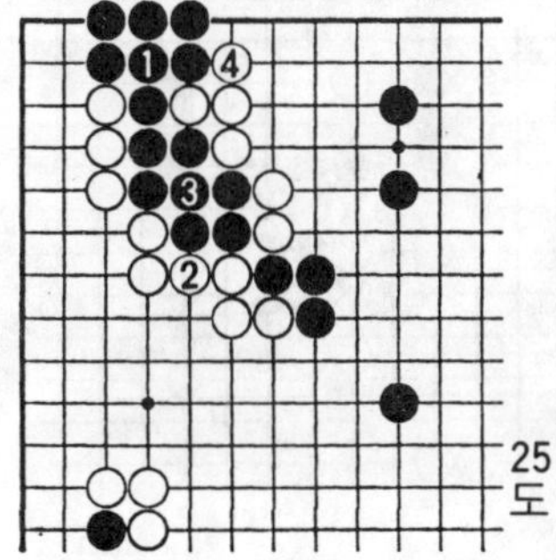

24도 (회돌이) 백 **1**에 두어 **2**를 강요하고 **3**으로 내려선다.

이것은 회돌이의 모양이다.

25도 (조임) 흑 **1**에는 백 **2**의 조임, 다음 **3**으로 이으면 백 **4**로 내려선다.

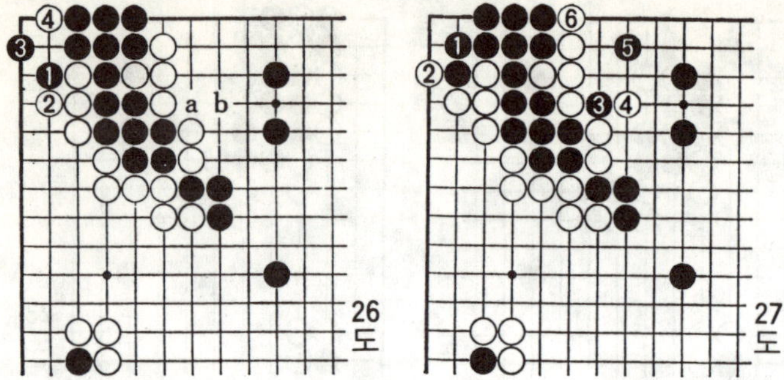

26도 27도

26도 마술(백승) 흑 1, 3 에는 백 4 가 급소이다. 누가 둔다고 하여도 이곳이다. 흑a 에는 b 로 축이다.

27도 (백승) 여기에서 귀를 견고히 잇는 것은 백 2 이다. 흑 3 의 끊음에는 백 4 의 단수, 여기에서 흑 5 로 2 선을 공격하면 6 으로 조인다.

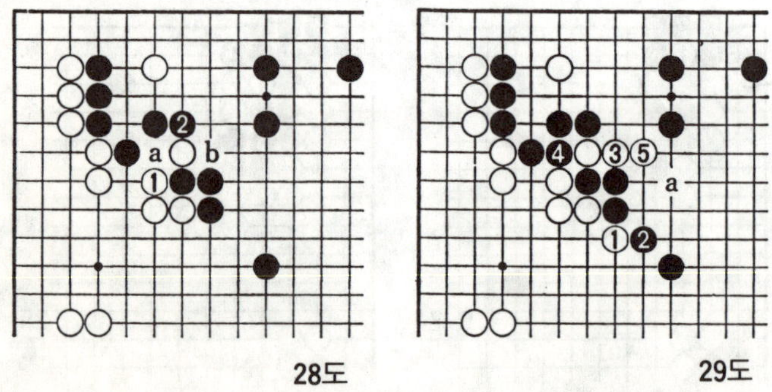

28도 29도

28도 (흑의 양보) 백에 대하여 흑은 2 로 양보의 받음이다. 21도의 회돌이를 피하는 수이다.

여기에서 백a 는 흑b 로 그만이다.

29도 (변화) 백 1 의 젖힘 다음 3 으로 나가는 것은 흑 4, 백 5 다음에 a 로 씌운다. 흑 모양도 사실 좋지는 않다.

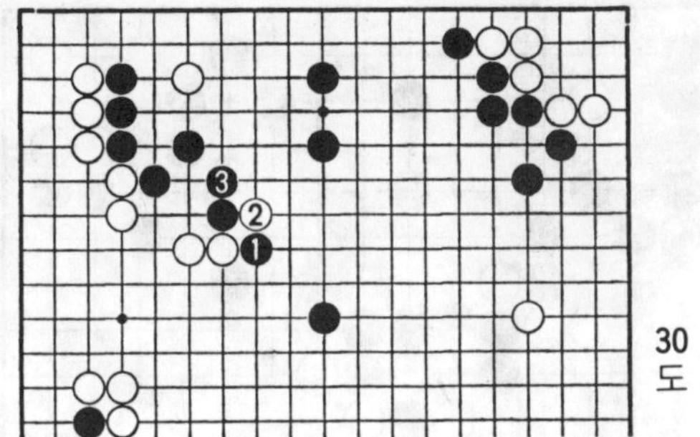

30도

30도 (백의 실패) 전술한 흑 1의 젖힘에 백 2의 끊음은 악수이다.

흑 3으로 끌어 보면 백은 다음 수가 묘미가 없다.

31도 (백이 무겁다) 다음에 백 1의 뻗음은 흑 2로 뻗는다. 백 3에는 흑 4이다. 백△은 흑a, 백b로 될 자리이다.

32도 (백 실패) 전도 백 3으로 1에서 5로 강행하는 것은 중앙의 3점이 잡혀 실패이다.

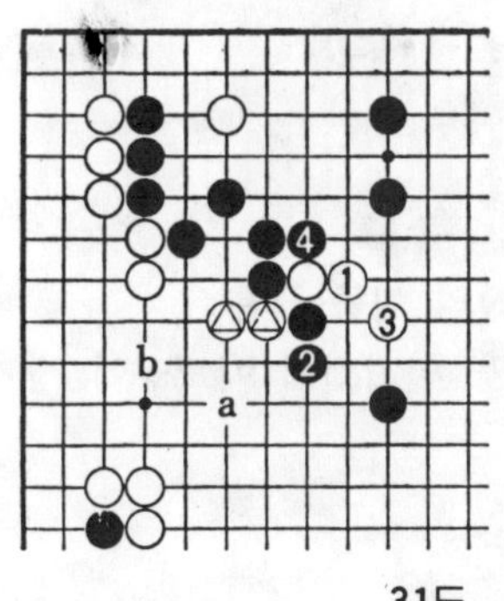

31도

32도

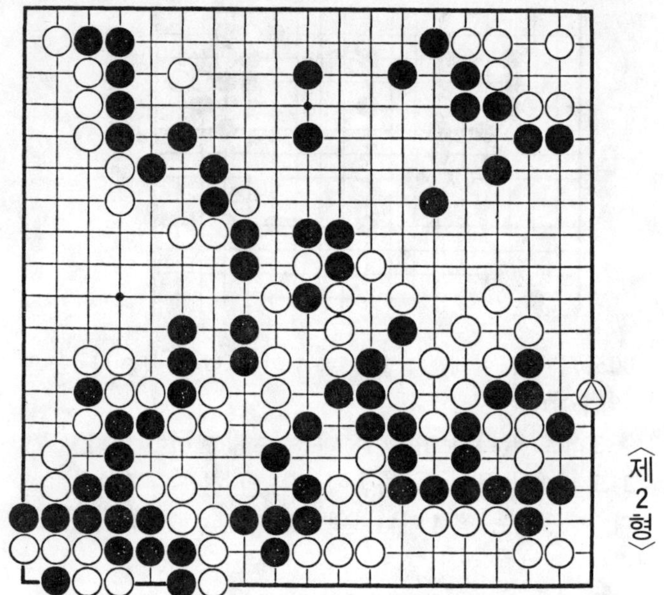
〈제 2 형〉

〈2 형〉 흑선
기형(奇型)

이런 국면은 어떨까?

우하의 흑 대마에 대하여 백△의 치중이다.

참으로 진귀한 모양인데 해답을 열기전에 이모양이 생성된 수순을 먼저 알아보자.

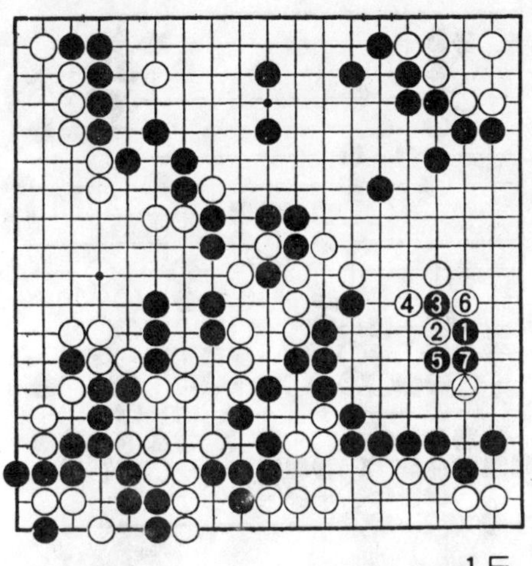

1도

1도 (실전경과) 흑 1에 침입을 하여 백 2에 붙였다. 흑 3으로 젖혀 시작이다. 백 4의 단수에 흑 5, 백 6의 때려냄까지이다. 백 △의 한점을 어떻게 잡아야 할까?

⑪ 패따냄

2도

2도 (실전) 여기에서 백 1의 젖힘에는 흑 2의 반발이 강수이다. 백 3, 5 다음에 흑 6의 단수이다.

7 다음 12까지 진행인데—·

3도 (실전) 계속하여 백 1은 강경수단이다.

백은 3, 5로 패를 쓰고 6의 곳을 이었다. 백 7의 때림이 선수 8의 이음이다. 그러면 백 9의 치중까지이다.

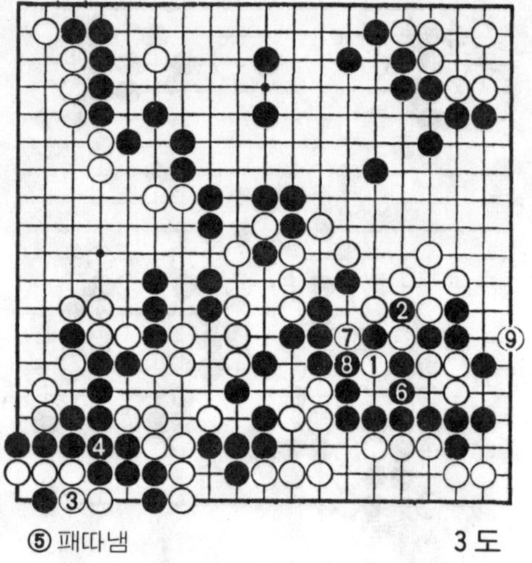

⑤ 패따냄

3도

4도 (흑사) 받는 수가 문제인데 흑 1의 받음은 백 2, 4로 두어서 흑사이다.

중앙을 흑a 이면 백b로 집이 생기지 않는다.

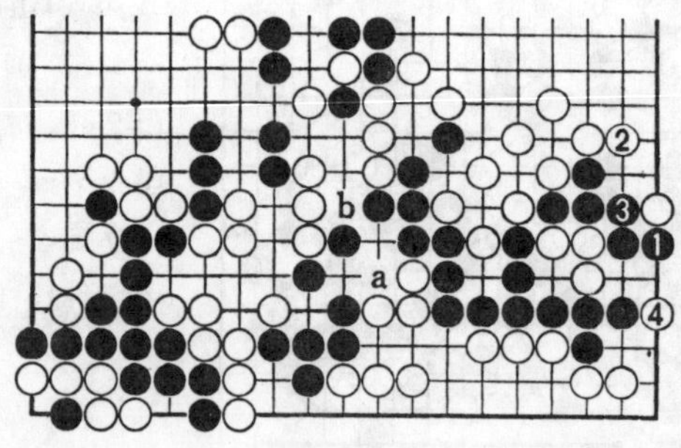

4도

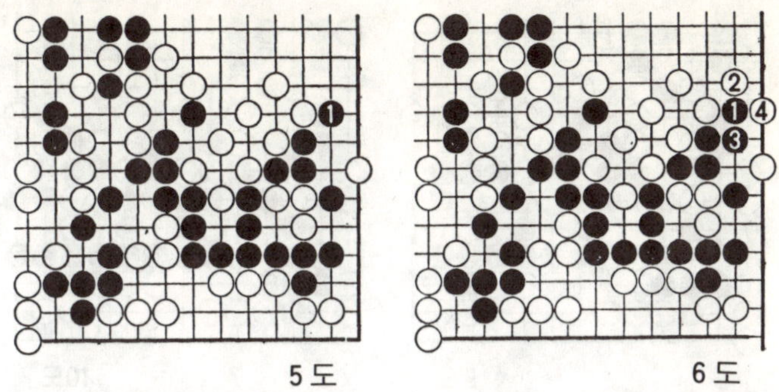

5도　　　　　　　　　6도

5도 마술 (젖힘) 전도의 흑 1 로는 흑 1 의 젖힘이다. 이로써 저항을 한다. 이곳이 급소이다.

6도 (백의 젖힘) 흑 1 의 젖힘에는 백 2 , 흑 3 으로 이으면 백 4 로 건너간다. 여기서 부터 주의를 요하는 공부가 필요하다.

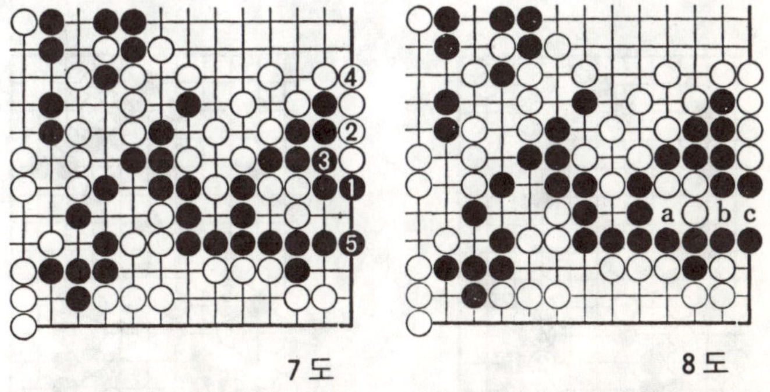

7도　　　　　　　　　8도

7도 마술 (진귀한 모양) 흑 1 에 백 2 다음 흑 3 이면 백 4 의 이음이다. 흑은 5 로 내려서 사는 모양을 갖춘다

8도 (삶) 이 모양은 백a 이면 흑b 로 산다. 백a로 b의 곳을 두면 c 의 이음이다. 백은 a 로 이어 5궁을 만들지 못한다.

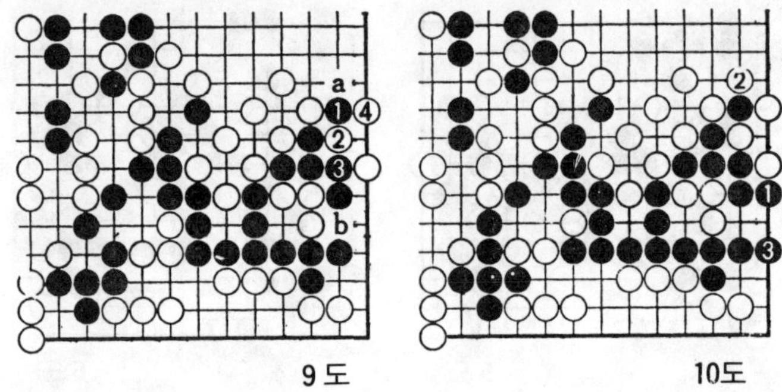

9도　　　　　　　　　　　　　10도

9도 (패?) 흑1의 젖힘에 백2, 4로 받으면 패이다. 이곳에서 패라면 큰일이다.

10도 마술 (삶) 여기에서는 흑1의 내려섬이다. 백2의 때림에는 3으로 둔다.

1도 (변화) 문제의(제2형 1도) 1도는 실전의 변

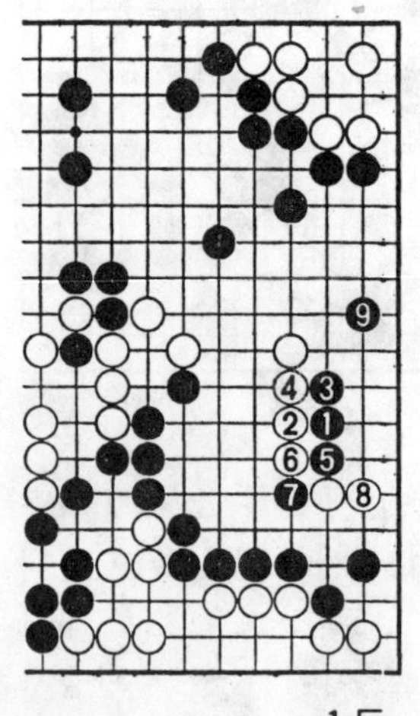

1도

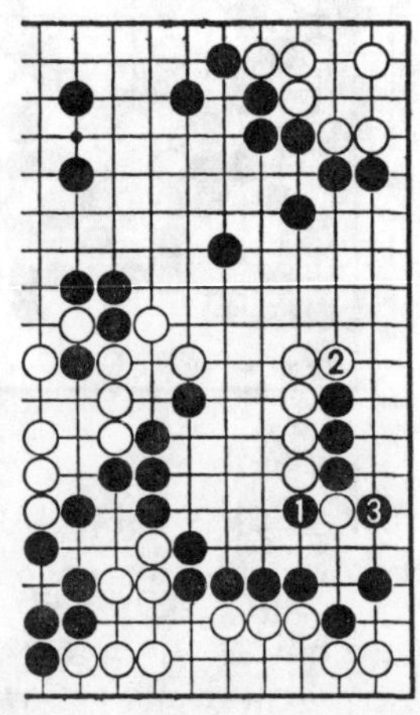

2도

화를 생각할 수 있는데 흑3에 뻗고 백4, 흑5, 7의 끊음이다.

2도 (백 불만) 흑1의 끊음에 백2로 내려서면은 3으로 한 점을 잡아서 불만이다.

백2로 3의 내려서는 수를 생각할 수 있다.

〈3형 백선〉

틈의 노림

흑이 우변을 미끄러지면 어떻게 될까?

백은 틈을 파고들어야 한다.

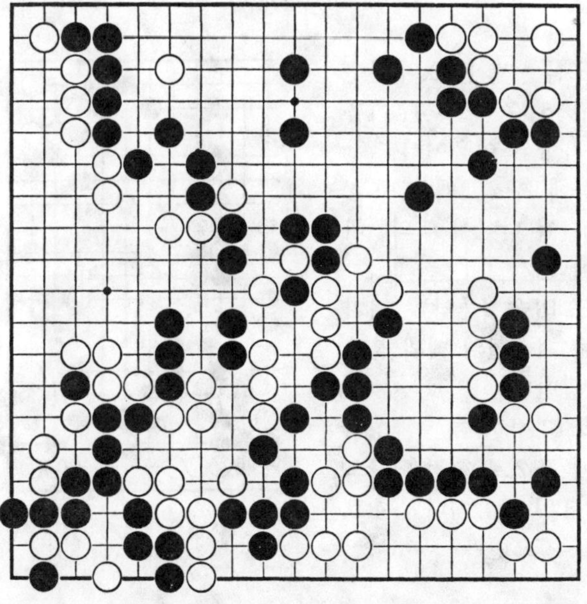

〈제3형〉

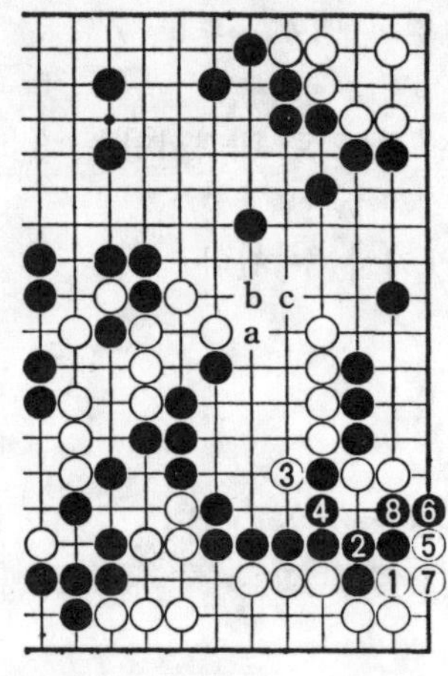

3 도

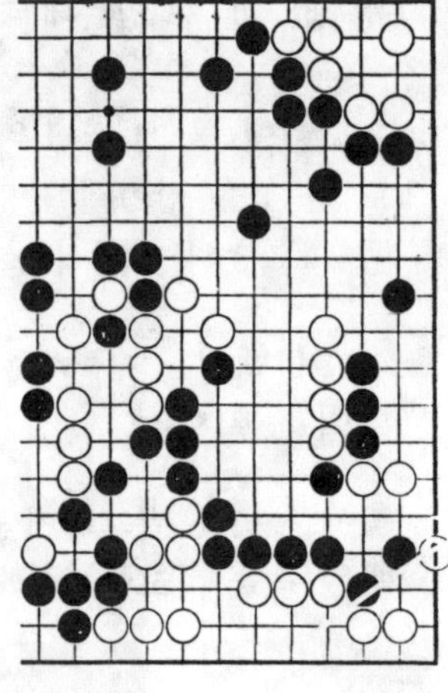

4 도

3 도(틈) 백 1, 3 의 단수 다음에 5, 7 의 젖혀 이음이면 흑 8 의 이음이다.

다음에 흑 a, 백 b, 흑 c 의 절단이 남아서 백의 대실패이다.

4 도 마술 (붙임) 여기에서는 제 1 선의 맥의 붙임이 성공한다.

5 도(1점 잡음) 백 1 의 붙임에 흑 2 로 한점을 잡으면 백 3 의 끊음이다. 4 로 한점을 잡으면—

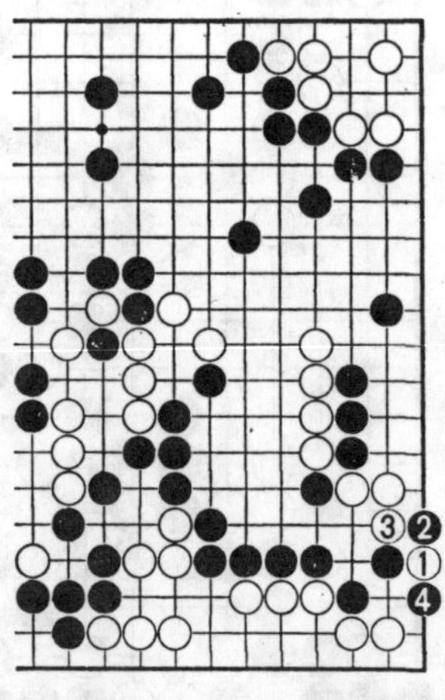

5 도

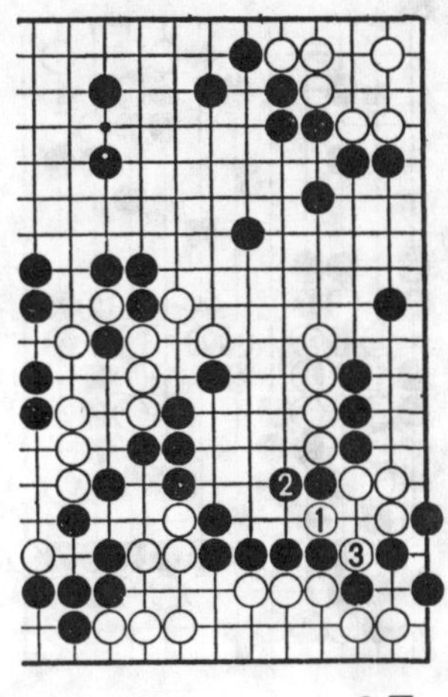

6 도

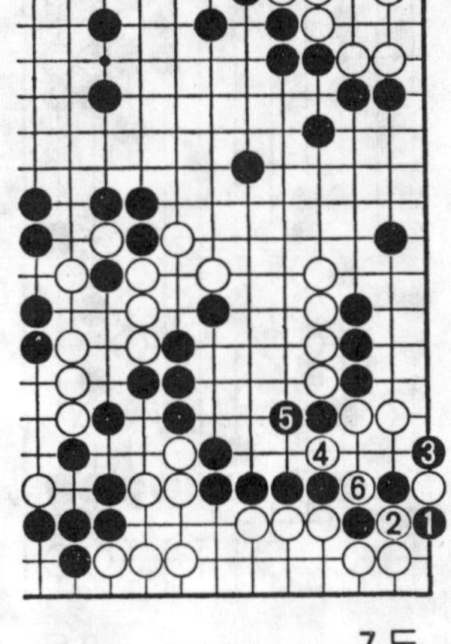

7 도

6 도 마술 (패) 백 1 의 단수에 흑 2, 그러면 백 3 으로 집어 넣어서 패이다. 이 점이 맥이다.

7 도 마술 (건넘) 백의 일선의 붙임에 흑 1 은 잘못이다. 백 2 다음, 4 의 곳을 단수하고 6 으로 건너가는 수가 있다.

8 도(실패) 흑 1 로 저항을 하는 것은 백 2, 흑 3 다음에 4, 6 으로 실패이다.

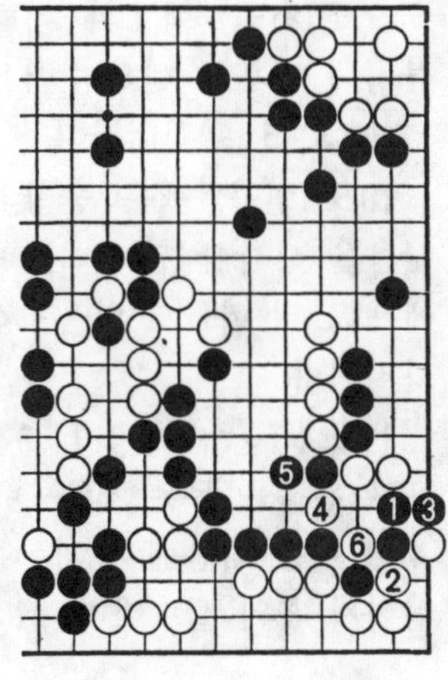

8 도

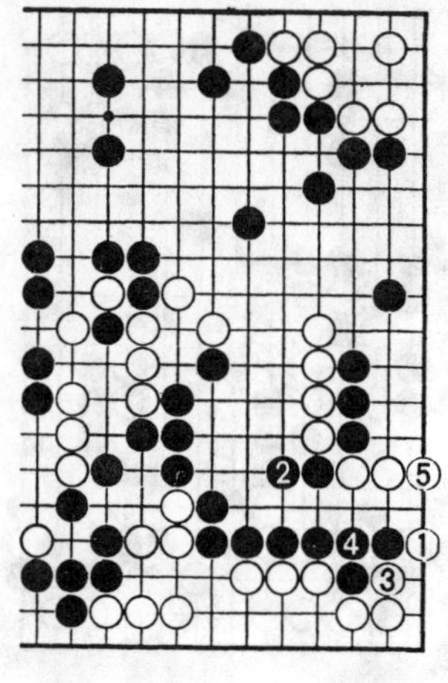
9 도

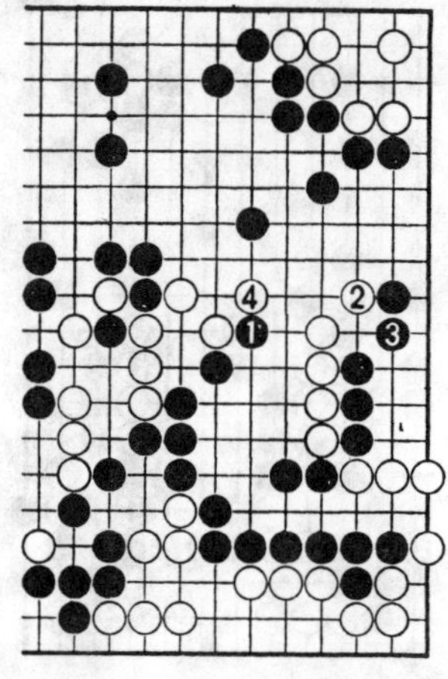
10도

9 도(건넘) 백 1의 아래 붙임에 흑 2로 뻗으면 백은 쉽게 3, 5로 건너간다.

10도(변화) 백은 중앙의 끊음을 생각할 수 있다. 변에 백 2의 마늘모 다음 4까지이다.

11도(흑 선수) 흑 1, 3으로 위쪽을 두는 것은 백 4의 이음 다음에 6의 내림까지 흑의 선수이다.

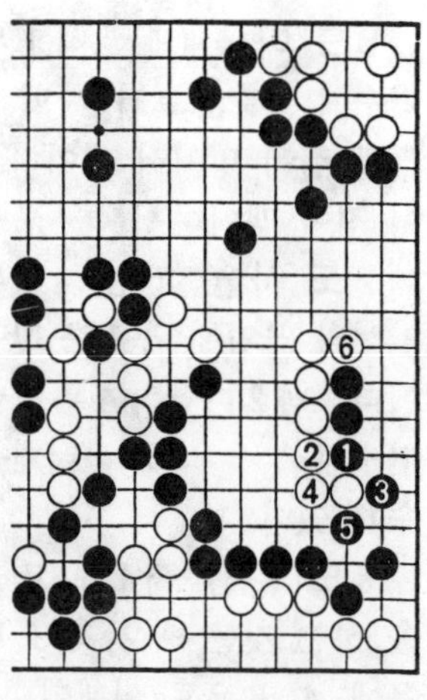
11도

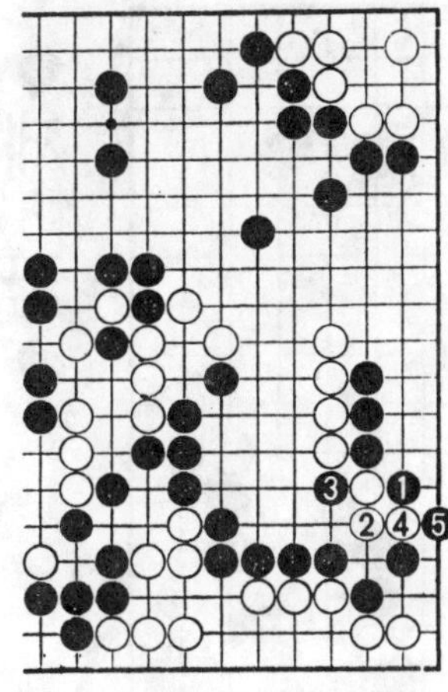
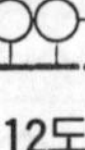

12도

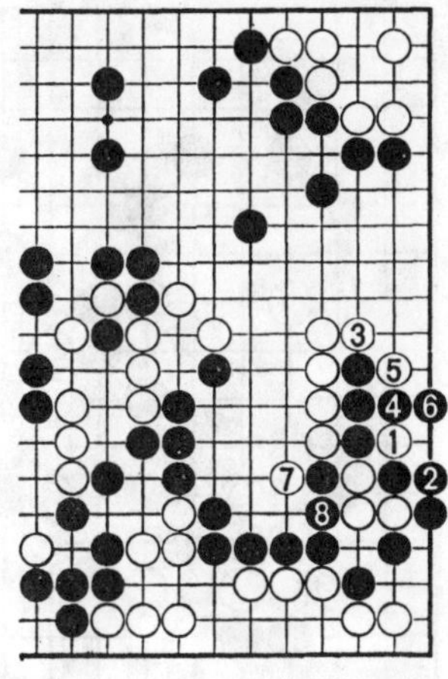

13도

12도(뻗음) 흑 **1** 의 젖힘에 백 **2** 로 뻗을 공산이 크다. 여기서 흑 **3** 의 끊음에는 백 **4**, 흑 **5** 에서 다음 도이다—·

13도(변화) 백 **1** 의 끊음에서 **5**, **7** 까지이면 흑 **8** 의 이음이다.

14도(변화) 흑 **1** 은 강수이다. 백 **2** 로 내려서면 흑 **3** 으로 내려선다. 다음 백 **4**, **6** 에는 흑 **7**, **9** 까지이다.

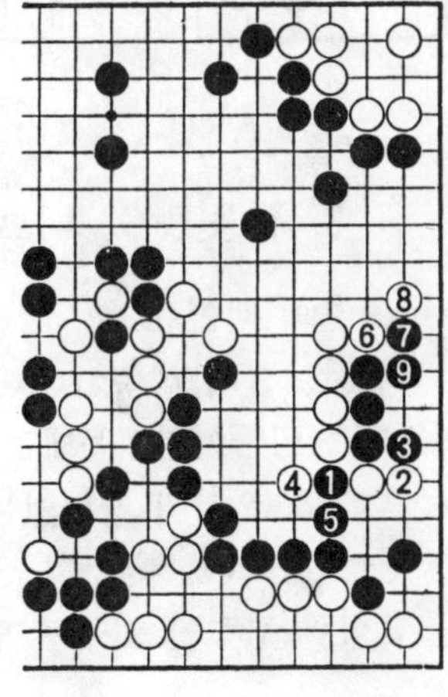

14도

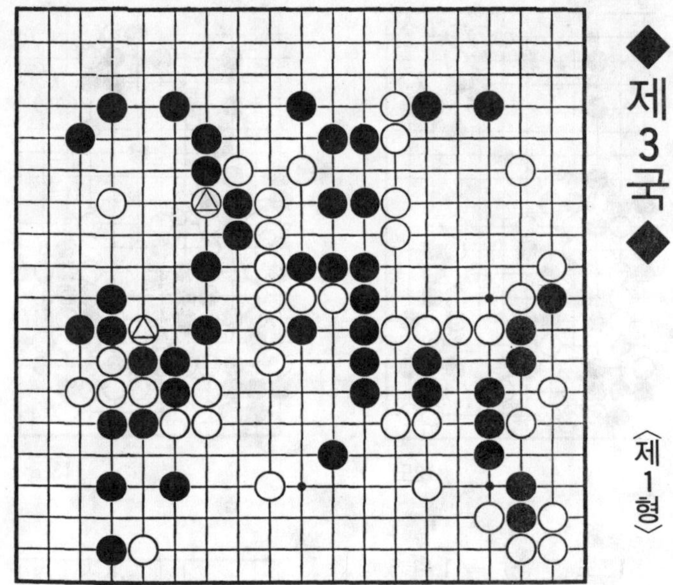

◆제3국◆

〈제1형〉

제 3 국 뒷맛이 나쁘다

〈1형〉 백선

이것은 3점 바둑이다. 모양을 살펴보면 한마디로 파란이 많은 바둑이다. 문제는 좌변이다.

백 Ⓐ표 2점이 잡혀있는 모양이지만 이 2점의 뒷맛은 상당이 나쁘다.

2점과 관련이 있는 어떤 수가 있을까?

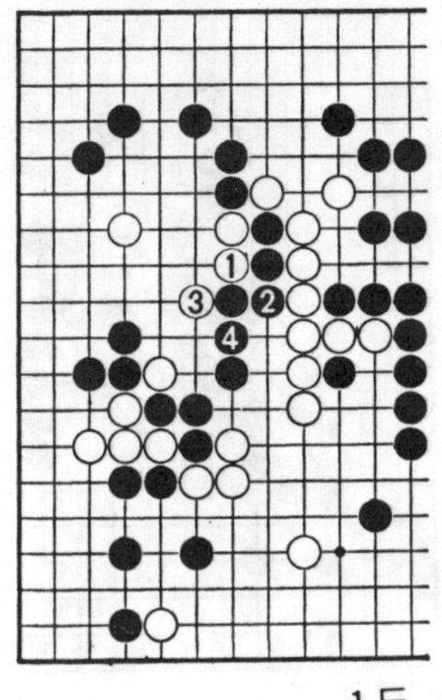

1 도

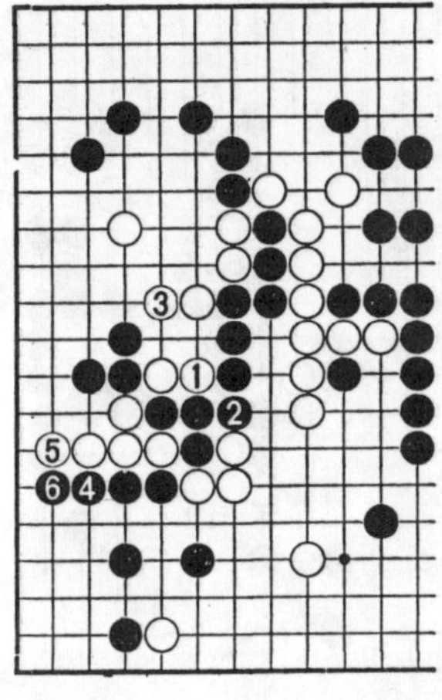

2 도

1 도(속맥) 백 1 의 단수 흑 2 의 이음 다음에 3 으로 젖히는 것은 속맥이다. 흑 4 로 튼튼하게 잇는다.

다음의 수가 있을까?

2 도(무리) 여기에서 백 1 의 단수, 흑 2, 백 3 의 쌍립에는 중앙의 흑을 4, 6 으로 민다.

3 도(무리) 백은 그냥 1 의 곳을 단수하고 3 으로 이으면 어떨까? 그러면 흑 4 로 5 를 강요하고 6 으로 내려선다.

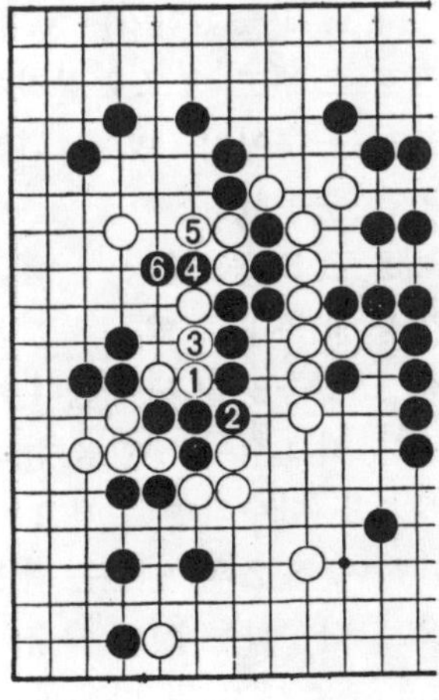

3 도

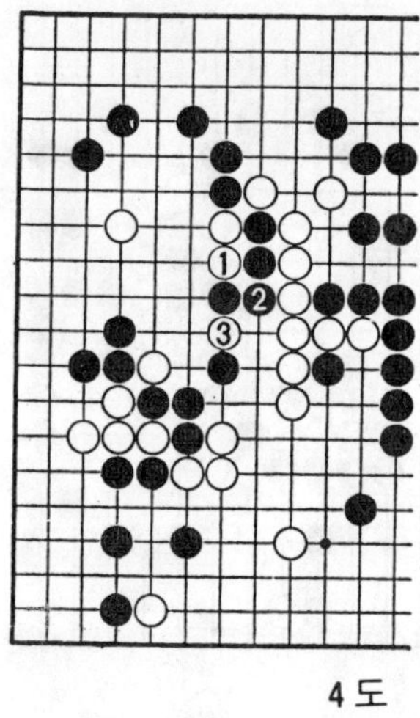

4 도

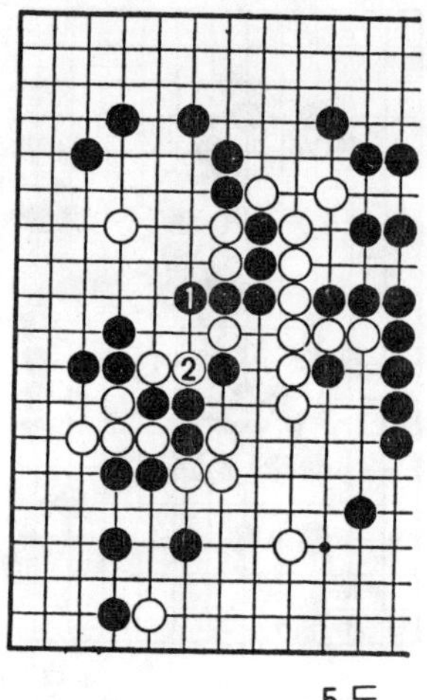

5 도

4 도 마술 (침입) 백 **1**, 흑 **2** 로 두고 **3** 으로 갈라쳐 끼우는 수이다. 맛이 나쁜 곳을 준동한다.

5 도 마술 (중앙) 백의 끼움에 흑 **1** 로 뻗는 것은 백 **2** 로 중앙을 단수한다.이것은 백 4 점이 생환을 한다.

6 도 (단수라면) 백 **1** 에 대하여 흑 **2** 의 단수는 백 **3** 으로 단수하는 것이 수순이다. 흑 **4** 까지 된 다음에—

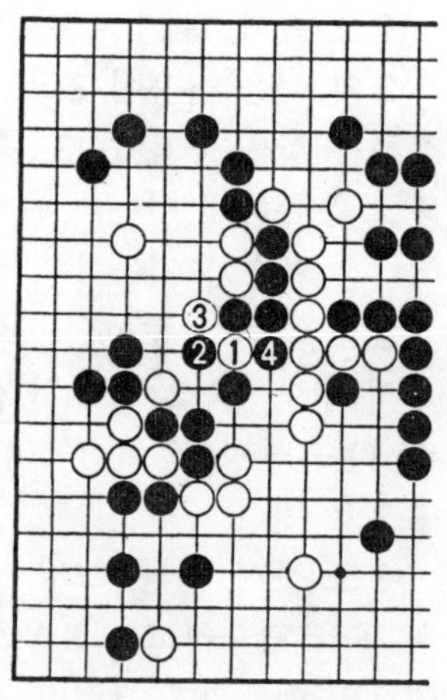

6 도

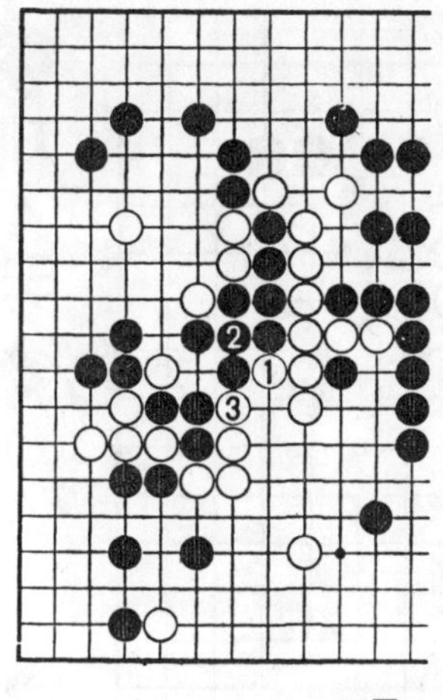

7 도

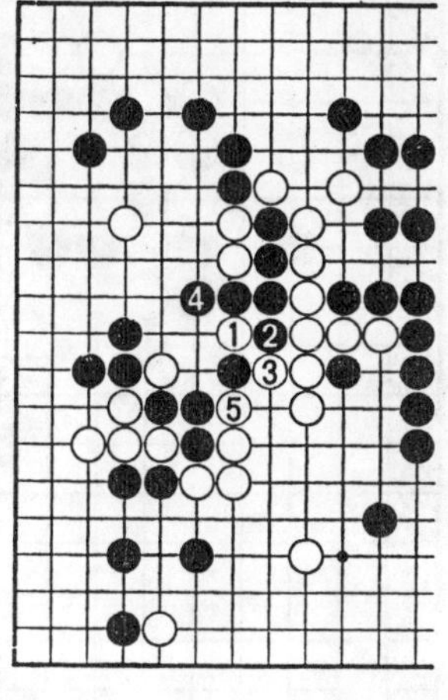

8 도

7 도 마술 (잇는수 없다) 백 **1** 의 단수, 흑 **2** 의 이음 다음에 **3** 으로 단수를 하면 흑은 잇는 수가 없다.

8 도 마술 (잇는 수 없다) 백 **1** 에 대하여 흑 **2** 는 **3** 으로 집어 넣어 흑 **4** 에는 **5** 로 그만이다.

9 도(실패) 같다고 생각할 지 모르나 백 **1** 부터 두는 것은 맥이 아니다. **1** 이 악수여서 흑 **4** 의 단수에는 a 와 b의 곳의 선택의 여지가 없다.

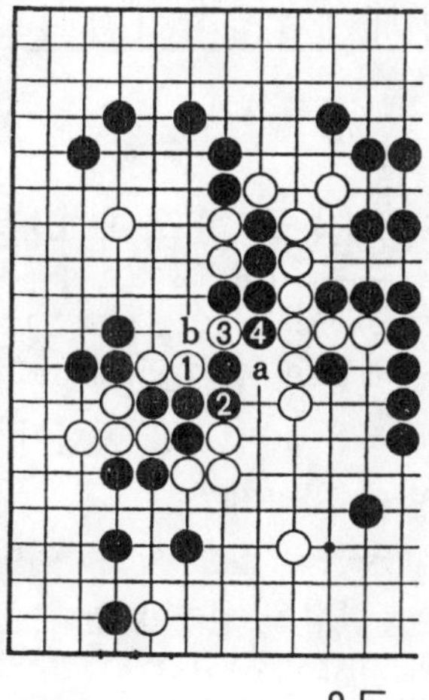

9 도

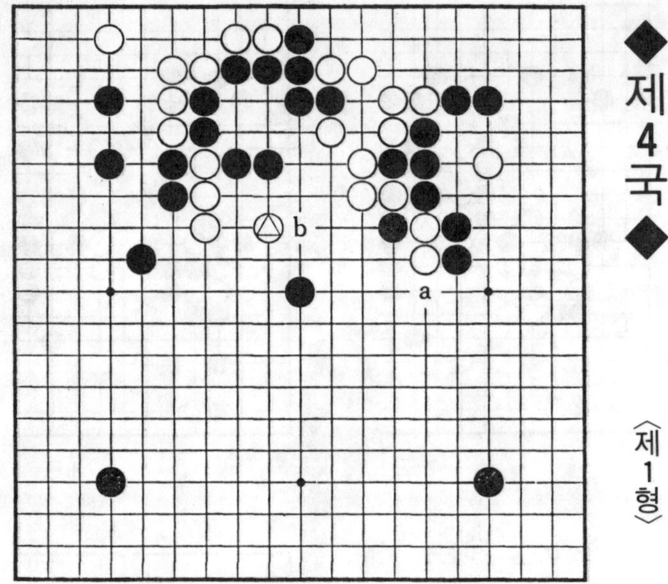

제4국 5점의 바른 곳

〈1형〉 흑선

백△의 뜀으로 상변의 흑을 차단하였다.

흑은 a의 곳을 젖힘이 있는 곳이다. 어느 곳을 두어야 바른 곳인가?

흑은 2집을 확보하여야만 하는데 그러기 위해서는 백의 결점을 찔러야 한다.

변화의 여지가 있는 곳이다.

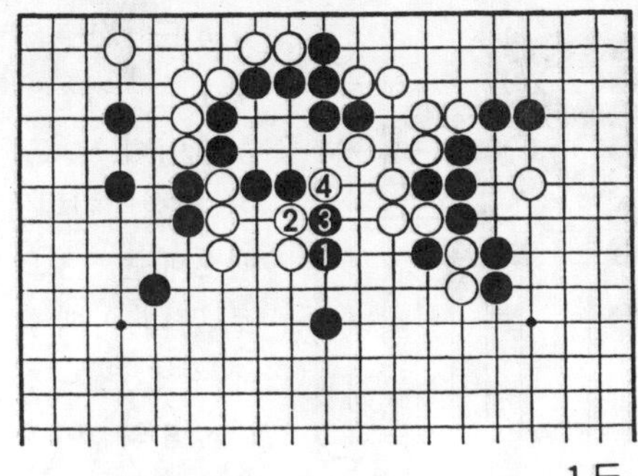

1도

1도 (붙임) 조속히 답을 알고 싶어하는 사람들을 위하여 먼저 설명을 한다.

흑1의 붙임에는 백2다음 4의 끊음 까지다. 여기에서—.

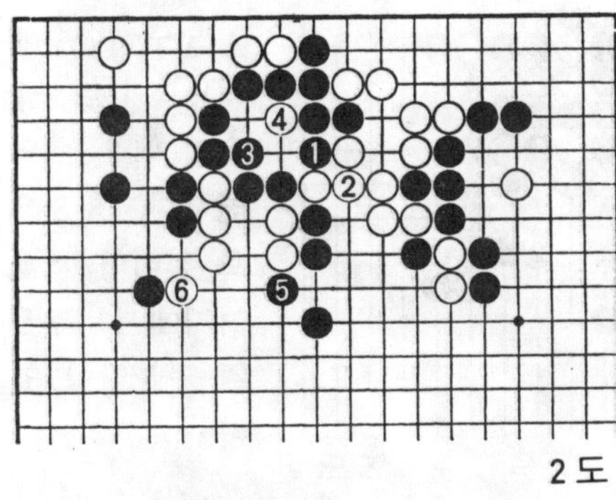

2도

2도(2집 없음) 흑1에 단수, 다음에 3으로 두는 것은 어떨까? 흑5에는 백6의 마늘모 까지 인데—.

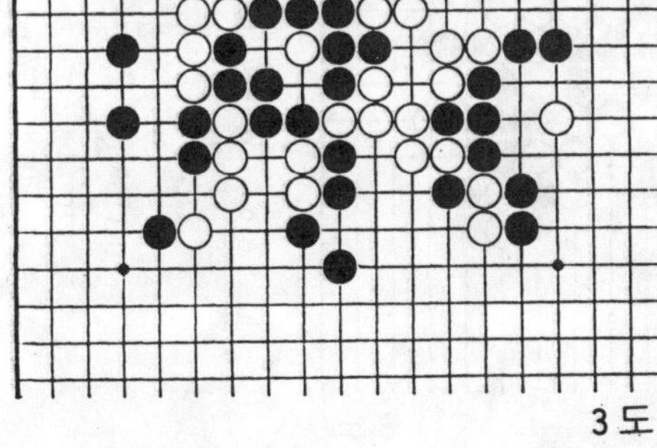

3도

3도 마술(치중) 상변의 흑은 명맥이 끊길락 말락이다. 여기에서는 흑1의 치중 한발이 있다.

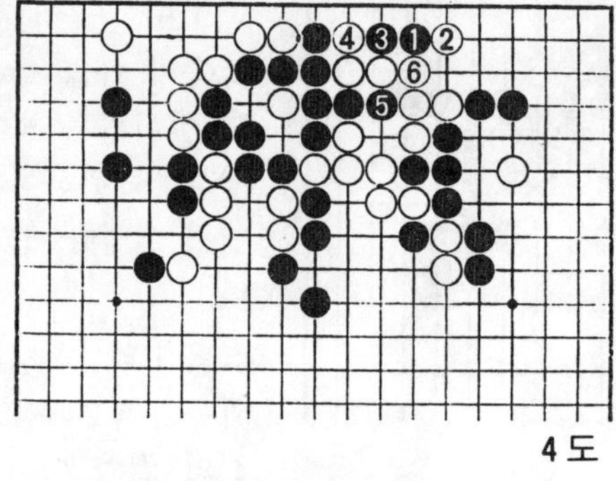

4 도

4 도 (노림) 흑 1 은 역전의 치중이다. 이것이 필살법이다. 백 2 에는 3 으로 끈다. 백 4 에는 5 로 나간다. 6 의 이음 다음에—

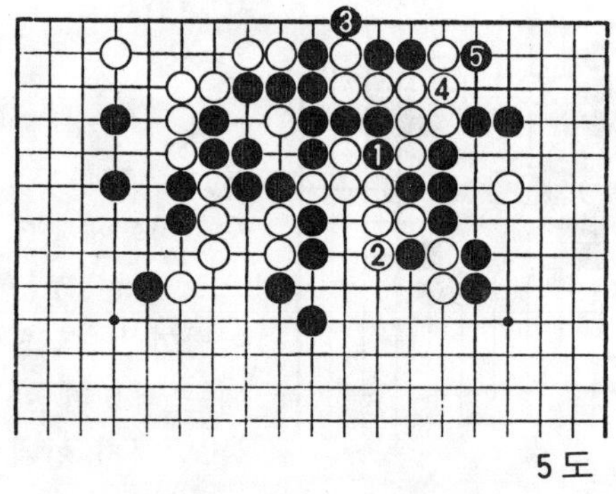

5 도

5 도 (단수에서) 흑 1 로 끊으면 백 2 는 당연하다. 흑 3 으로 건너면 백 4, 여기에서 흑 5 의 껴붙임이 있다.

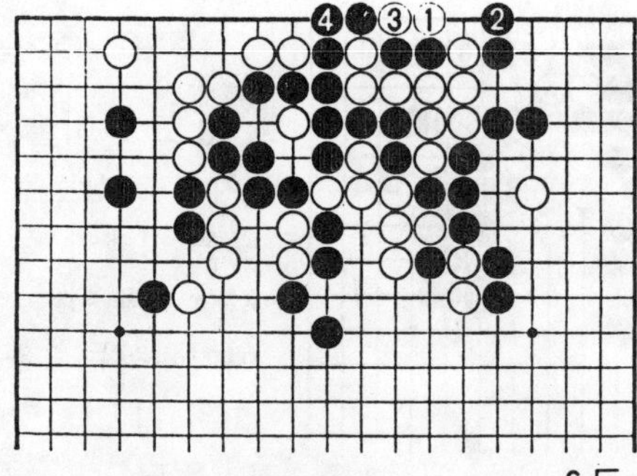

6 도

6 도 (공격) 백 1 로는 흑 2 점이 떨어진다. 흑은 2, 4 로 공격을 한다.

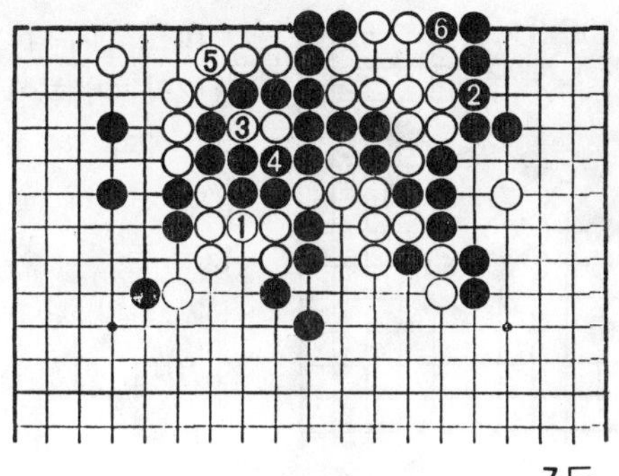

7도

7도 마술 (흑승) 여기에서 백1에서 6까지 결과는 흑이 한수 빠르다. 여기에서 승패의 명암이 엇갈린다.

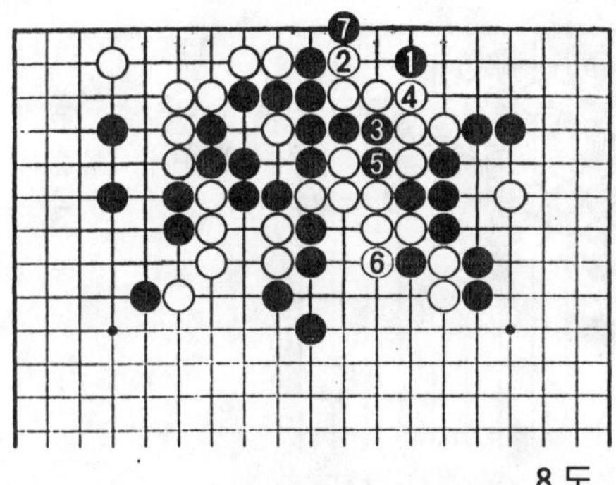

8도

8도 (공격) 흑1의 치중이 교묘하다. 이것은 1도 이하의 작전이다. 백2에는 흑3, 5의 끊음 다음 7의 젖힘까지다.

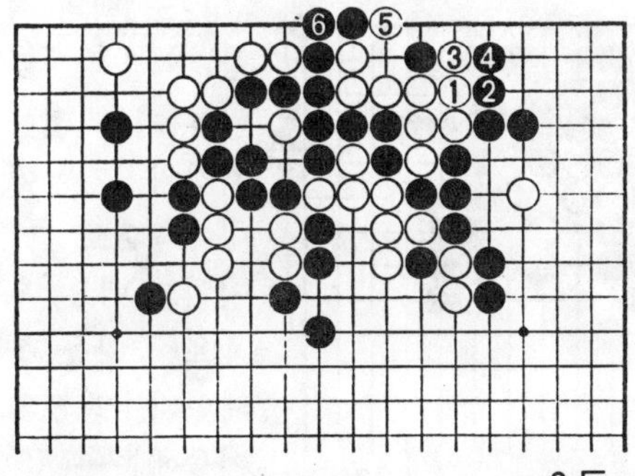

9도

9도 (흑승) 여기에서 백1, 3, 5로 나가는 것은 흑6까지 승리다.

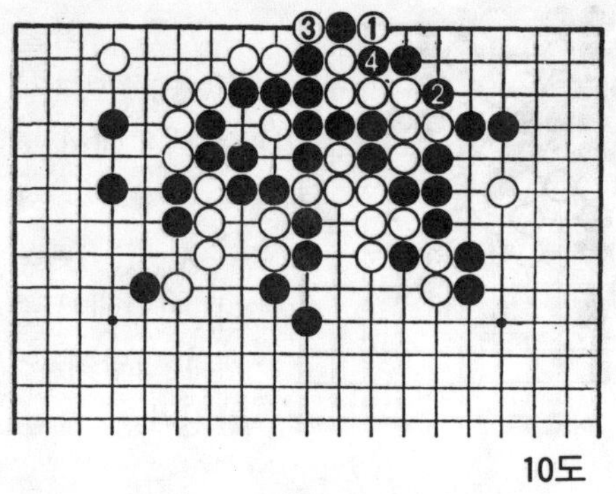

10도

10도 (추락) 전도의 변화이다. 흑의 제1선의 젖힘에 백 1로 두는 것은 흑 2, 4의 단수가 있다.

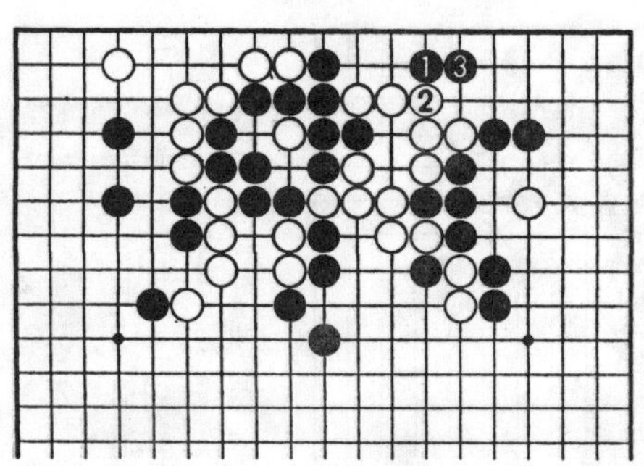

11도

11도 (끌다) 흑 1의 치중에 대하여 백 2의 이음은 흑 3으로 끈다.

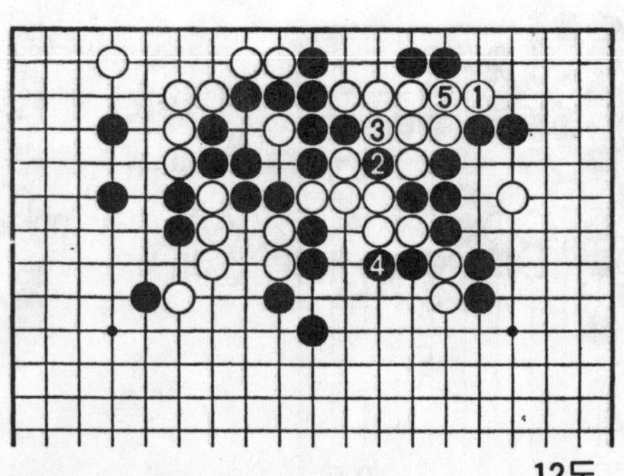

12도

12도 (백의 저항) 백 1의 젖혀 나가는 것은 최강의 저항이다. 흑 2로 먹여치고 백 3, 흑 4로 중앙을 봉쇄한다. 백 5의 이음에는—

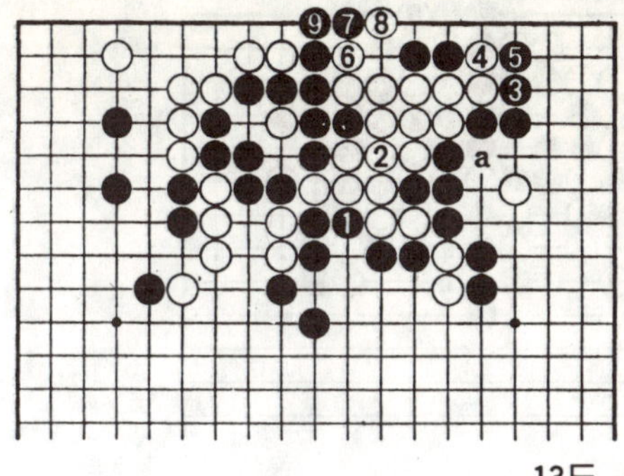

13도

13도 마술 (흑의 낙승) 흑 1에 단수, 다음에 3, 5의 내려섬, 백 6, 흑 7, 9의 젖힘이다. 여기에서 경과로 a의 외곽끊음도 있다.

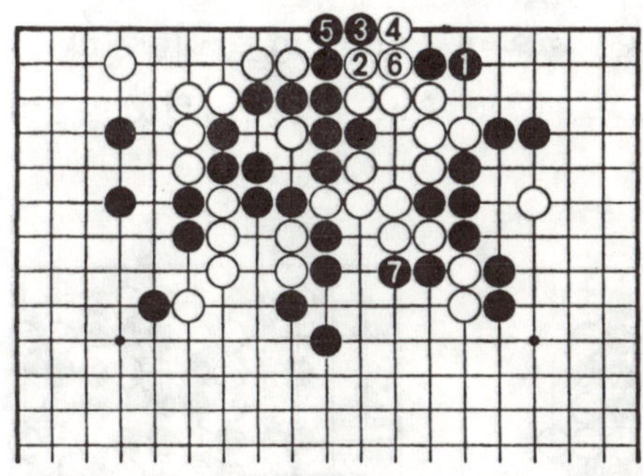

14도

14도 마술 (백을 잡음) 흑 1에 끌때 백 2는 흑 3의 젖혀 이음이다. 이것은 백의 전멸이다.

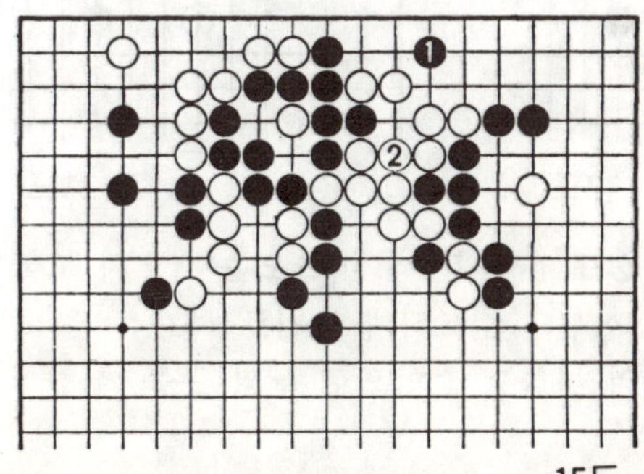

15도

15도 (이음) 흑 1의 치중에 백은 2의 이음이다.

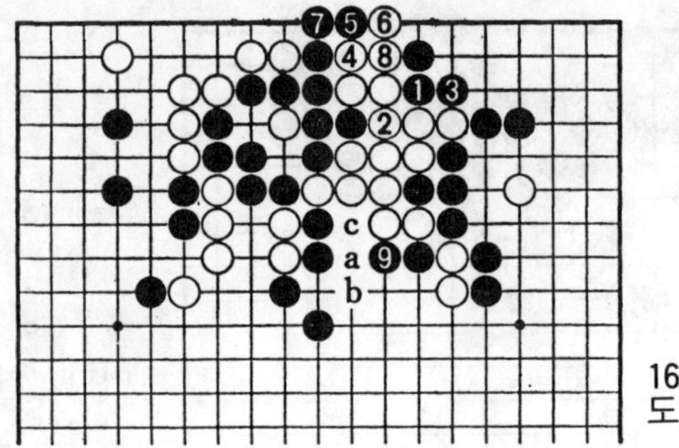

16도

16도 마술 (백이 나쁘다) 여기에서는 흑 1, 백 2 이다. 흑 3 에 4 의 내려섬. 흑은 5, 7 다음 9 로 내려선다.

여기에서 백이 a 로 끼우면 흑b, 다음에 c 의곳 이음이 없다.

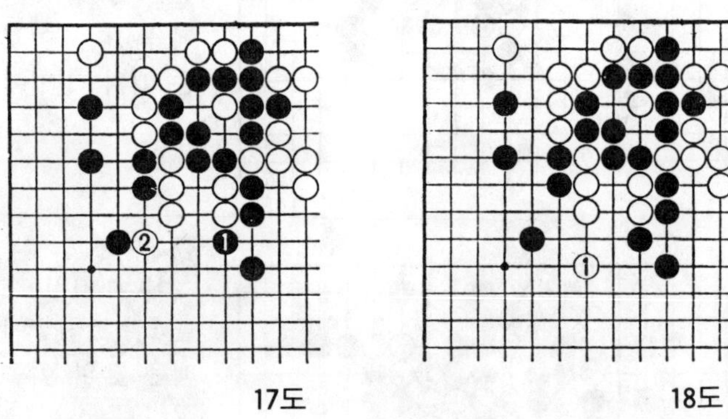
17도 18도

17도 (마늘모) 2 도에서 흑 1 의 마늘모는 백 2 의 모붙임의 수이다. 여기서부터 검토하여 보기로 하자.

18도 (뜀) 전도의 마늘모 붙임으로 1 의 곳을 한칸 뛰는 것은 어떨까?

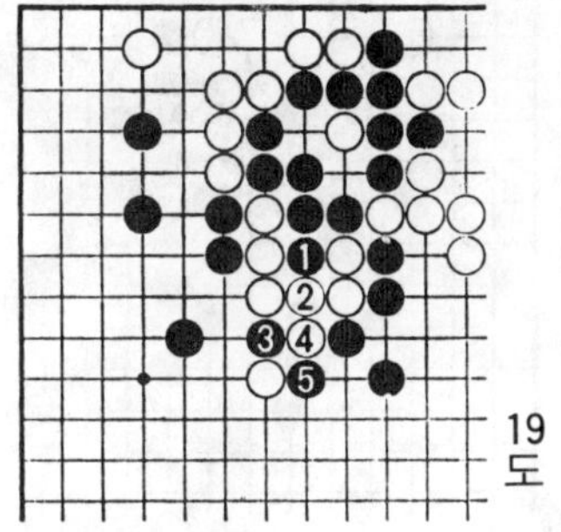

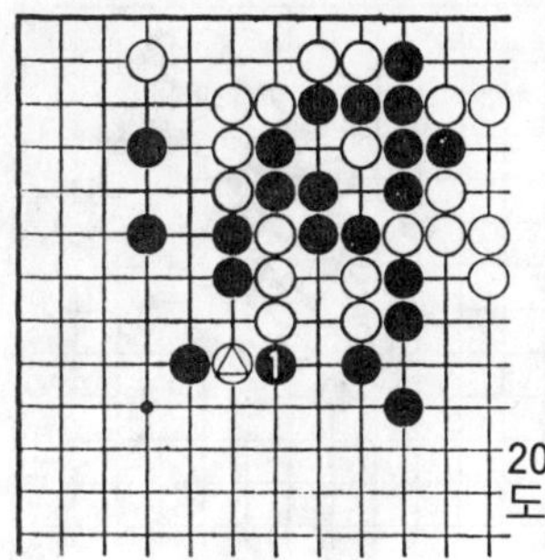

19도 마술 (백을 잡음) 흑 1 의 단수, 다음에 3 의 끼움이 있다.

백 4 , 흑 5 까지이다. 이 다음 백이 3 의 한점을 때리면 축이다.

20도 (껴붙임) 백 ⊚의 마늘모 붙임이 정착이다. 이에 대하여 흑 1 의 곳에 붙여 공격이다.

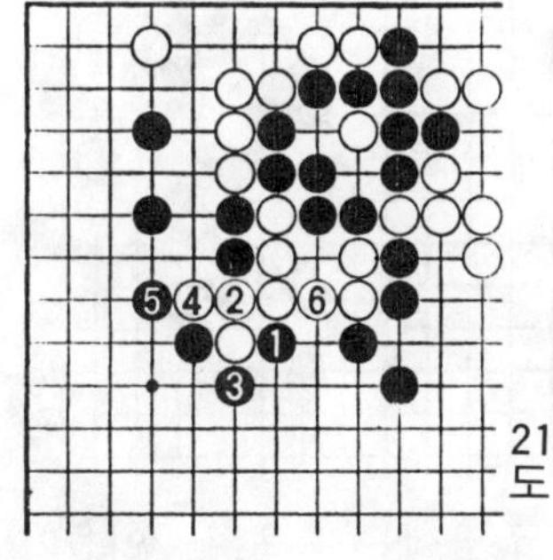

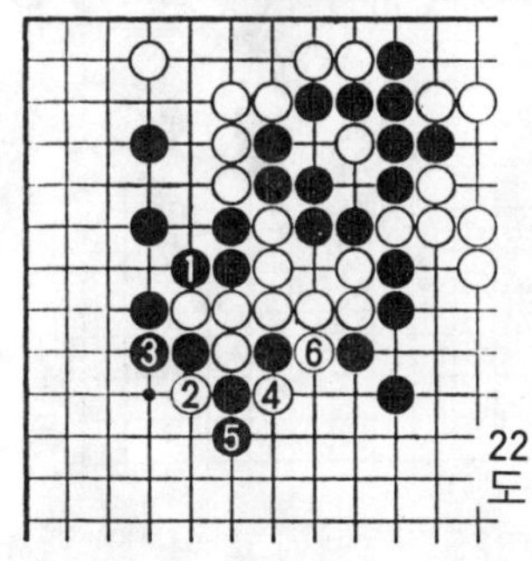

21도 (이음) 흑 1 에는 백 2 의 이음이다. 흑 3 , 5 에는 백 6 의 이음이다. 이 다음에——

22도 (잡지 못함) 흑 1 에 백 2 , 4 , 6 이다.

이렇게 되면 백은 쉽게 잡을 수가 없다.

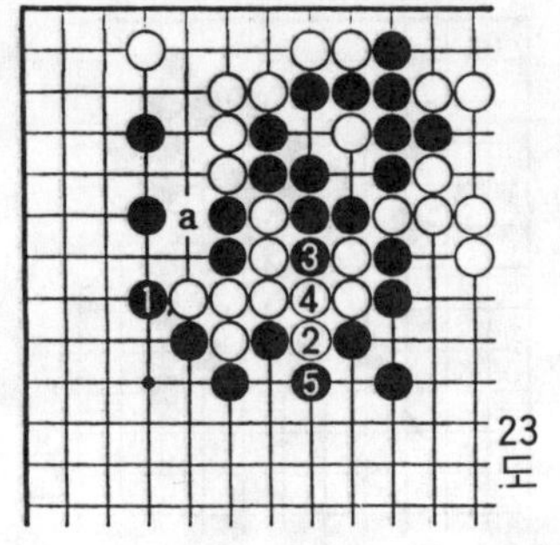

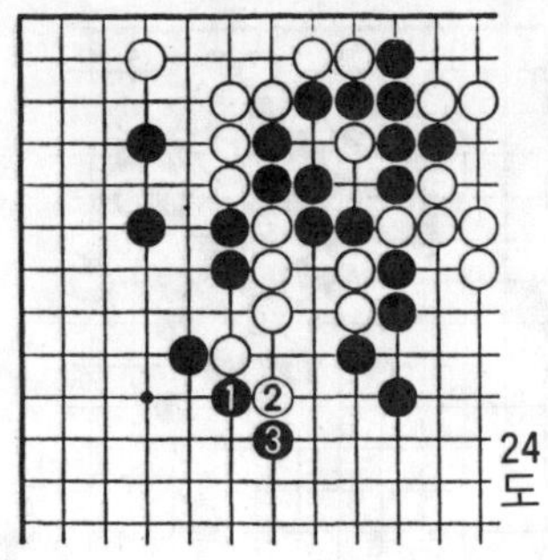

23도 (변화) 흑 1 의 젖힘에 백 2 의 한점 단수는 흑 3, 으로 전부 포획이 된다.

백 2 로 a 는 흑 4 로 둔다.

21도 백 6 의 이음이 필요하다.

24도 (2 단젖힘) 백의 마늘모붙임에 흑 1, 3 의 2 단젖힘이 있다.

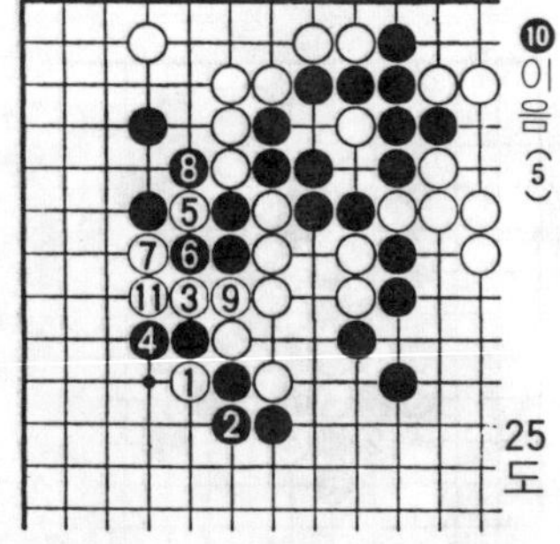

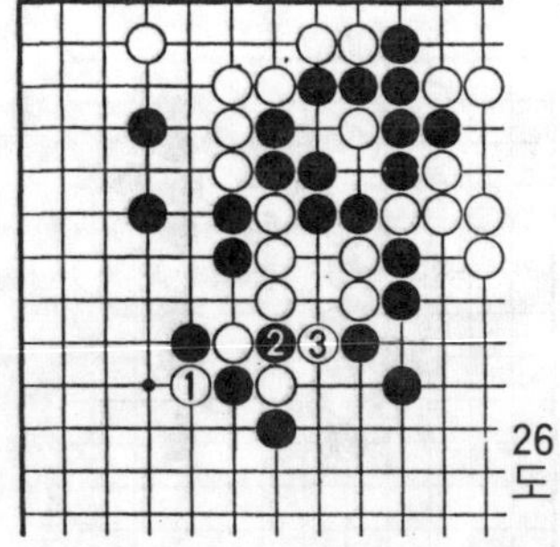

25도 (때리고 나감) 백 1 의 끊음에는 흑 2 의 이음이 간단하다. 백 3 에서 5 로 두는 것은 11까지 변으로 나간다.

26도 (변화) 백 1 의 끊음에는 흑 2 로 먹여친다.

백 3 의 때림 다음에——

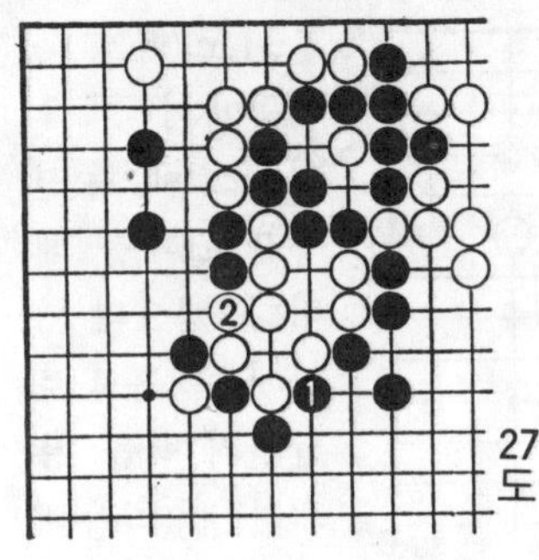

27도

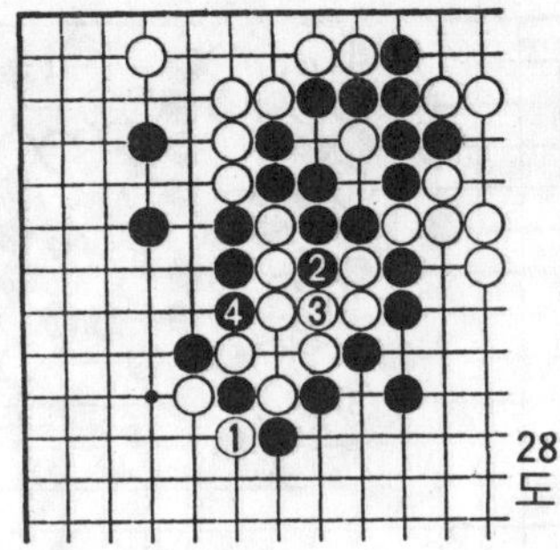

28도

27도 (변화) 흑 1 의 단수에 주의를 요한다.

백 2 의 이음이다. 이것이 정착으로 위기의 탈출이다.

28도 마술 (연단수) 전도의 백 2 로 1 의 곳을 때리는 것은 흑 2, 4 의 단수가 있다.

이 연단수로 뒤가 떨어진다.

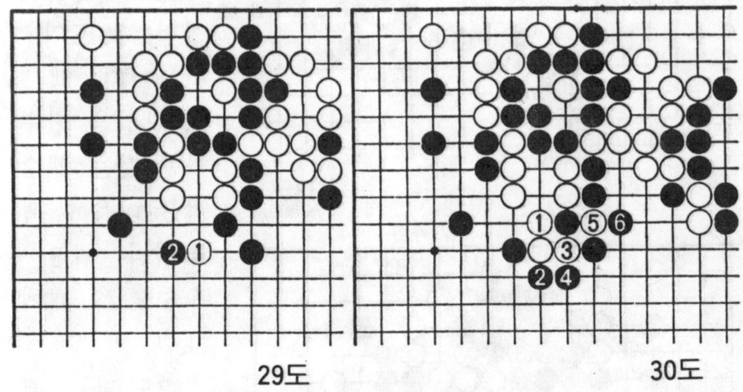

29도 30도

29도 (붙임) 백이 이곳에서 날일자로 두는 것은 흑 2 의 붙임이 성립한다.

30도 (강하게 끌다) 여기에서 백 1 은 흑 2, 4 의 봉쇄가 있다.

백 5 의 때림에는 6 까지 된 다음에——

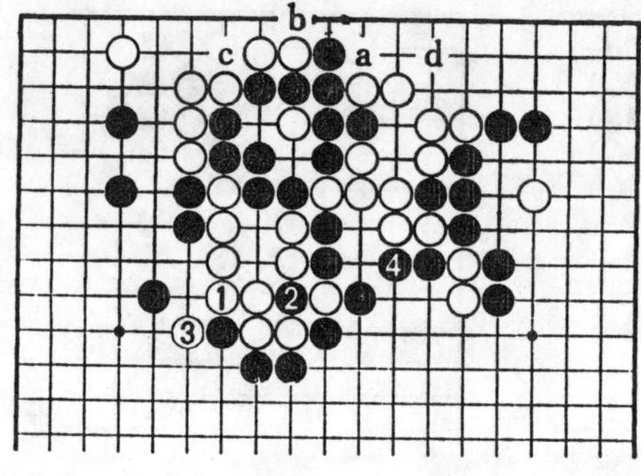

31도

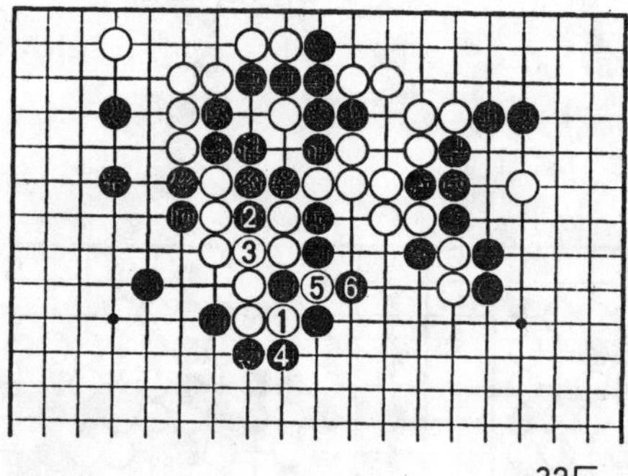

32도

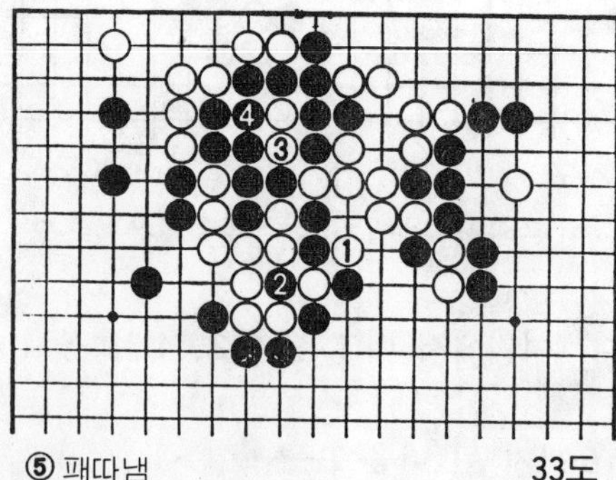

⑤ 패따냄

33도

31도(흑 좋다) 이곳에서 백 1의 급소에 두면 흑 2로 패를 때린다. 백 3의 나감에는 흑 4로 상변의 백을 봉쇄한다. 다음에 백 a에서 흑 b. 백 c, 흑 d로 둔다. 이것은 흑의 공격이 나쁘지 않았다.

32도 (나감을 결정) 30도의 변화이다. 백 1로 한점을 단수하는 것은 흑 2 백 3 다음에 흑 4이다. 백 5, 흑 6으로 패이다.

33도(패) 백 1, 흑 2로 패이다. 3 다음에 5로 되따낸다.

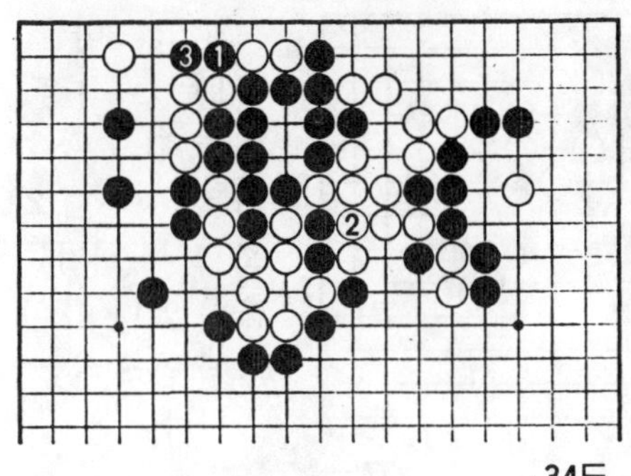

34도

34도 (바꿔치기) 흑은 **1**의 곳을 팻감으로 한다.

백 **2**에는 흑 **3**의 바꿔치기다.

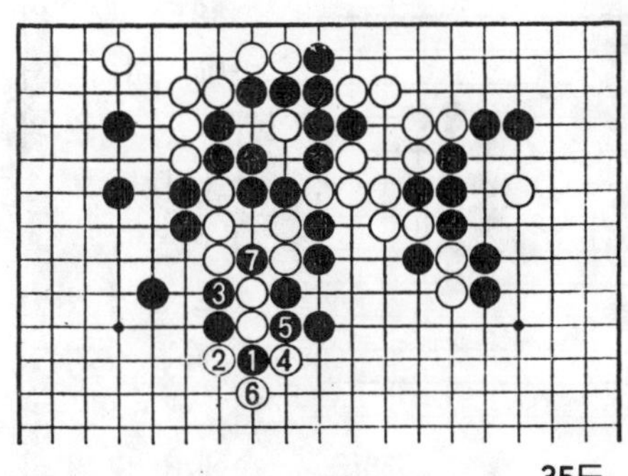

35도

35도 마술(추락) 흑 **1**의 젖힘은강수이다. 여기에서 백 **2**의 끊음은 흑 **3**이 급소이다. 백 **4**의 단수에 흑 **5**, **7**이다.

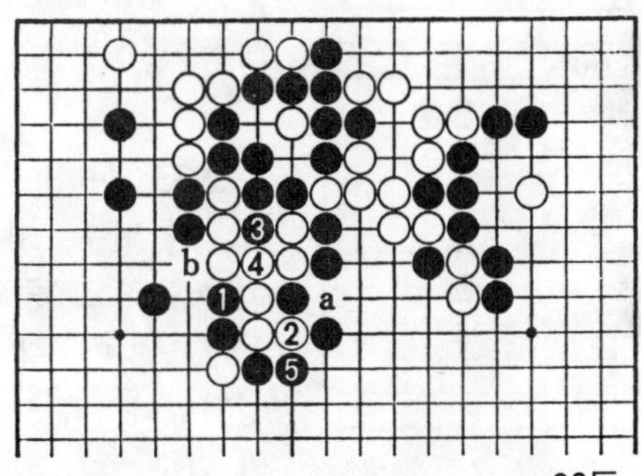

36도

36도 마술(백을 잡음) 흑 **1**에 백 **2**의 단수는 흑 **3**으로 단수한다.

백 a에는 흑 b로 조인다.

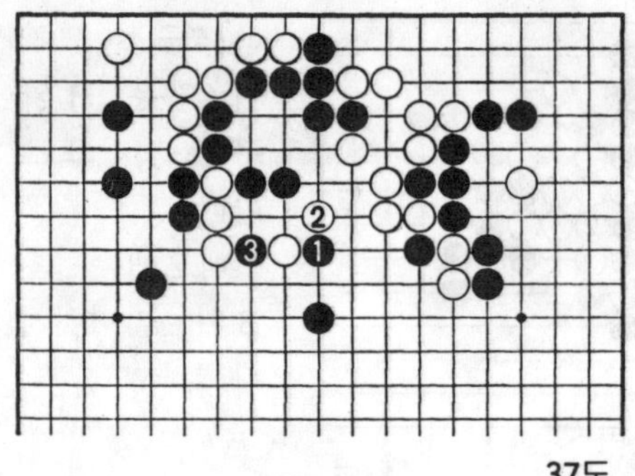

37도

37도 마술 (끼움) 다시 되돌아 가서 흑 1의 붙임에 백 2로 젖혀 나가는 수가 있다. 이 다음에 흑 3의 끼움이다.

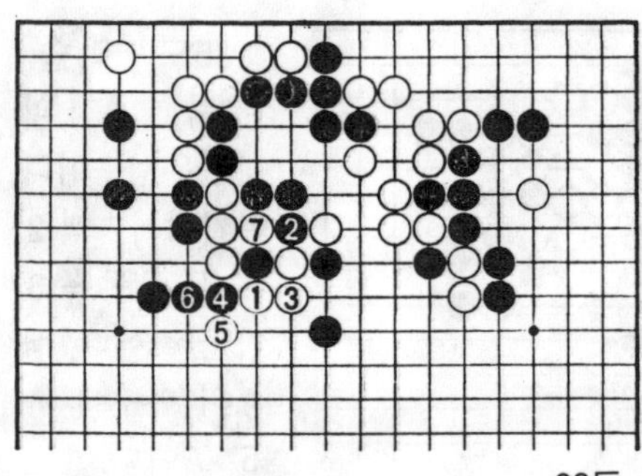

38도

38도 (끊음의 반발) 여기에서 백 1은 흑 2의 끊음이다. 백 3의 이음에는 흑 4로 끊어 반발을 하는 수가 있다. 백 5의 단수에서 7의 한 점을 때림. 다음에 —

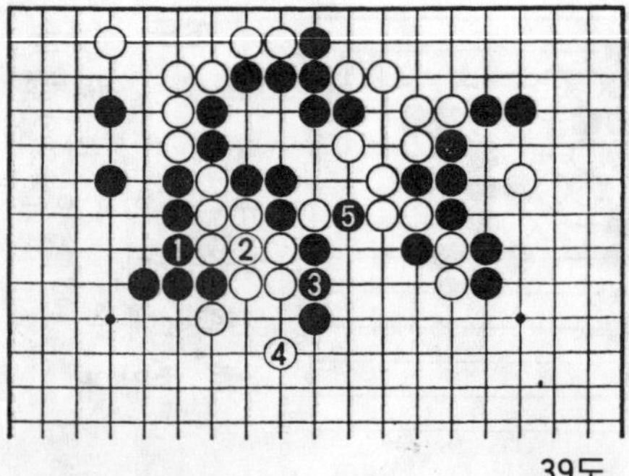

39도

39도 (변화) 흑 1의 단수, 3의 이음으로 중앙에 모양이 형성되었다. 흑 5의 단수이다.

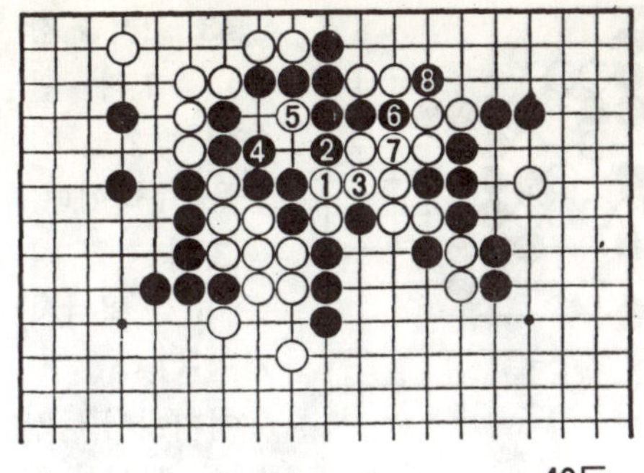

40도

40도 마술(흑생) 여기에서 백 1은 흑 2의 단수 다음 4의 이음이다. 백 5는 무리이다. 흑의 8의 끊음이 날카롭다.

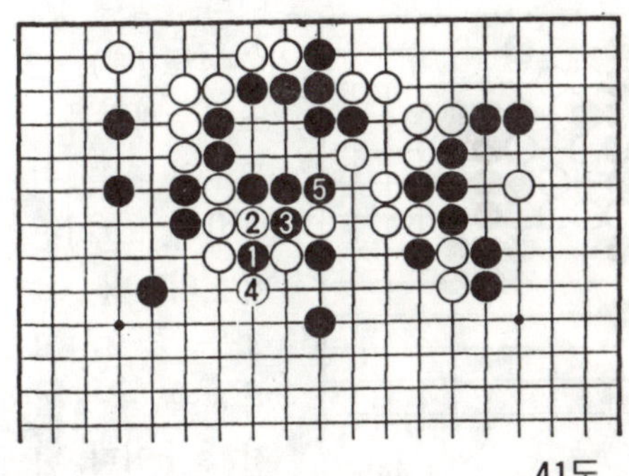

41도

41도 (한점 잡음) 흑 1의 끼움에 백 2, 흑 3의 끊음이다. 백 4의 때림에는 흑 5의 단수이다.

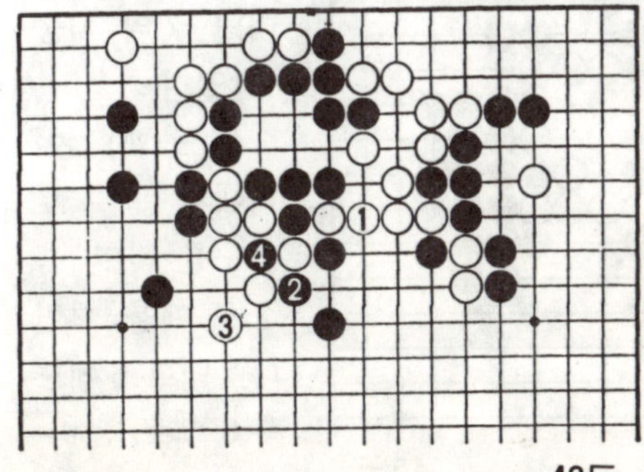

42도

42도 (씌우고 이음) 흑의 단수에 백 1로 이으면 흑 2 다음 4로 때려낸다.

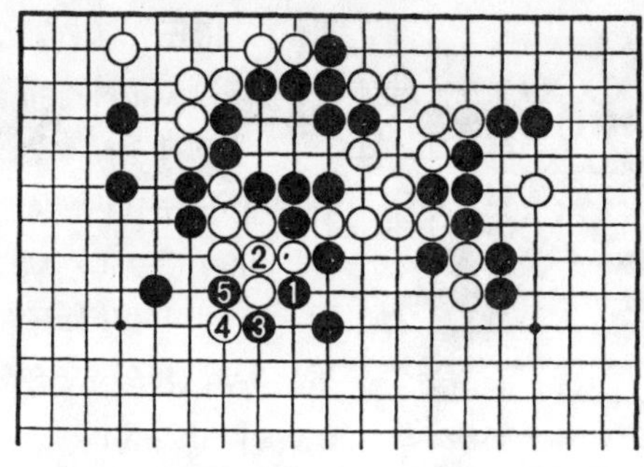

43도

43도 (백을 잡음) 흑 **1**의 단수에 백 **2**로 이음을 무리이다. 흑 **3**의 젖힘 다음 **5**로 먹여치기 한다.

여기에서 흑 **5**를 때리면 축이다.

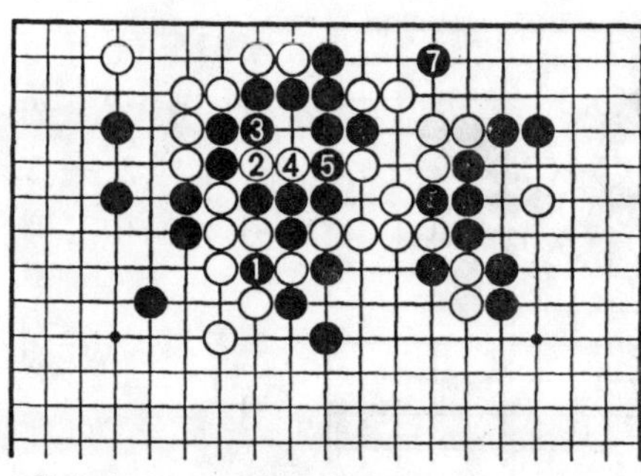

⑥패따냄

44도

44도 (패) **42**도에 계속하여 흑 **1**의 패를 취함이다. 그러면 백 **2**의 단수로 **3**을 강요하고 백 **4**에 흑 **5**까지 응수이다. 다음 백 **6**으로 때리면 **7**의 치중이 있다.

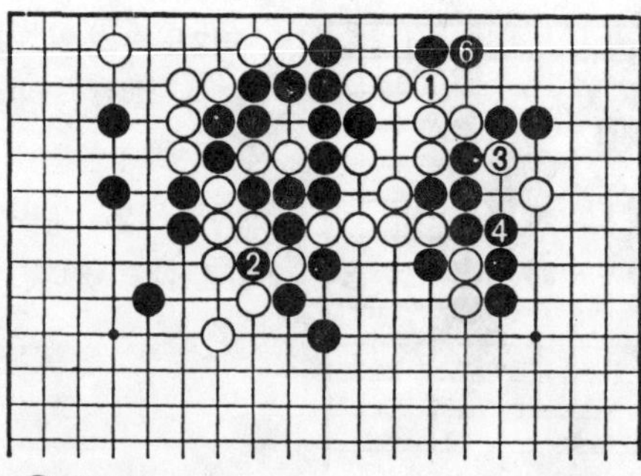

⑤ 패따냄

45도

45도 (패) 여기에서 백 **1**로 응수를 하면 흑 **2**로 패를 때린다. 백 **3**,**5**에는 흑 **6**으로 끈다.

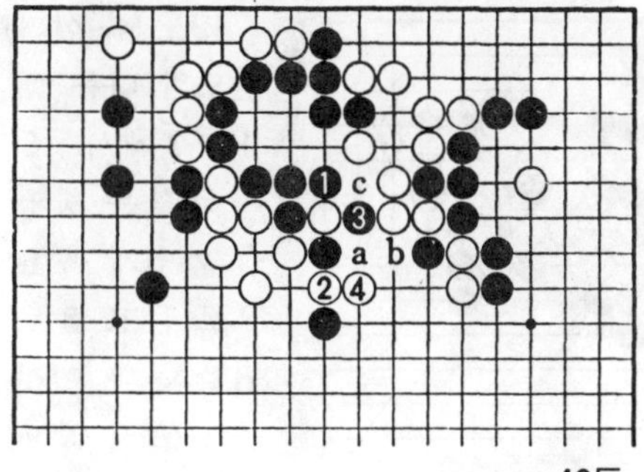

46도

46도 (즐겁게 삶) 흑 **1** 의 단수에 백 **2** 로 단수하며 반발하는 것은 흑 **3** 으로 때리고 백 **4** 다음에 흑 a, 백 b , 흑 c로 산다. 흑은 불만이 아니다.

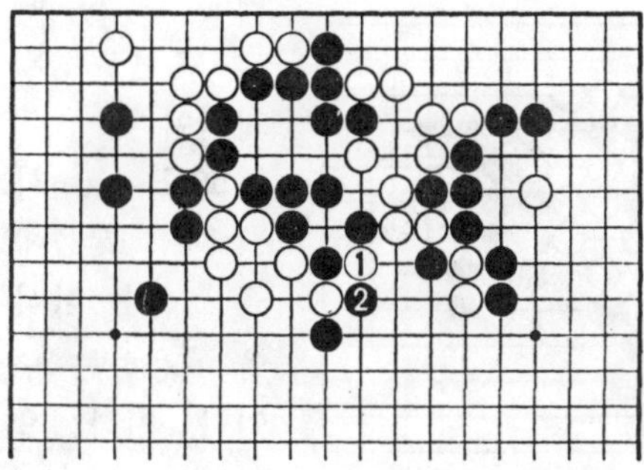

47도

47도 (변화) 백 **1** 의 단수는 기합이다.

흑은 당연히 **2** 의 곳을 끊어서 싸운다.

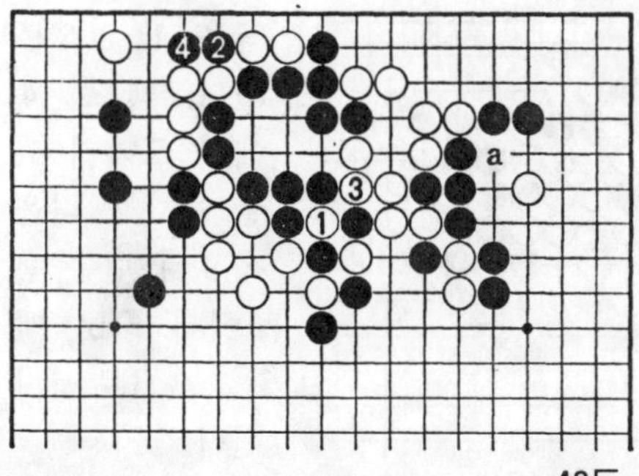

48도

48도 (바꿔치기) 여기에서 백 **1** 로 패를 때리면 흑 **2** 의 끊음 다음에 백 **3** 이면 흑 **4** 로 둔다.

백은 a의 곳을 팻감으로 사용할 공산이 크다.

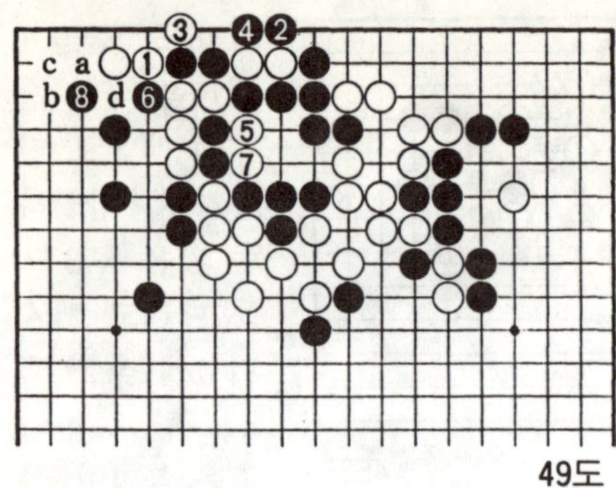

49도

❻이음(1)　50도

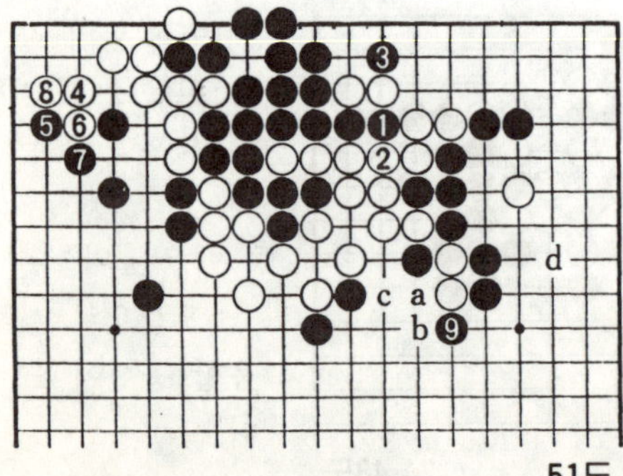

51도

49도 (흑 실리)

전도의 다음 백 1, 3에서 5의 끊음은 중앙을 가볍게 흑 6으로 끊고 8로 귀를 둔다. 이것은 나쁘지 않다. 귀에서 공격은 백a, 흑b, 백c, 흑d로 될 자리이다.

50도 (변화)

백 1의 끊음에 흑 2, 4는 사석을 이용하는 수이다. 이하 9까지이다.

51도 (변화)

흑은 1, 3으로 산다. 백도 4에서 8까지 귀를 둔다. 다음 흑 9의 단수, 백a에서 흑b, 백c, 흑d로 정비된다.

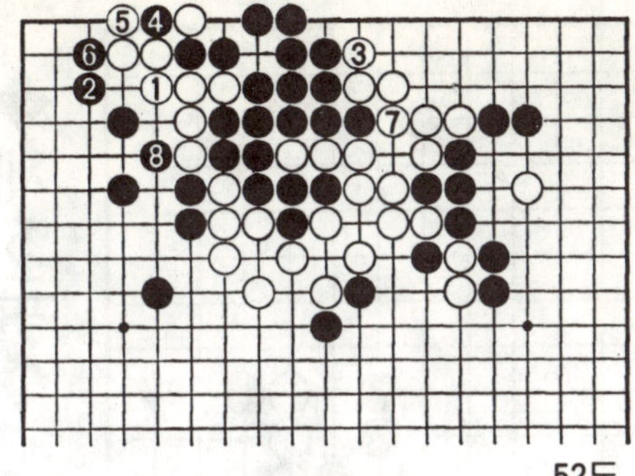

52도 (공격)
전도에서는 공격이었지만,타협으로 두지 않으면 백 **1** 이다. 흑 **2** 에 백 **3** 이면 흑 **4** 가 정확한 수이다. 이하 **8** 까지 된다.

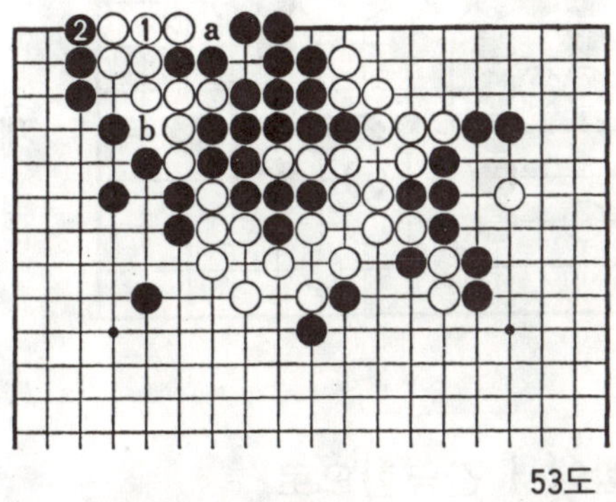

53도 (흑승)
여기에서 백 **1**, 흑 **2** 에서 a의 곳을 단수하는 것은 흑 b로 조인다. 이것은 흑승이다.

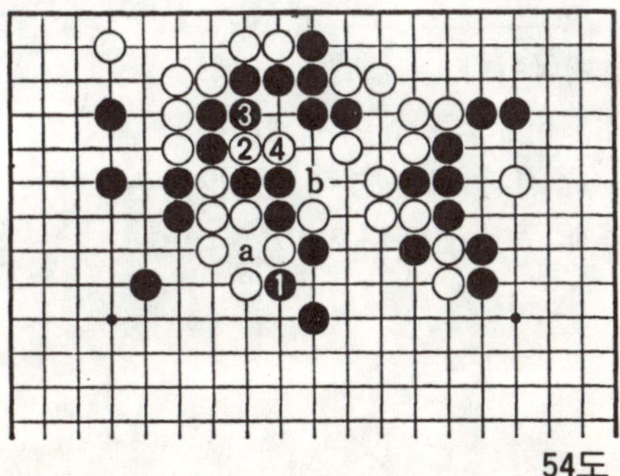

54도 (혼란)
41도 흑 **5** 의 단수는 불필요한 수이다.

이곳에서 **1** 의 단수를 서두르는 것은 백 **2**, **4** 로 두어 흑 모양에 혼란이 인다.

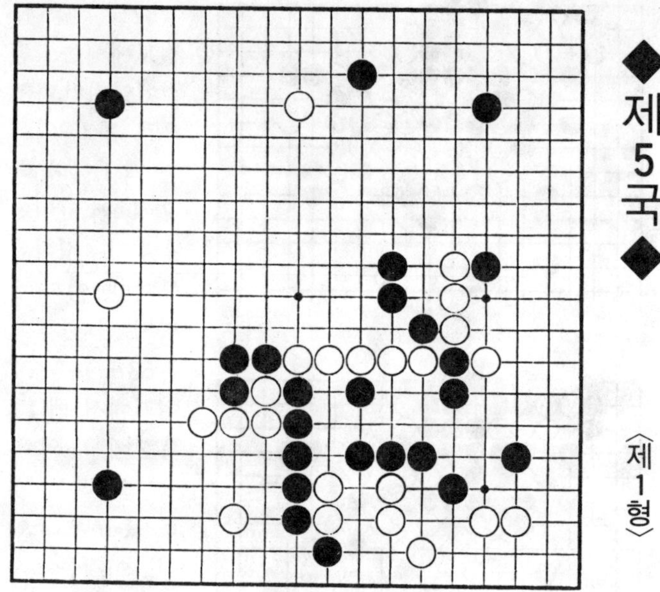

◆제5국◆

〈제1형〉

제 5 국 복잡함에서 간명함으로

〈1형〉 흑선

아마추어의 3점 대국이다.

흑 백의 돌이 5점, 6점으로 끊어져 있다.

변화가 복잡하다. 공격과 잡는 것에 있어서 주위의 상황을 고려하여 어떻게 두어야 하나?

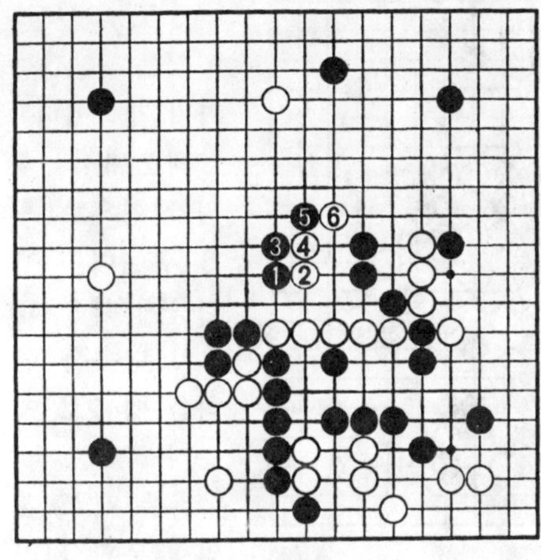

1 도

1 도 (실전경과) 실제로 둔 수순을 나타내 보면 흑 1의 날일자로 둔 수이다. 백 2, 4 에는 흑 5이다.

백 6으로 젖혀 머리를 내밀었다.

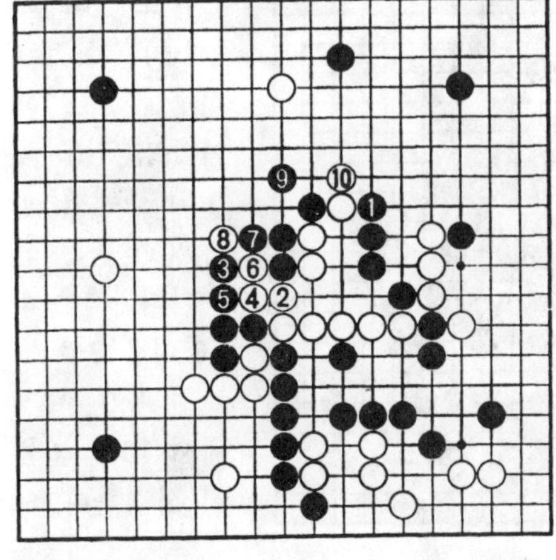

2 도

2 도 (절단) 흑 모양에는 결함이 많다. 그래서 흑 1로 뻗었다. 백 2에서 8의 끊음까지—. 흑 9의 호구침에는 10으로 뻗어 흑의 고전이다.

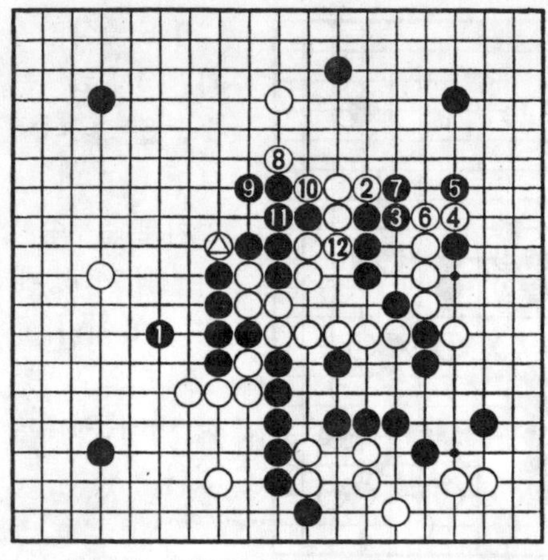

3 도

3 도 (실전) 이것은 실전경과의 계속이다.

백 2 에서 4 의 젖힘으로 흑 5, 7 이다. 이 다음에 백 8, 10 으로 단수를 한 다음 백12로 잇는다.

흑은 백 △ 표의 끊음에 처리가 쉽지 않다.

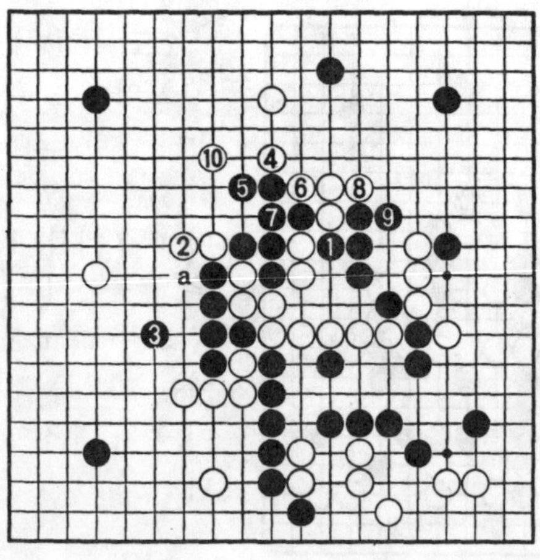

4 도

4 도 마술 (씌움) 실전의 전투를 분석하여 보면 전도 흑 1 의 뜀에서 백 2 의 뻗음은 선수이다. 백은 4, 6 다음 8 로 누르면 흑 9, 여기에서 10의 씌움이 성립한다.

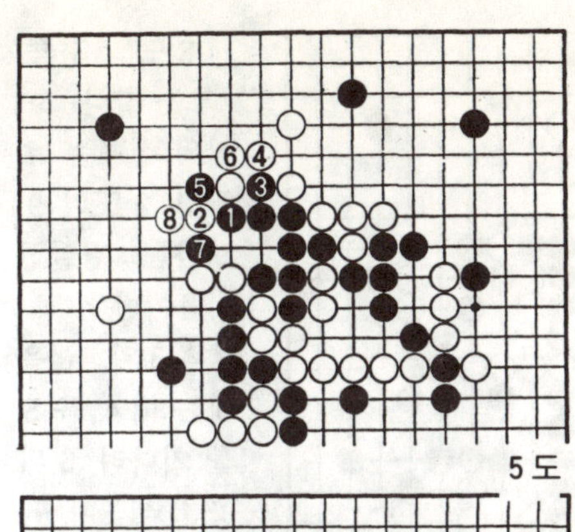

5 도

5 도 마술 (흑을 잡음) 흑 1로 나가는 것은 백 2, 4 에서 8의 뻗음까지 안된다.

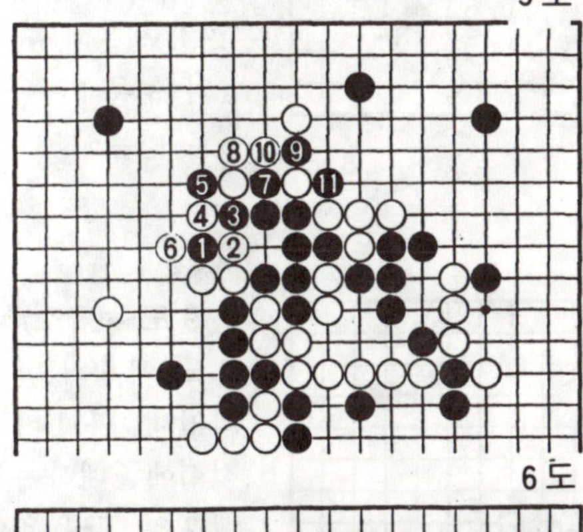

6 도

6 도 (변화) 흑 1에 붙이는 것은 노골적으로 백 2, 4 로 나가 끊는다.

흑 5의 단수에서 7, 9 까지 다음 10에는 11 인데—

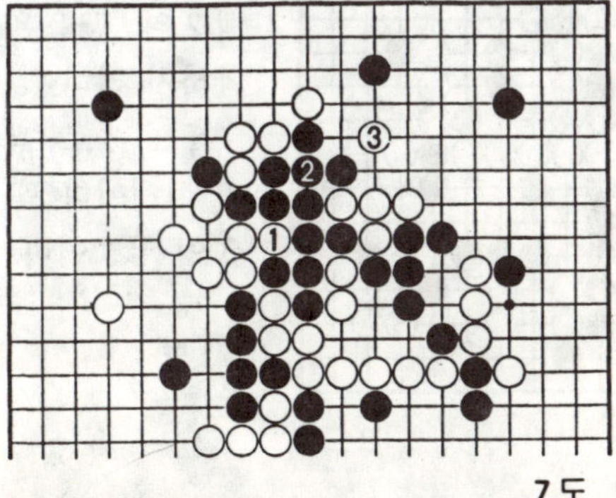

7 도

7 도 마술 (잡다) 백 1 로 단수하고 3 의 씌우는 수가 있다.

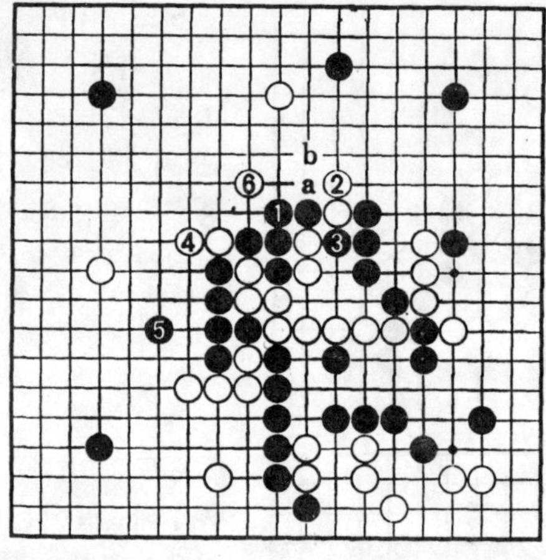

8 도

8 도 마술 (흑을 잡다) 이상의 실패는 호구침(2 도의 9)보다는 견실한 이음이다.

흑 3 의 끊음에는 백 4, 흑 5 를 기다려 6 의 곳을 씌운다. 흑 a의 누름에는 b로 받는다.

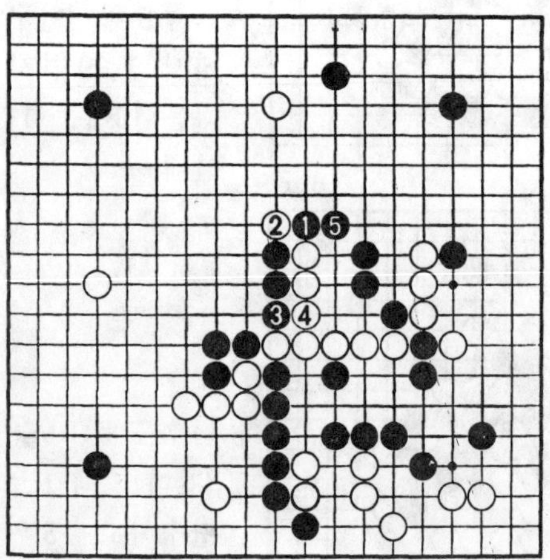

9 도

9 도 (급소) 1 도 백 6 의 변화인데 흑 1 의 젖힘에 대하여 백 2 의 끊음은 급하지 않다.

흑 3, 5 로 백의 실패이다. 흑 3 이 급소이다.

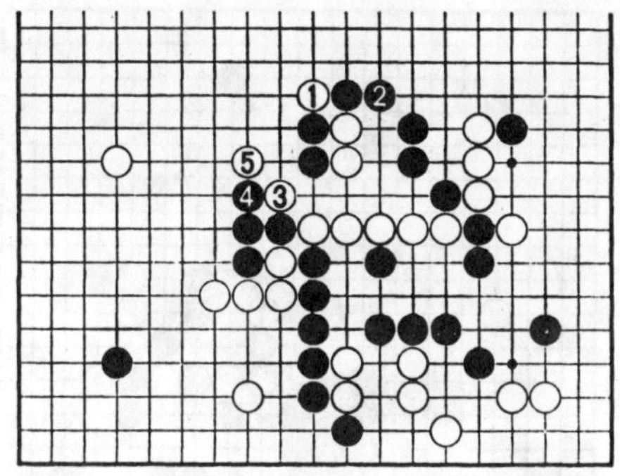

10도

10도 (흑의 실패) 백 1의 끊음에 흑 2로 끄는 것은 실패이다. 백 3, 5 의 수순이 눈부시다. 여기에서

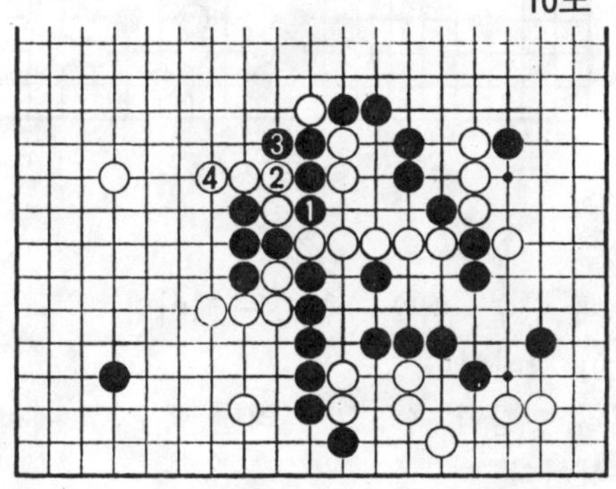

11도

11도 마술(몰다) 흑 1, 3 으로 두고 백 4 로 뻗으면 그만이다. 전도의 흑 2는 9도의 3 을 결행한 다음에 둔다.

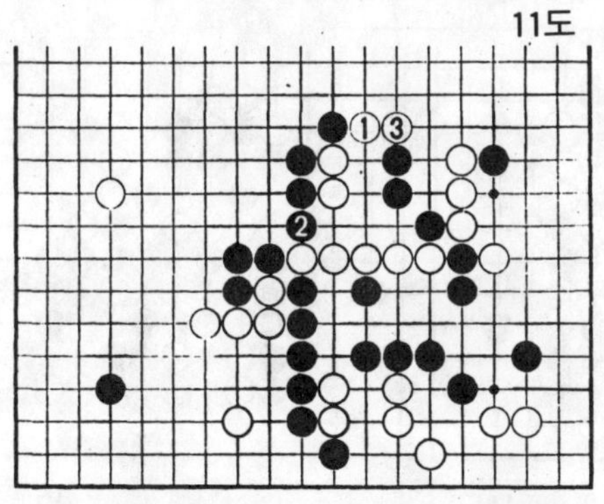

12도

12도 (수순) 백이 정당한 수순으로 젖혀 나가면 흑 2의 급소에 둔다. 백 3으로 떨어진다.

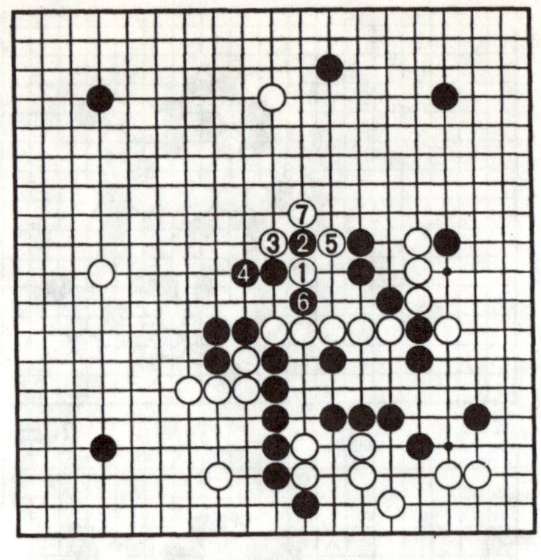
13도

13도 (때림) 1도의 최초의 수순에 되돌아가서 백 1의 붙임에 대하여 흑 2는, 다음 백은 3의 곳을 끊는다. 흑 4로 끌면 백 5의 단수, 여기에서 흑 6의 단수이면 백 7의 때려냄이다.

여기에서—

14도 (패) 흑 1에 단수, 백 2, 흑 3은 패이다. 백은 4의 팻감이 강타이다.

15도 (혼전) 백의 팻감이 흑 1로 때리면 백 2, 4에서 6까지 혼전의 양상이다.

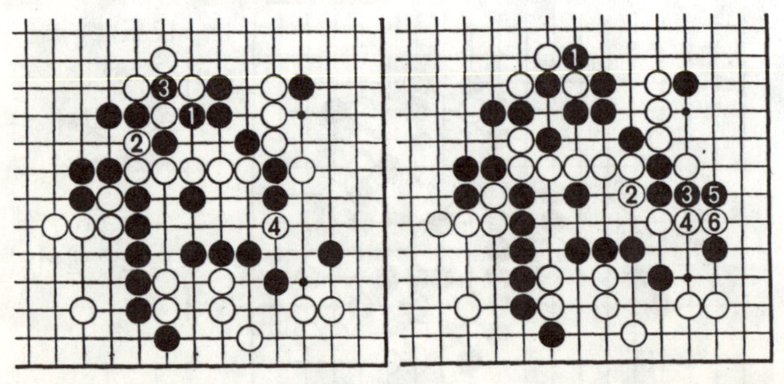
14도 15도

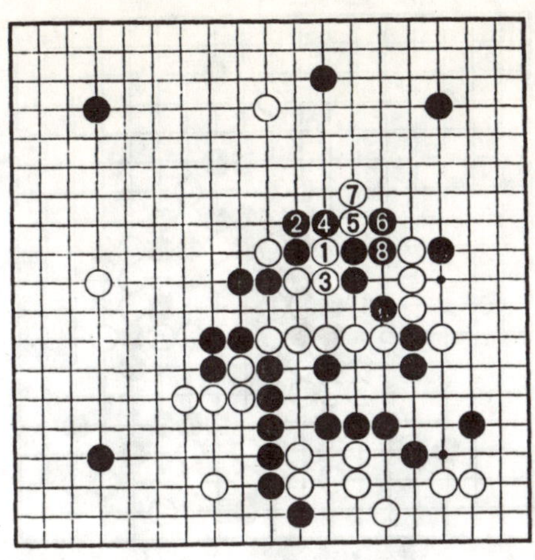
16도

16도 (흑의 위험) 13도의 변화인데 백 1의 단수에 흑 2의 뻗음, 백 3, 흑 4의 내려섬에 백 5의 끊음이다. 흑이 6, 8로 이어서 위험천만이다.

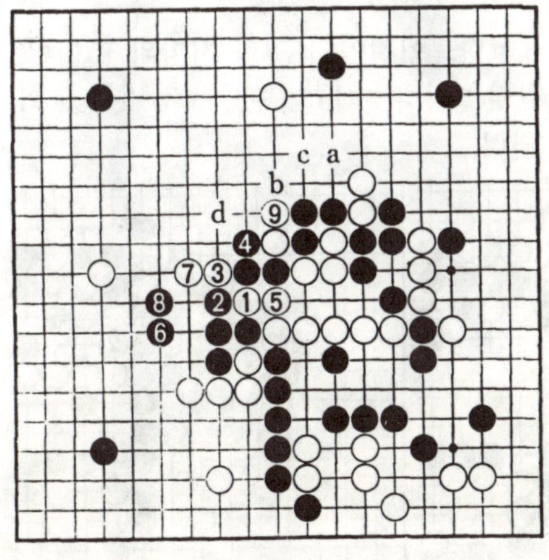

17도

17도 마술(파괴) 여기에서 백은 1, 3으로 둔다. 흑 4의 나감에는 5의 이음이다. 흑 6, 백 7에서 9까지 — · 여기에서 흑 a, 백 b, 흑 c, 백 d가 있다.

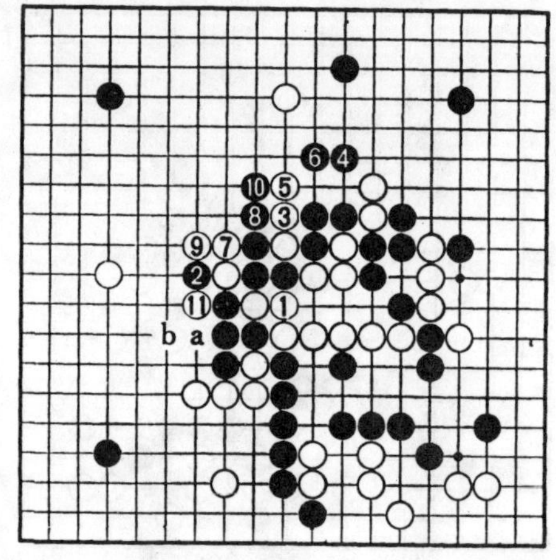

18도

18도 (잡다) 백 1의 이음에 흑 2의 단수는 백 3, 5의 나감에서 11까지 이다. 흑 a에는 b로 둔다.

19도 (다른 방법) 백 1의 끊음에 흑 2는 다른 방법이다.

백 3의 내려섬에 흑 4는 당연하다. 백 5의 뻗음까지—·

20도 (탈출) 여기에서 흑 1의 끊음은 백 2, 흑 3, 백 4 다음에 5의 누름이다. 이것이 유일한 저항의 맥이다. 백 6에 젖혀 11까지 탈출이다. 백a, 흑b, 백c, 흑 a의 이음, 백d, 흑e로 된다.

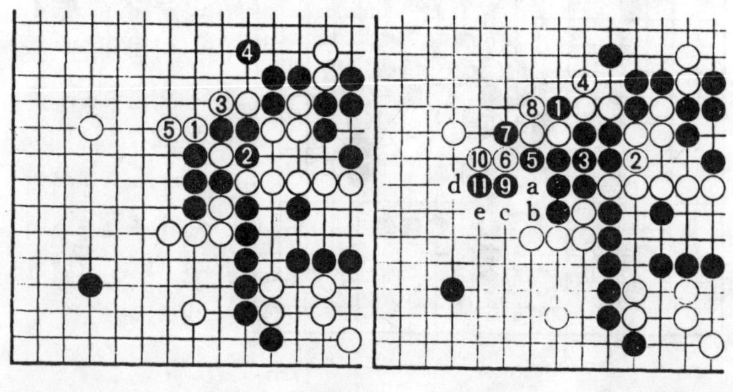

19도 20도

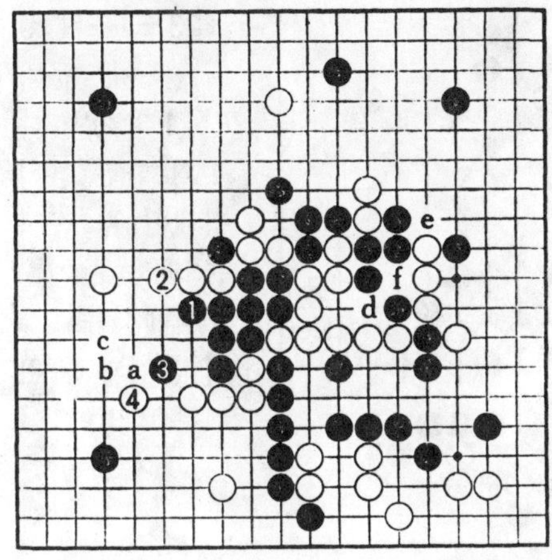

21도

21도 (변화) 흑 1의 누름에 백 2의 뻗음이 최선이다. 흑 3, 백 4 다음에 흑 a, 백 b, 흑 c로 될 자리이다. 가장 난해하다. 우측은 백 d, 흑 e, 백 f로 때려낼 여유가 있다.

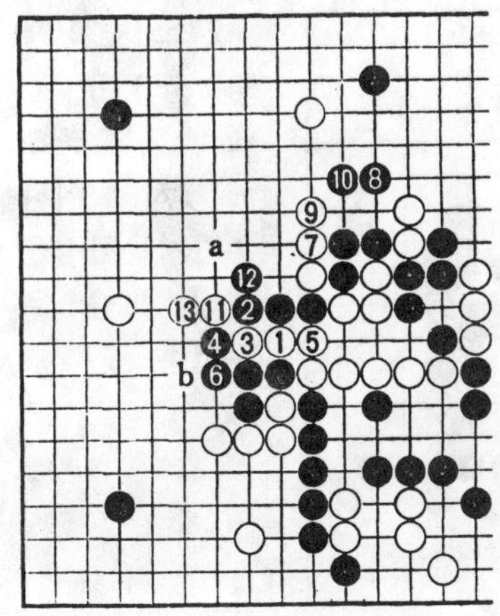

22도

22도 (맞보기) 백 1에 흑이 2의 곳을 늘면 3, 5이다.

흑 6의 이음에 백 7이하 13까지 움직여 a의 씌움과 b의 붙임을 맞보기로 한다.

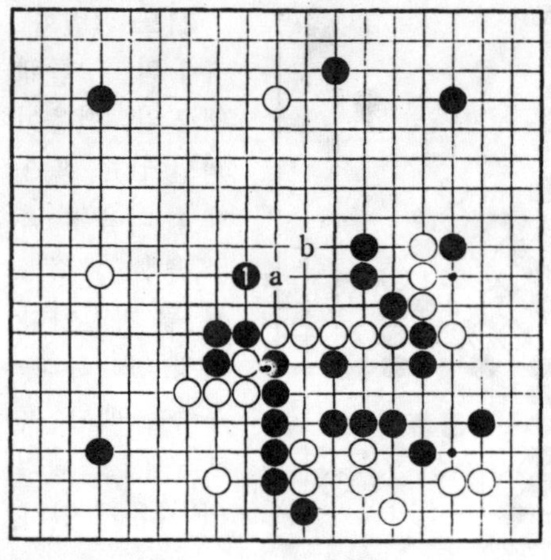

23도

23도 (흑의 정착) 흑이 둔다면 **1**의 곳이다. **1**의 한칸 뜀이 정해이다. 공격은 과하다.

백에서는 a의 붙임과 b의 뛰는 방법이 있다.

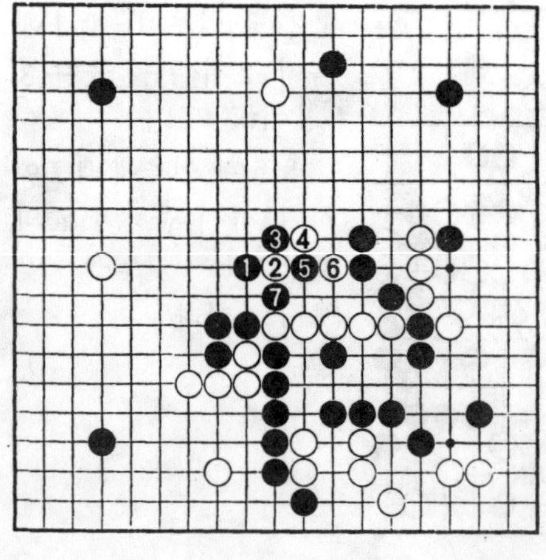

24도

24도 (한점 때림) 흑 **1**의 뜀에 백 **2**는 흑 **3**에 젖히고 이하 **7**까지 한점을 때린 모양으로 두텁다.

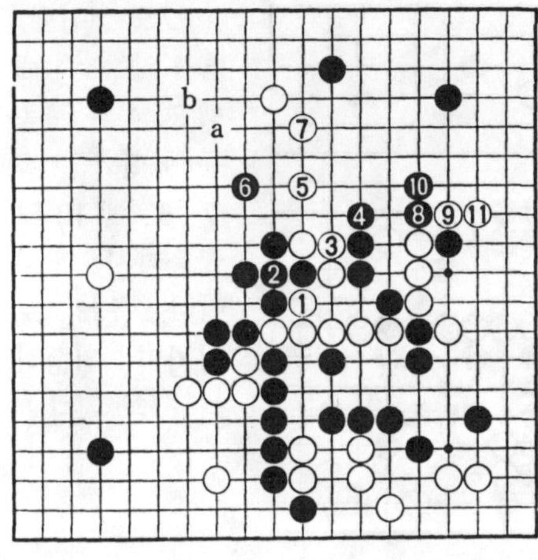

25도

25도 (변화)
여기에서 백 1의 단수, 다음에 3의 이음은 흑 4의 뻗음, 백 5, 흑 6의 날일자이다. 이하 11까지인데 다음 흑 a의 날일자나 b의 곳 높은 협공에 백전체가 위험하다.

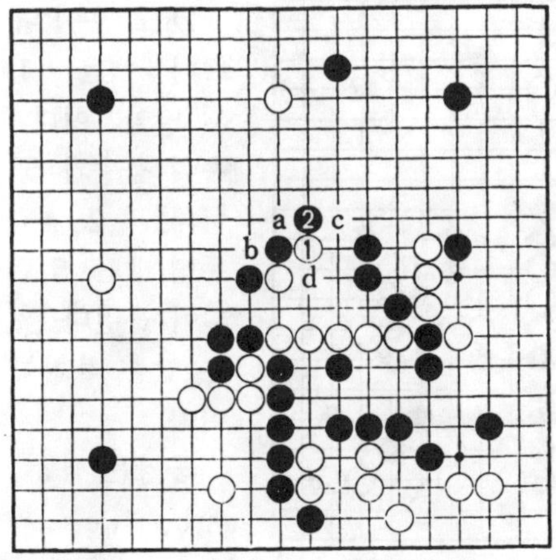

26도

26도 (의문)
백 1의 젖힘에 흑 2의 2단젖힘의 수이다. 다음도 이하에서 흑의 문제이다.

백 a, 흑 b, 백 c 흑 d까지인데……

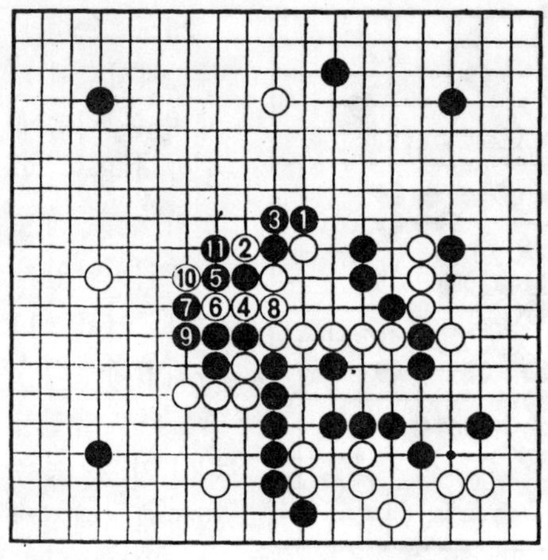

27도

27도 (위험) 흑 **1** 의 젖힘에 백 **2, 4** 의 끊음은 어떨까? 흑 **7, 9,** 백 **10** 의 끊음까지 모양이다. 흑 **11** 로 나가면 위험하다.

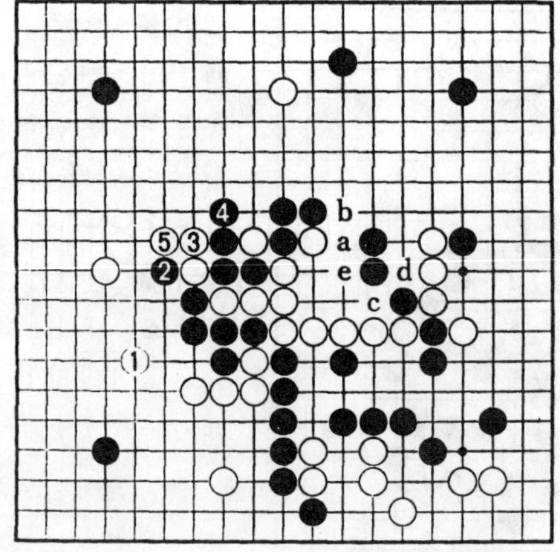

28도

28도 (흑이 나쁘다) 백은 **1** 의 날일자이다. 흑의 응수가 궁하다. 흑 **2, 4** 로 두면 백은 **5** 로 밀어 올린다. 흑은 탈출 불가능이다.

중앙은 백 a, 흑 b, 백 c, 흑 d, 백 e가 예상이 되는 맥이다.

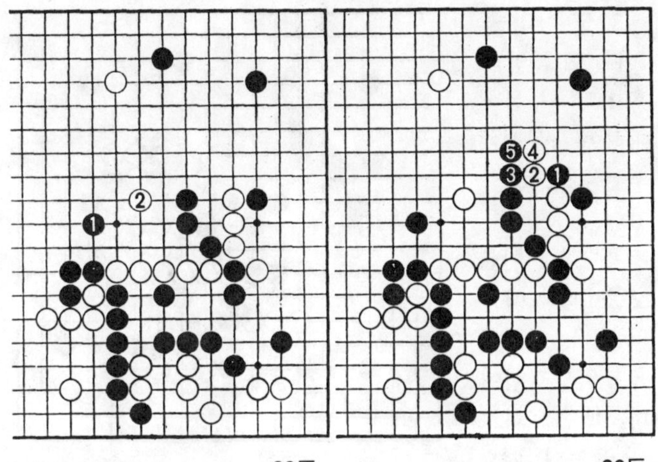

29도 30도

29도 (2칸뜀) 흑 1에 대하여 백 2의 2칸 뛰는 수가 된다.

30도 마술 (누름) 여기에는 흑 1의 젖힘, 백 2, 흑 3, 5의 누르는 수이다. 여기에서—

31도 (변화) 백 1로 나가면 흑 2로 잇는다.

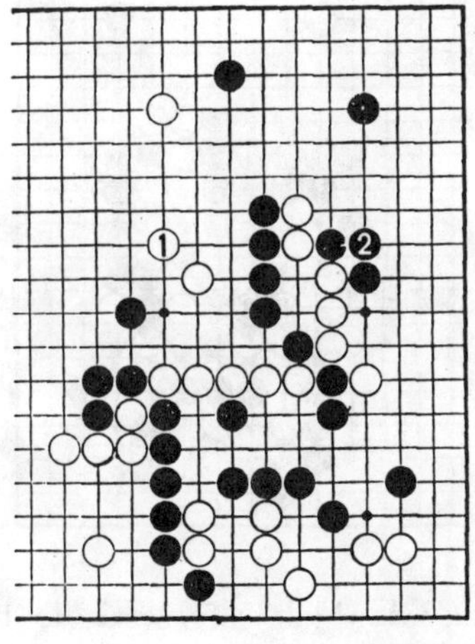

31도

32도 마술 (마늘모 붙임) 흑 1의 누름에 대하여 실전에서는 백 2로 두었다.

흑 3의 마늘모붙임에 백 4의 뻗음, 그러면 흑 5의 젖힘이다. 백은 퇴로를 끊는다.

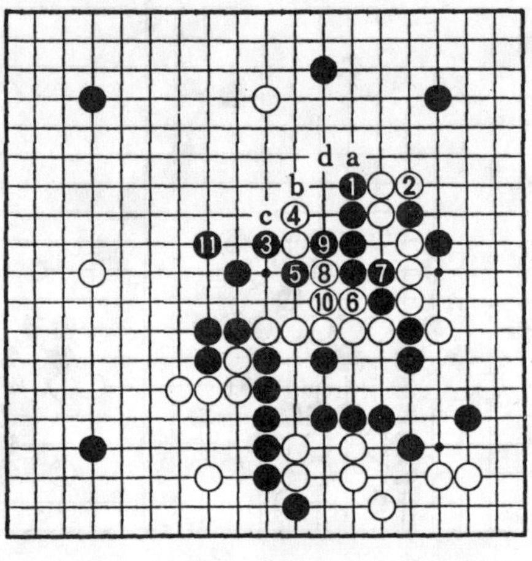

32도

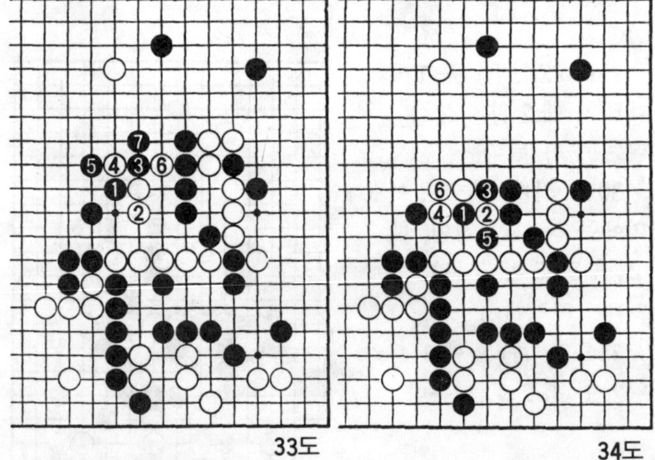

33도

34도

33도 (백을 잡다) 흑 1의 마늘모 붙임에 대하여 백 2로 끌면 이하 7까지 백이 안된다. 흑의 대성공이다.

34도 (속맥) 백 2의 2칸 뜀에 대하여 흑 1은 백 2, 4로 빠져나간다.

제3장

변환 대작전 (變幻大作戰)

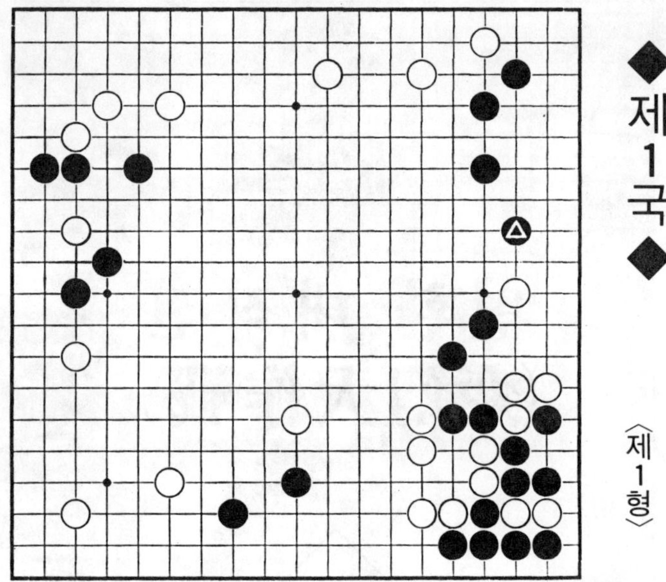

◆제1국◆

〈제1형〉

제1국 다가섬

〈1형〉 백선

우변

나의 백번의 실전국이다.

흑▲의 다가섬에 우변의 백이 궁립하다.

여기에 어떤 처리가 있을까?

백의 다음수가 문제다.

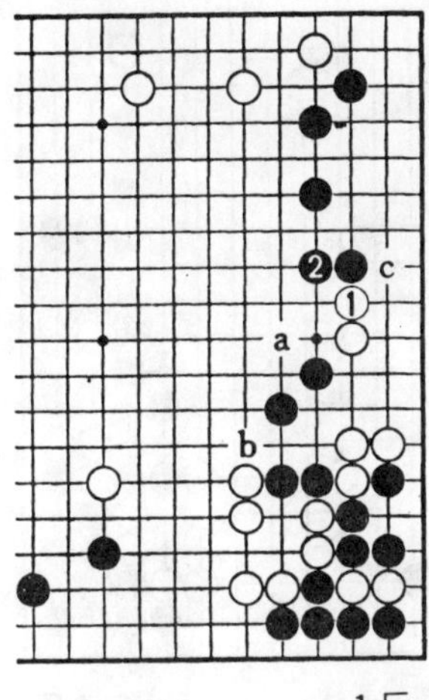

1 도

2 도

1 도(실패) 백 **1**의 부딪힘으로 두는 방법이다. 흑 **2**의 뻗음에는 백 a의 뜀, 흑 b이다.

흑 **2**로는 c의 곳도 있다.

2 도 마술 (아래 붙임) 마술을 나타내자면 백 **1**의 붙임이다. 이것이 정해이다.

3 도(변화) 백 **1**의 붙임에 흑 **2**로 느는 것은 **3**까지 모양이다.

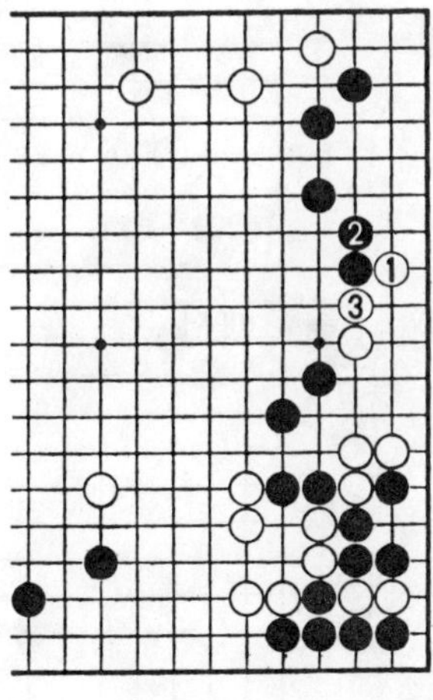

3 도

4도(변화) 백 1의 아래 붙임에 대하여 흑 2로 받는 것은 3의 붙임이 맥이다. 흑 4는 5까지 모양이다.

5도(실전경과) 실전에서는 백 1의 껴붙임이었다.

흑 2에는 백 3의 단수이다.

백 5, 흑 6의 이음. 여기에서 7로 3점을 연락하고자 하면 8, 10이 엄한 공격이다.

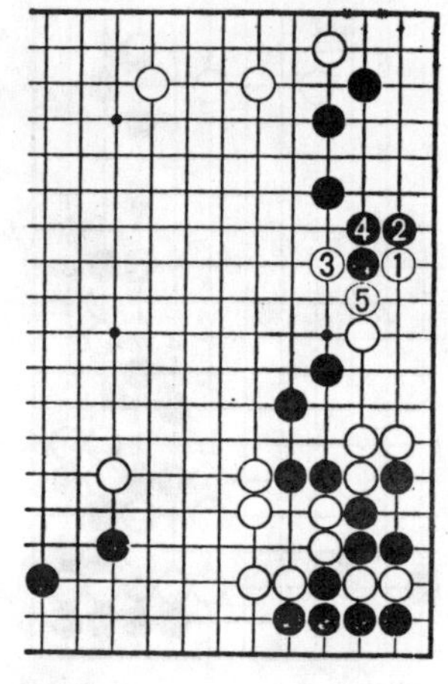

4도

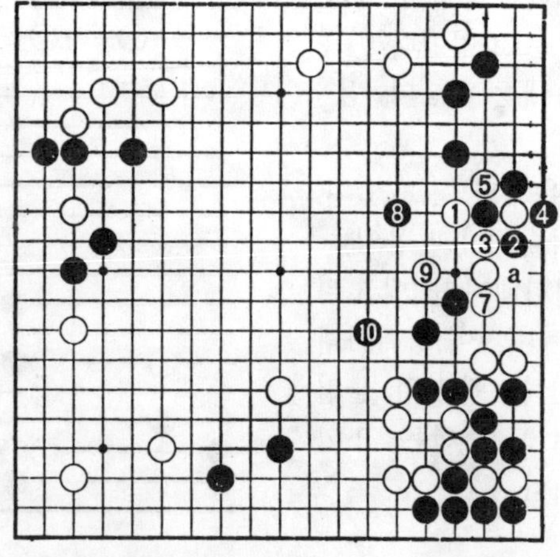

❻이음(4의 왼쪽)

5도

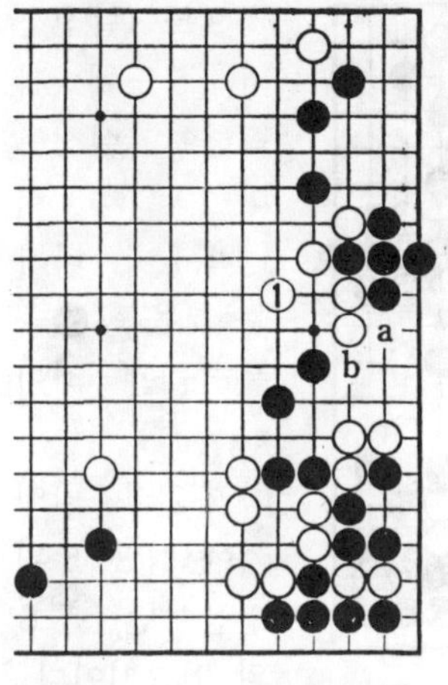

6 도

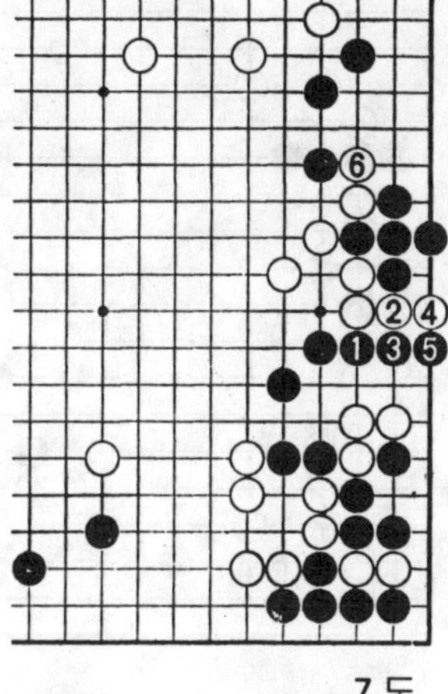

7 도

6 도(정착) 전도의 백 7로는 1의 곳 호구치는 것이 정착이다. a, b는 급하지 않는 곳이다.

7 도(변화) 둔다면 흑 1부터 5까지이다. 다음에 백이 6으로 나가면—

8 도(흑의 실패) 흑 1, 3은 백 4, 6으로 8까지이다.

백 a, 흑 b로 공격할 가능성이 높다.

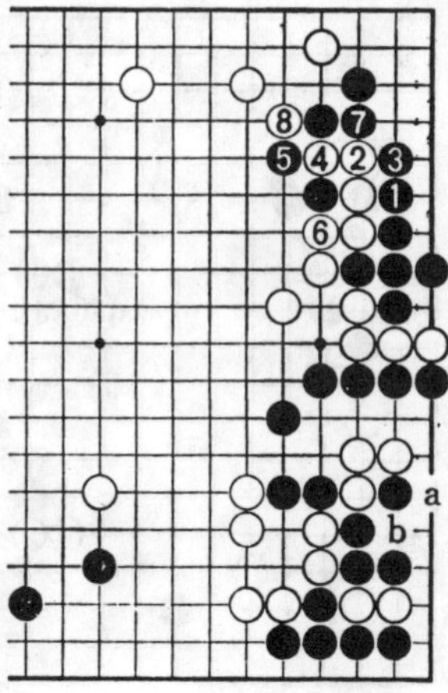

8 도

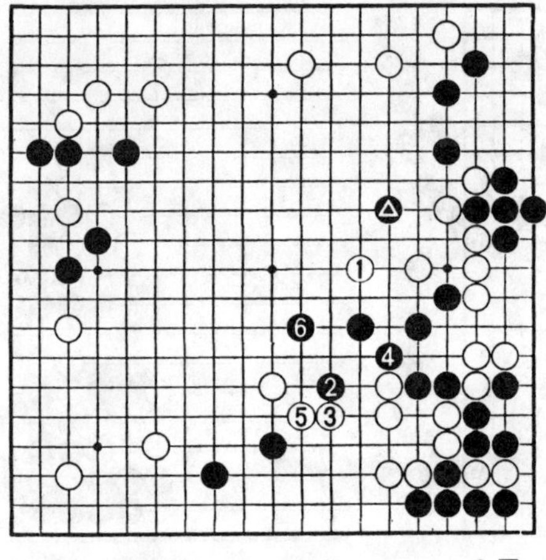

9도

9도 (실전경과) 5도에 계속하여 실전이다.

백 1에 나가는 것은 흑◭를 불러들인 죄이다.

흑 2의 날일자에 백 3, 5의 받음이면 흑 6의 뜀까지이다.

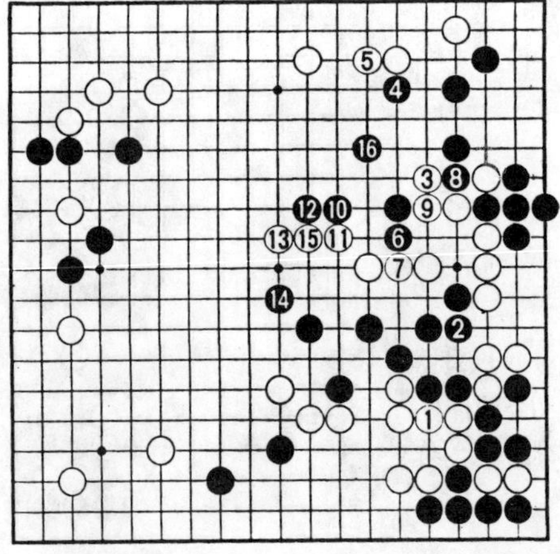

10도

10도 (실전) 백 1에 흑 2는 당연하다. 백 3의 마늘모에 큰 문제가 일어난다. 흑 4, 백 5 다음에 흑 6, 8 다음 9의 이음이 나쁘다. 흑 10 이하 16까지 모양이 정비된다.

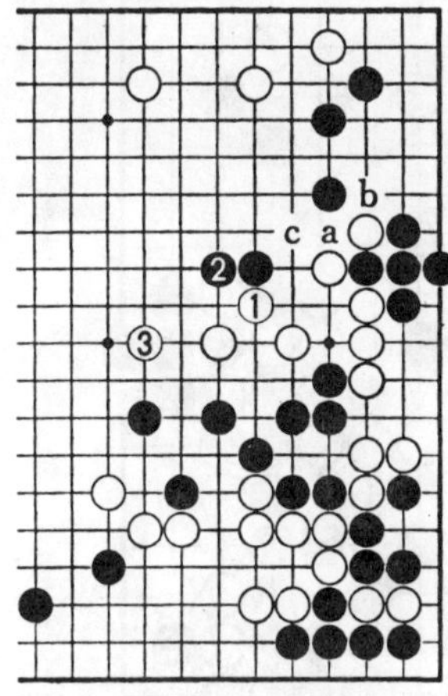

11도

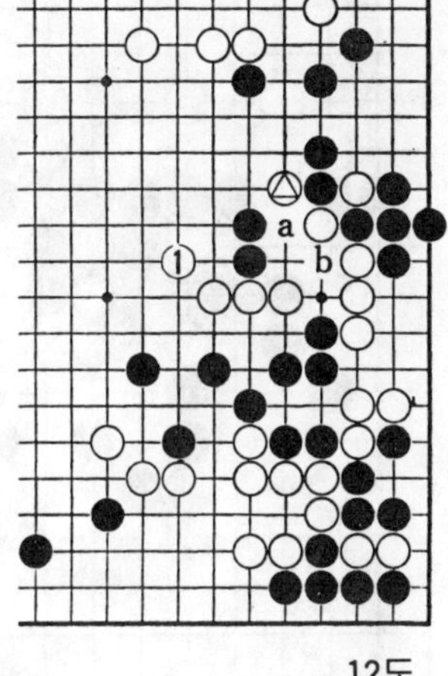

12도

11도(마늘모 붙임) 전도 백 3은 1에 코붙임을 하여 흑 2, 백 3으로 둔다.

12도(마늘모) 10도 백 9로 1의 곳에 두어 밖을 향하면 흑 a의 끊음에 백 b로 백 ◬를 사석으로 이용할 가능성이 크다.

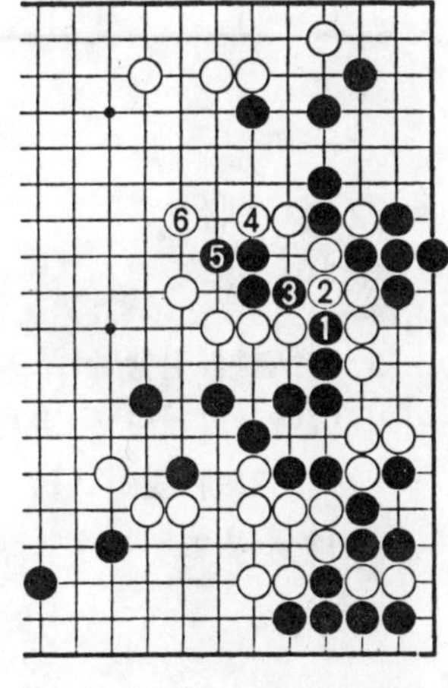

13도

13도(끌다)

백의 마늘모에, 곧 흑 1, 3으로 끊는 수는 없다. 백 4, 6으로 대응한다. 백은 여유가 만만하다.

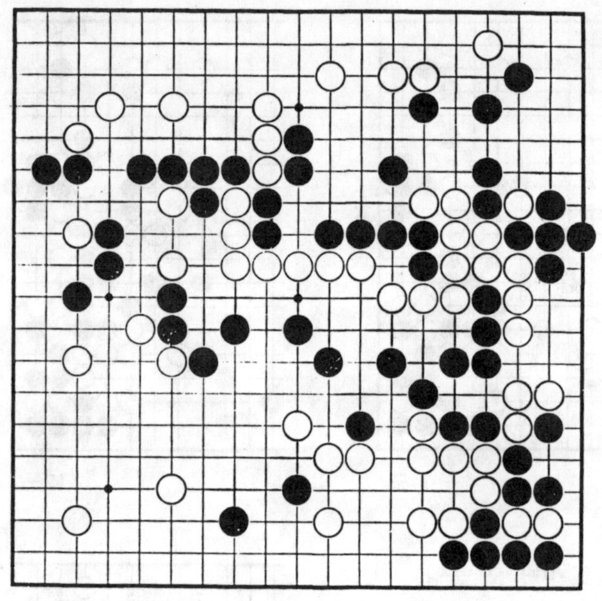

〈제 2 형〉

〈2 형〉 백선
공격여하 ?

자, 국면의 진행을 보자. 백은 우변에서 중앙에 긴 패마가 있다. 그러나 아직은 살지못한 모양이다. 중앙 위쪽의 흑모양에 맛이 나쁜 곳을 찾아야 한다.

백이 공격 여하는 ?

1도 (실전경과)

먼저 실제로 응수한 수순을 나타낸 것이다.

백 **3**의 나옴에는 흑 **4**로 빼는 것이 좋다. 여기서 백 **5**, 흑 **6**은 졸렬한 수이다.

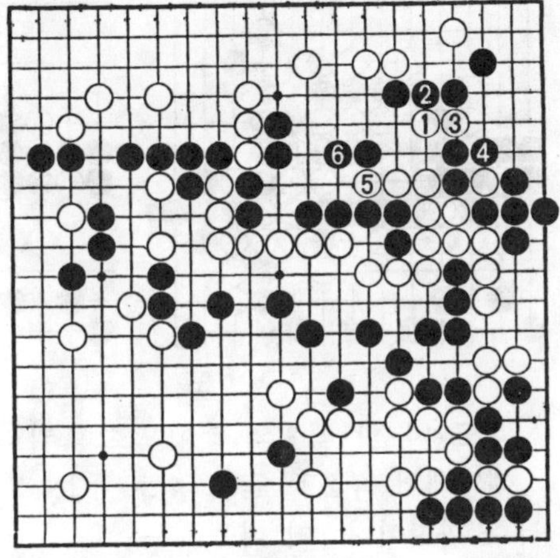

1도

2도 마술(이음)

여기에서는 제 1의 맥이 중요하다. 백 **1**로 잇는 것이 가장 현명한 방법이다. 백이 1로 이어둠으로 인하여, 마술적인 움직임을 펼칠 수 있기 때문이다.

3도 (끊음)

백 **1**의 이음에 흑 **2**로 나온다. 여기서 백 **3**, 흑 **4**의 교환이 바른 수순이다.

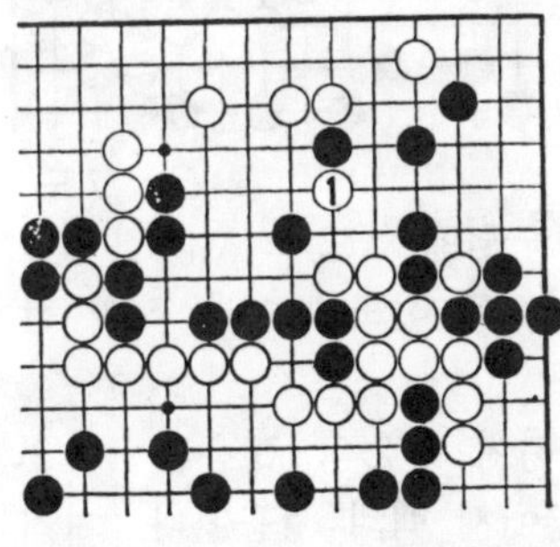

2도

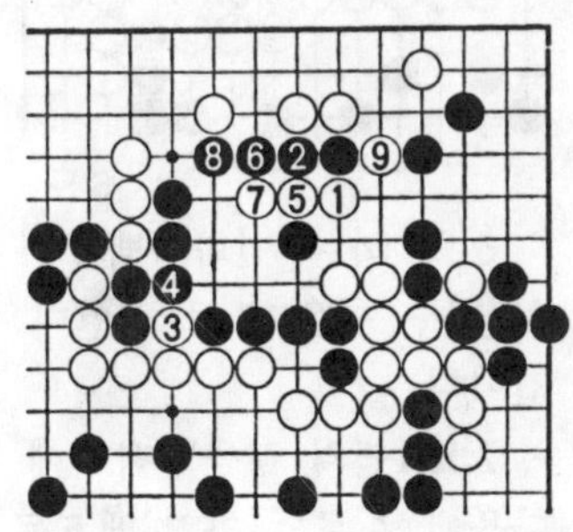

3도

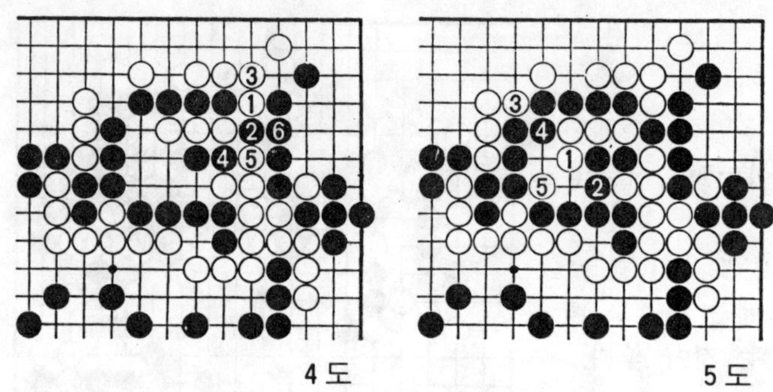

4 도 5 도

4 도 (차단) 백 1 의 젖힘으로 흑의 회로를 차단한다.

여기에서 흑 2 로 끊고 4 로 두는 것은 백 5 의 끊음에서 6 까지이다. 이 다음——

5 도 마술 (흑전멸) 백 1 의 꼬부림, 흑 2 에는 3으로 단수하고 5 로 끊는다. 이것은 흑이 전멸이다.

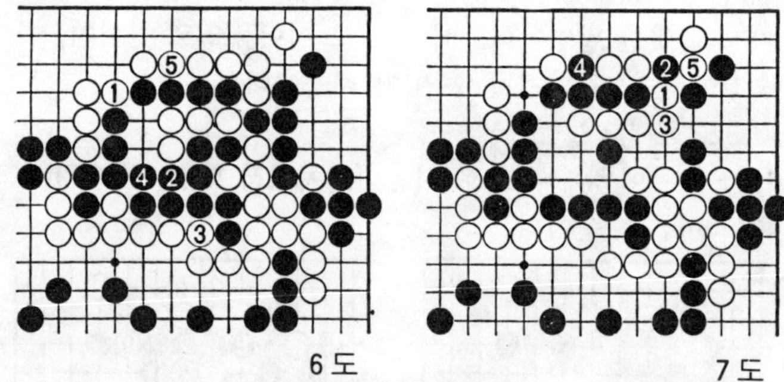

6 도 7 도

6 도 마술 (변화) 백 1 의 꼬부림에 흑 2 로 받으면 백 3 의 단수 다음 5 로 조인다. 이것도 전도에 이은 흑의 전멸이다.

7 도 (귀의 끊음) 백 1 에 대하여 흑 2 의 끊음은 백 3 다음에 4 로 나가면 백 5 로 끊어서 백의 성공이다. 여기에서 ——.

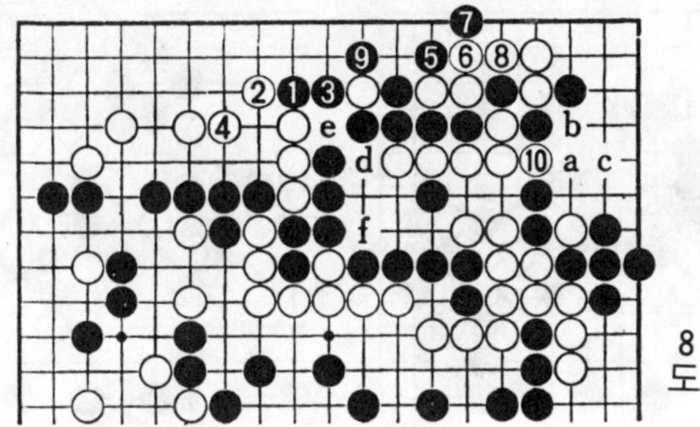

8
도

8 도(백이 좋다) 흑 1 의 붙임에선 3 으로 끌면은 백 4 로 지킬때 5, 7 다음 9 로 때린다. 이것은 5 도, 6 도의 다른 변화로 여기에서 10으로 나가면 백은 불만이아니다. 다음에 흑a , 백b, 흑c 로 된 다음에 백d, 흑e 다음 f 의 곳을 끊는다.

9 도 마술(붙임) 백 1 의 흑의 약점을 찌르는 맥이다.

10도(흑사) 백 1 의 붙임에 대하여 흑 2 로 잇는것은 여기에서 백 3 으로 조이고 4 를 기다려 5 로 붙인다. 앞과 같은 맥이다. 여기에서 7 , 9 의 끊음이다. 흑은 살 수가 없다. 흑a 에서 백b, 흑c, 백d, 흑e, 백f 까지이다.

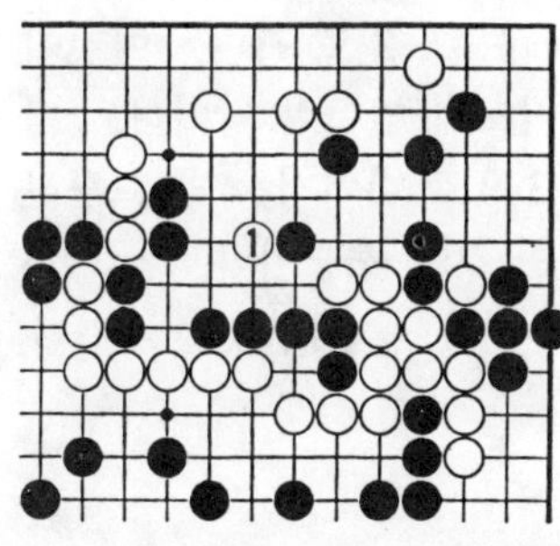
9 도

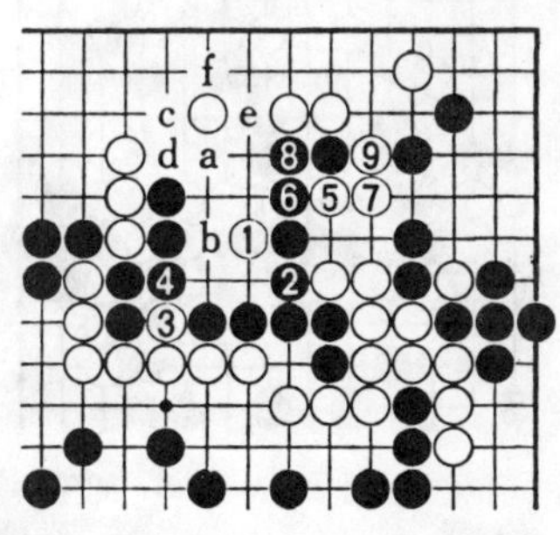

10도

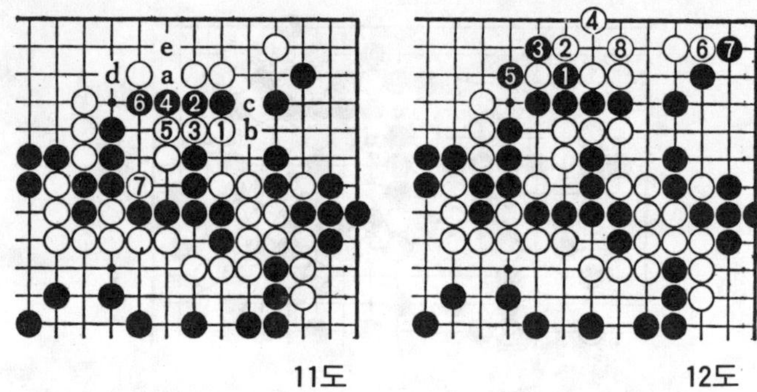

11도 12도

11도 (7점 잡다) 전도의 변화이다. 백 1의 붙임에 대하여 흑 2로 끄는 것은 백 3, 5의 나감은 당연하다. 이 다음에 7의 곳을 끊는다.

이 다음 흑a로 나가면 백b, 흑c, 백d, 흑e로 두어 백이 나쁘지 않다. (29도 참조)

12도 (삶) 흑 1에 나가서 백 2, 4는 흑 5로 때린다.

백 6, 8까지 산다 전도의 3점을 사석하여 전국적으로 둔다.

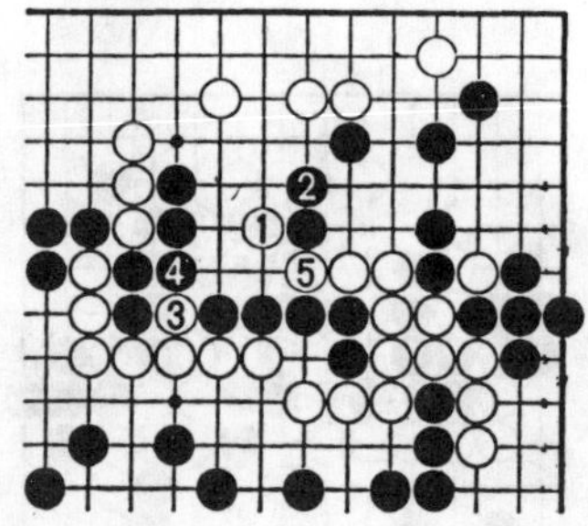

13도

13도 (끌다) 백 1의 붙임에는 흑 2로 끈다. 이것이 비교적 간단한 답이다. 백 3으로 나가서 4를 교환하는 것이 수순이다.

다음에 5의 곳을 나간다.

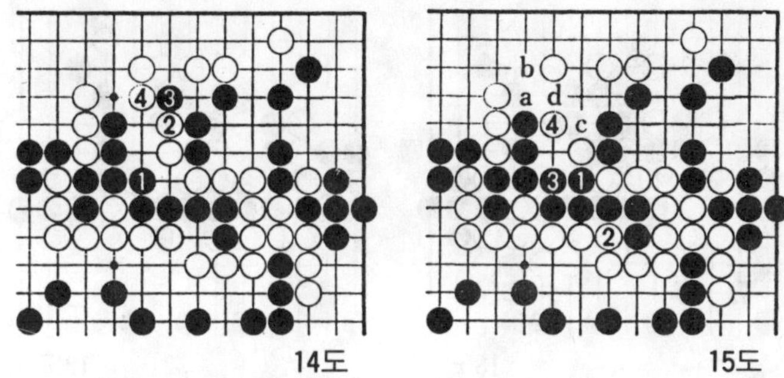

14도　　　　　　15도

14도(흑전멸) 여기에서 흑 1 로 잇는 것은 백 2, 4 로 회로를 차단한다. 흑의 전부가 수중에 들어온다.

15도 마술(변화) 백의 중앙을 흑 1 로 끊으면 어찌될까? 이것은 2 로 단수를 한 다음에 4 로 마늘모를 한다.

여기에서 흑a 로 나가면 백b 로 막는다. 흑c 에는 백d 로 그만이다.

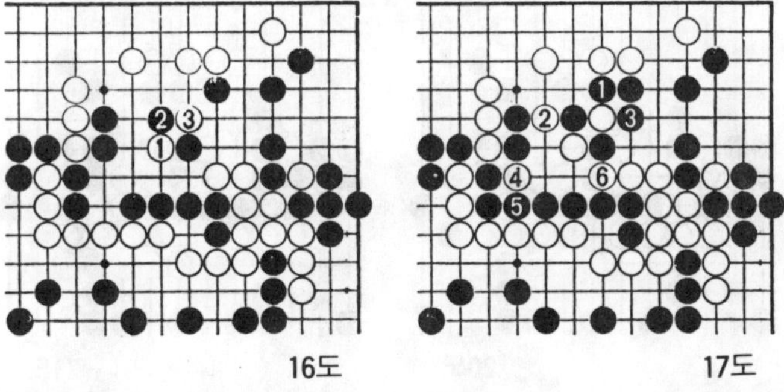

16도　　　　　　17도

16도 마술(붙이고 끊음) 백 1 의 붙임에 대하여 흑 2 로 위쪽을 젖히면 3 의 끊음이 교묘한 수이다.

여기에서——

17도 마술 (도망못감) 흑 1 에 백 2 의 단수, 다음에 백 4 의 끊음이다. 흑 5 에는 6 으로 나간다.

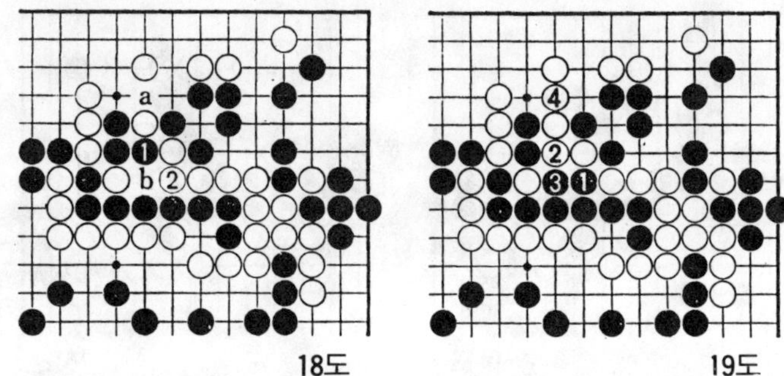

18도 19도

18도 마술(흑을 잡음) 전도의 다음 흑 1로 꼬부리면 백 2로 잇는다. 흑a로 때리면 백b로 잇는다.

흑a로 b는 a의 곳을 잇는다.

19도 마술(잡다) 흑 1의 끊음에는 백 2로 잇는다. 흑 2점이 단수여서 흑 3이 불리할 때 4의 곳을 잇는다. 흑 전체가 백의 수중에 들어온다.

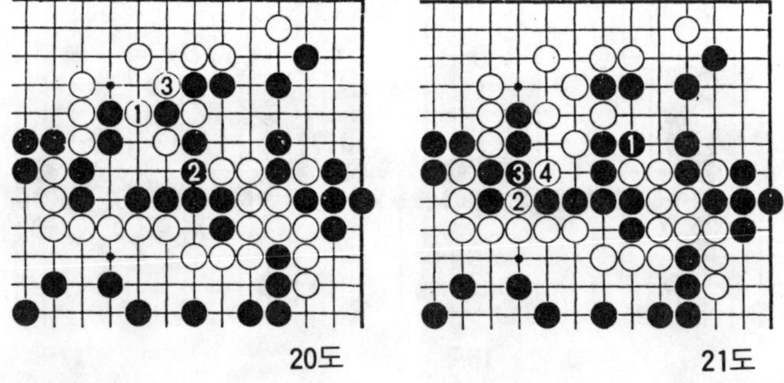

20도 21도

20도(때림) 백 1의 단수에는 흑 2로 잇는다. 그러면 백 3으로 때려낸다.

21도 마술(변화) 여기에서 흑 1로 꼬부리면 백 2 다음에 4의 끊음이다. 이것은 흑 5점이 떨어진다.

무리한 결론이다.

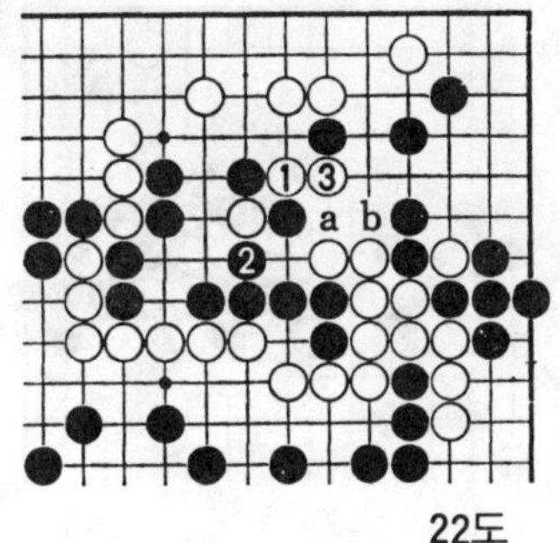

22도

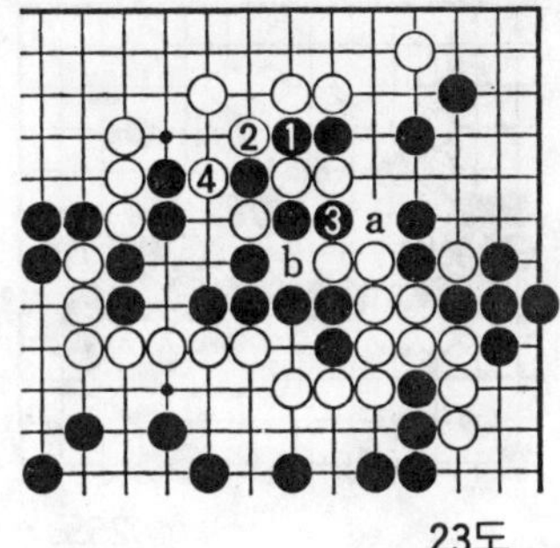

23도

22도 (나감) 여기에서 백 1로 붙여 끊으면 어찌될까? 이에 대하여 흑 2의 단수이면 백 3으로 나간다.

흑은 백의 연락을 방해하는 수단이 없다. 예를 들자면 흑a의 나감은 백b로 막는다. 따라서——

23도 마술 (뒤쪽) 흑 1로 뒤쪽을 둔다. 백 2의 끊음에는 흑 3으로 단수하여 나간다. 그러면 백 4로 때려낸다. a와 b가 맛보기여서 흑이 안된다.

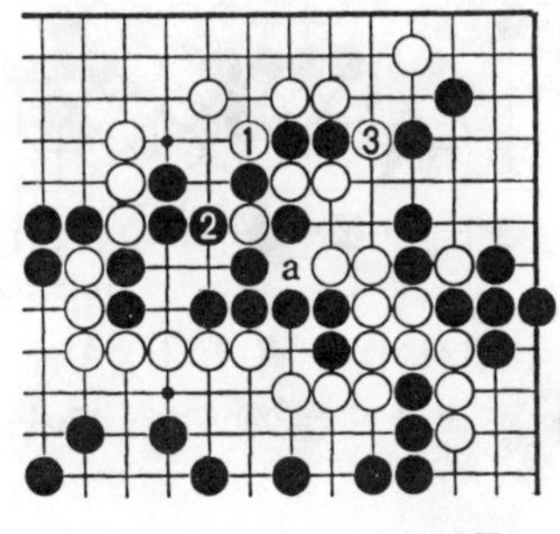

24도

24도 마술 (연락) 전도의 변화이다. 백 1의 끊음에 흑 2로 한점을 때리면 백도 3으로 2점을 때린다. 흑은 다음에 백a로 둔다.

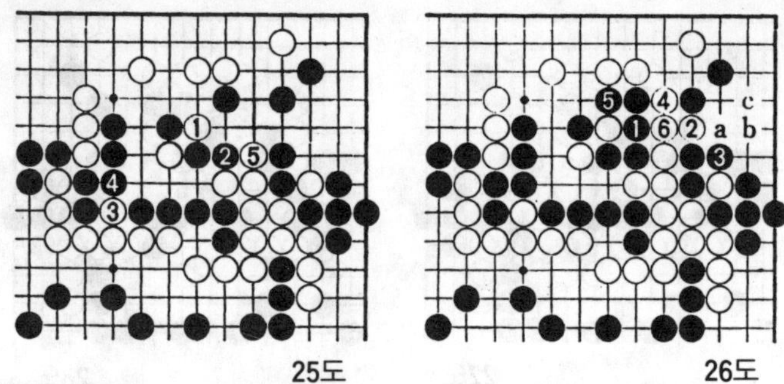

25도　　　　　　　　　　　　　　26도

25도(나감) 백 1 의 붙임에 흑 2 로 나가는 수를 생각할 수 있을까? 백 3 으로 2 점을 단수함이 당연하다.

26도 마술(연락) 여기에서 흑 1 의 이음은 백 2 의 단수 다음에 6 까지이다. 다음에 백a, 흑b, 백c 로 귀를 잡는 수가 있어 성공이다.

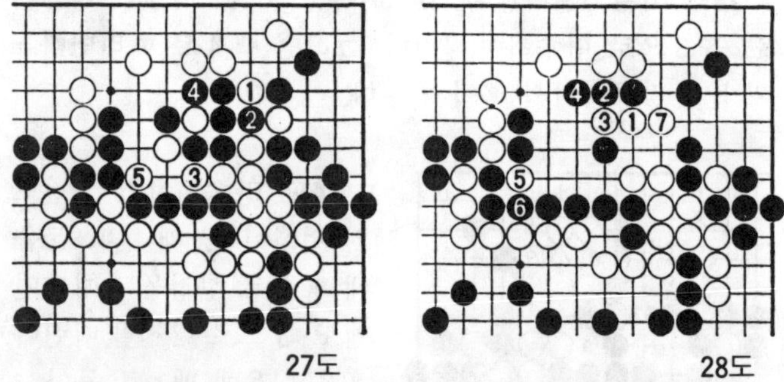

27도　　　　　　　　　　　　　　28도

27도 마술(5 점잡음) 전도의 변화이다. 흑 1 의 젖힘에 백 2 의 끊음에는 3 으로 나간다. 흑 4 에는 백 5 로 끊어 5 점을 잡는다.

28도(나가 끊음) 다시 되돌아가서 백 1 의 붙임에 대하여 흑 2 로 두는 수, 실전에서 두는 방법을 검토하여 보자 백 3, 흑 4 에 5 의 끊는 수순이 좋다. 여기에서——

29도 (바꿔치기) 흑 1의 이음에 백 2, 흑 3에 백 4로 한점을 끌고 나온다. 흑 5, 백 6은 당연하다.

흑 7, 9로 바꿔치기다. 백이 9점을 잡으면 다음에 백 a의 젖힘이 절호점이다.

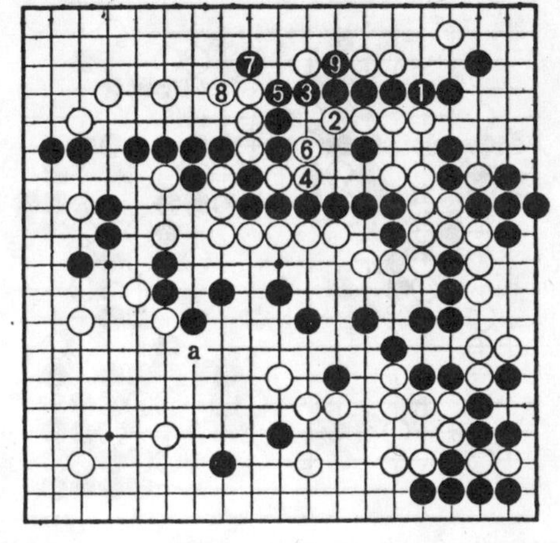

29도

30도 (흑전멸) 백 1의 나감에 흑 2, 4로 2점을 잡아서는 안된다. 5의 끊음으로 흑이 전멸한다.

31도 (변화) 백 1의 나감에 2의 막음, 다음 백 3에서 5까지이다. 흑a, 백b로 나간다. 흑a로 c는 백d로 23도 24도의 환원이다.

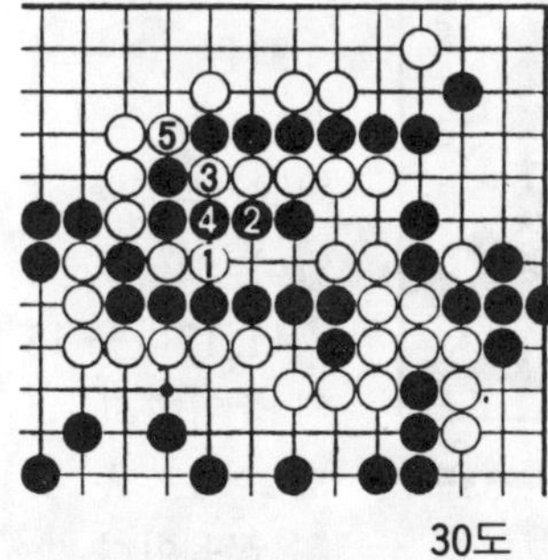

30도

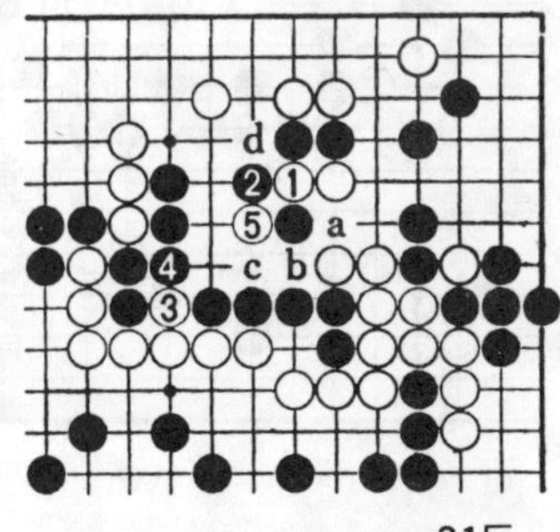

31도

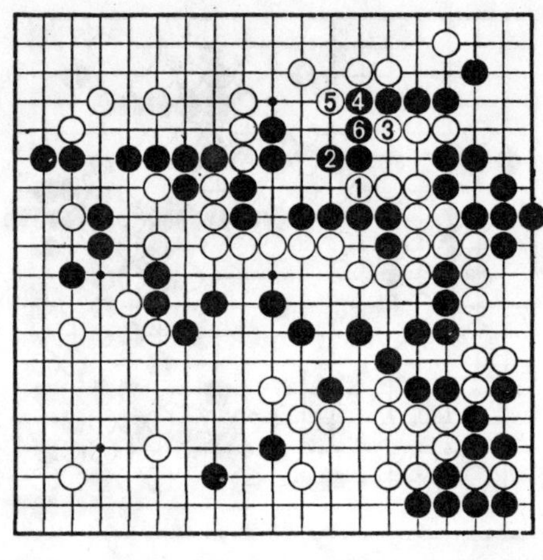

32도

32도 (실전경과) 1도에 계속하여 실전경과를 나타내면 백 1의 나감에 흑 2로 끄는 수를 교환하였다. 다음에 백 3, 5에 흑 6까지는 흑이 완전하다.

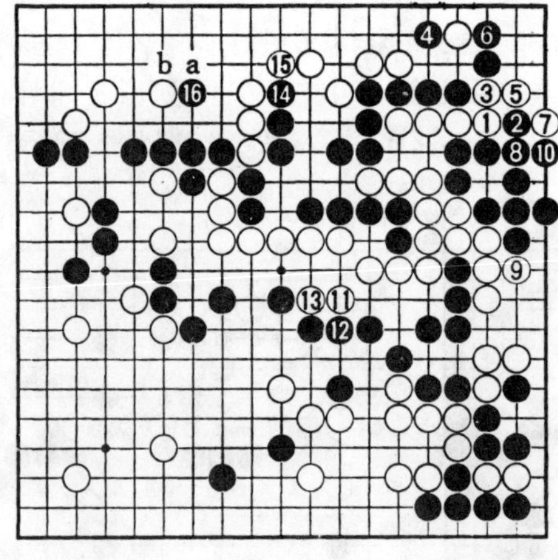

33도

33도 (실전) 백 1에서 5는 4의 건너붙임이 있다.

흑 6 다음 10까지 우변의 흑도 2집이다.

백은 흑돌의 분단도 우변을 파괴하는 감이 있다.

11, 13다음 16의 붙임까지—·백 a에는 흑 b의 끊음이다.

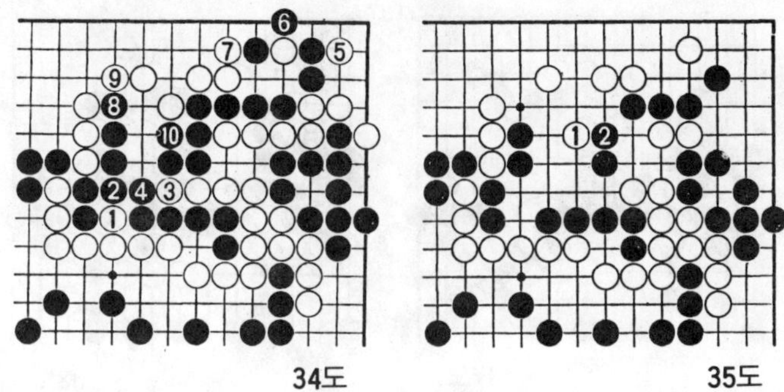

34도　　　　35도

34도 (삶) 전도의 6의 싯점에서 이 흑은 완전히 사는 모양이다.

다음 백 1, 3에서 5로 두면 흑 6, 백 7 다음 흑 8, 10으로 한집이다.

32도 백 1, 흑 2의 교환이 패착.

35도 (날일자) 백 1의 날일자에 흑 2의 받음도 생각할 수 있다.

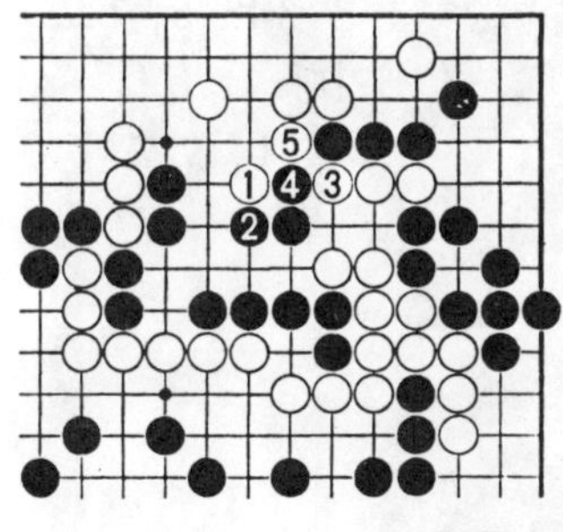

36도

36도 (잡다) 백 1의 날일자에 대하여 흑 2의 내려섬이다. 백 3, 5까지 — ·

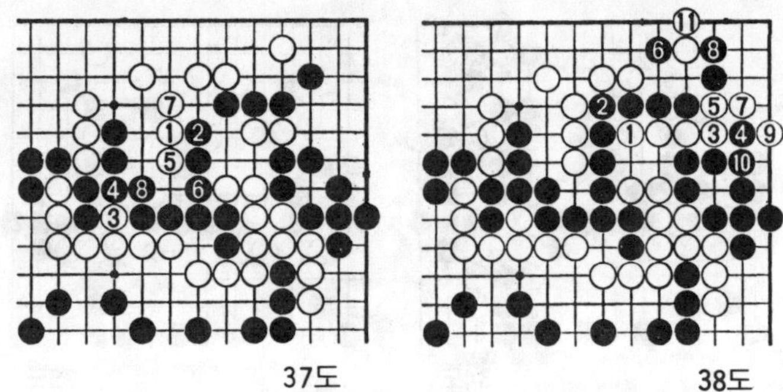

37도 38도

37도 (집을 박탈) 백 1, 흑 2 에 3 으로 나간다.
백 5 의 나감에 흑 6 은 이하 8 까지 된다.

38도 (잡는 수 없다) 여기에서 백 1 에서 7 로 변을 파괴하면 백 9, 흑10에서 11의 내려섬까지이다.

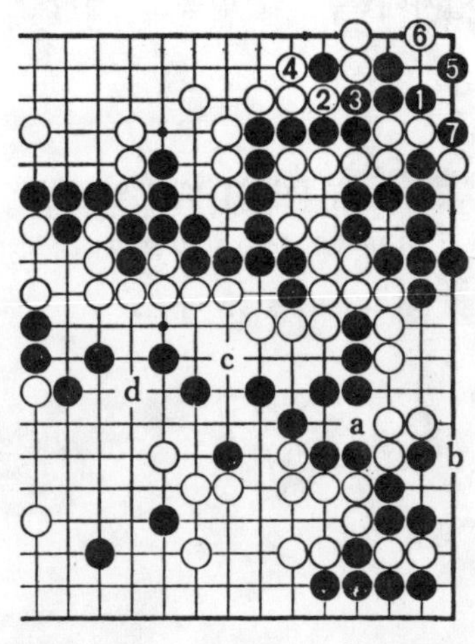

39도

39도 (큰패) 흑은 1 의 내려섬이다. 백 2, 4 로 두면 흑은 5, 7 로 큰 패이다.

백도 a, b, c, d의 팻감이 풍부하다.

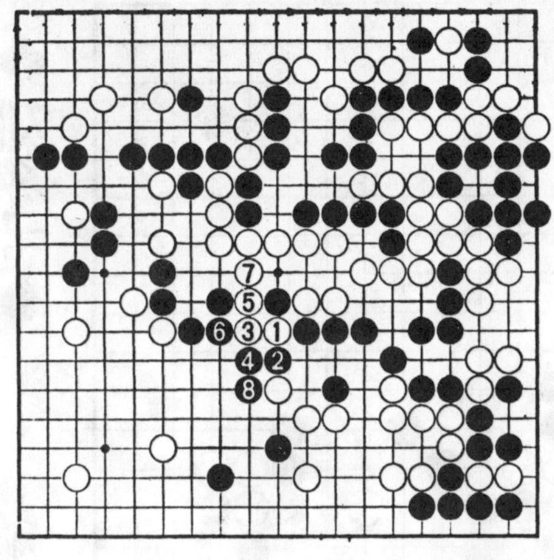

40도

40도(백이 나쁘다) **33**도 다음 백 **1**의 끊음 이하 **7**까지 한 점을 잡는 것이 대마로 산다. 흑 **8**로 내려서 백의 패색이 짙다.

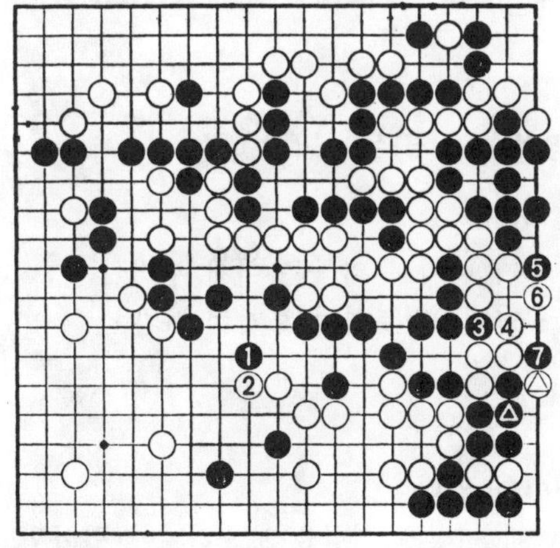

41도

41도(패) 실은 백의 대마는 흑 **1**의 날일자 다음 백 **2**의 받음이다.

백 △와 흑 ▲의 교환의 유무에 관계된다.

5로 집어 넣어서 패이다.

이것은 실패의 일국이다.

◆제 2 국◆

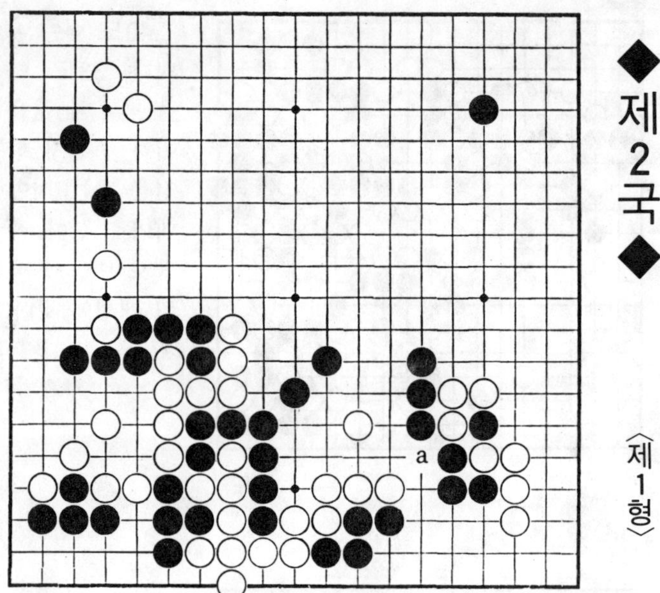

〈제 1 형〉

제 2 국 다한(多恨)의 바둑

나의 흑번의 실전이다.
중반 이후의 악수가 나와서 바둑은 이제 부터이다.
반성을 요하는 곳인데, 검토하여 보기로 하자

〈1 형〉 흑선
맛좋은 포획
하변의 백의 대마가 있다.
a 의 끊음이 있는데 어떻게 결함을 보충하여야 할까?

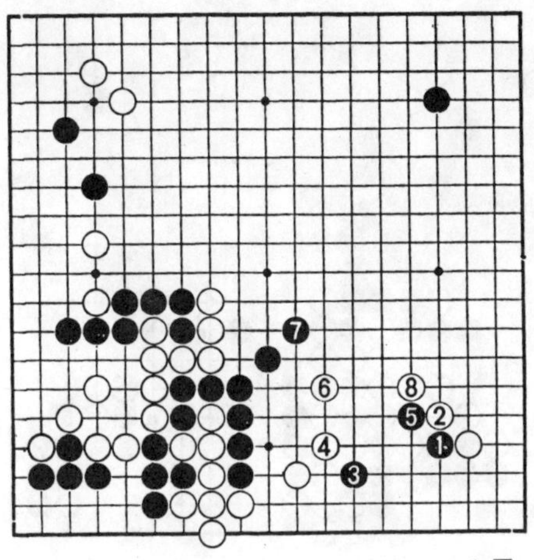

1 도

1 도 (실전경과) 1형에 관한 실전경과도이다.

흑 1 의 붙임에서 3 으로 압박하였다. 다음 5 의 젖힘이 공격의 전형이다. 백 6, 흑 7 에 백 8 까지이다.

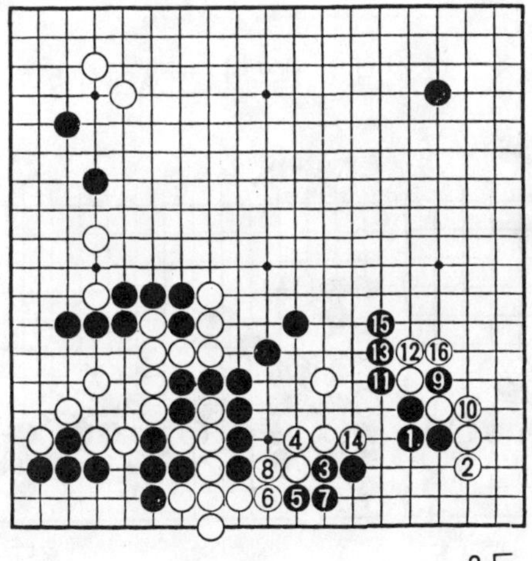

2 도

2 도 (경과) 여기에서 흑 1 의 이음은 백 2 로 둔다.

흑 3 이하 8 을 결행하여 15 까지 백의 고전의 모양이다.

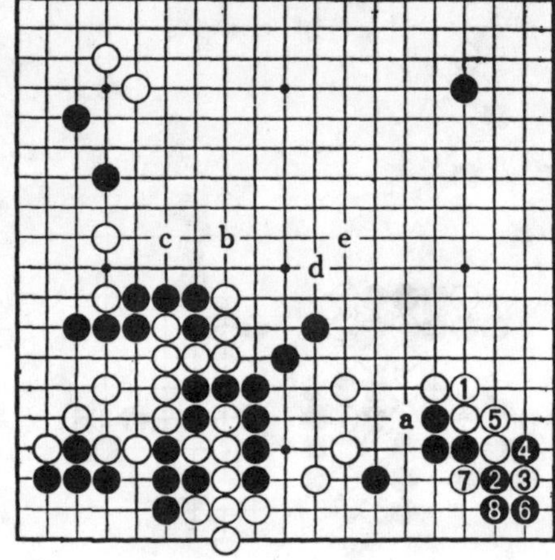

3 도

3 도(중앙전)

2 도의 2 의 내려섬으로 1 의 곳을 이으면 흑 2 이다. 그러면 백 3 의 2 단젖힘이다. 흑 4, 6 에 7 까지 외길의 끊음이다.

백 a 를 선수하거나 백 b, 흑 c 로 결행을 한다.

백 d나, e로 결행하면 중앙전이다.

4 도(맛이 나쁘다)

전도의 변화이다. 흑 2 로 한점을 잡으면 백 3 에서 5 로 맛이 나쁘다.

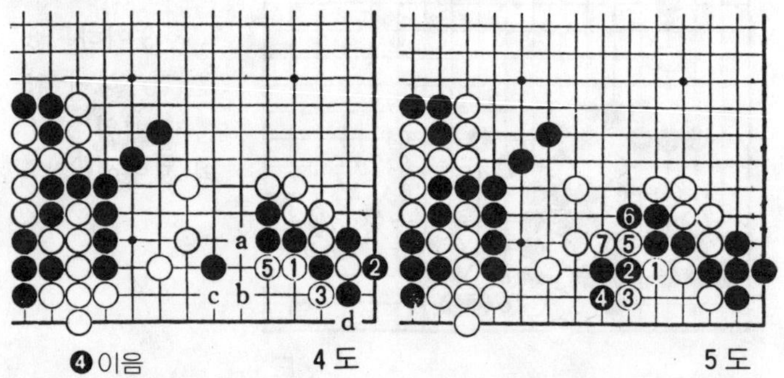

❹ 이음 4 도 5 도

5 도 (무리) 백 1 에 흑 2, 백 3 의 젖힘이다.

백 5, 7 까지 흑 모양이 무겁다. 젖힘은 한 수의 곳이다.

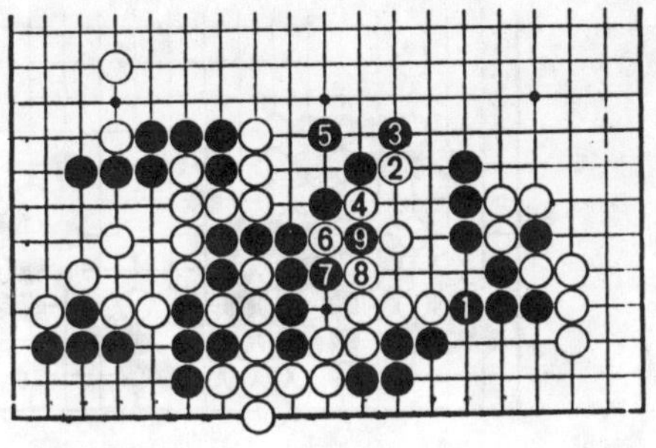

6 도

6 도 (실전경과) 본제에 들어가기 전에 내가 둔 실전경과이다. 흑 1 은 상식적이 아닐 수 없다.

백 2, 4 에 흑 5 의 호구침이 결정적인 완착이다. 백 6, 8 까지 패이다.

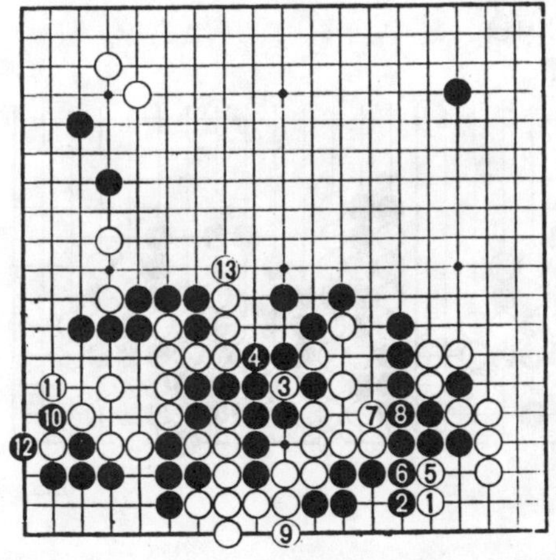

7 도

7 도 (경과) 여기에서 백 1 로 미끄러짐이다.

백 9 까지 사는 모양인데 흑 10, 12 로 끊어 잡으면 백 13 의 뻗음으로 긴 승부가 된다.

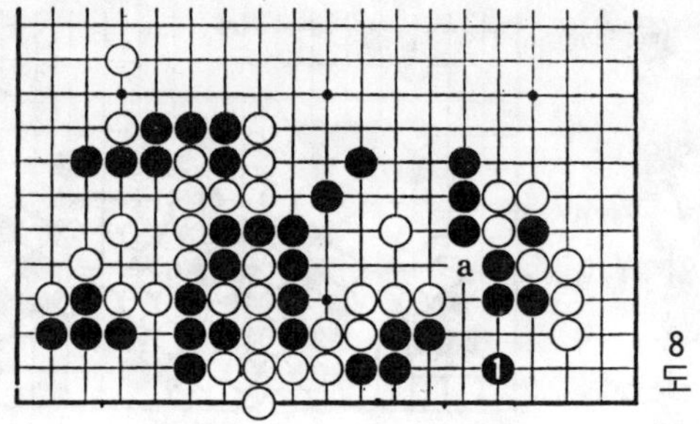

8 도 (정해) 흑 1 의 뜀, 이것이 정해이다.

7 도의 실전 경과에서 백 1 의 날일자는 어떻까?

이 점도 생각해 볼 수 있다.

9 도 (백사) 흑 1 의 한칸에 대하여 백 2 로 받음은 5 까지 백이 죽는다.

10도 (흑삶) 흑이 2 선으로 사는 것은 자만 이다.

9 도의 다음 백 1 의 마늘모에서 6 까지이다.

백 a에는 흑 b로 산다.

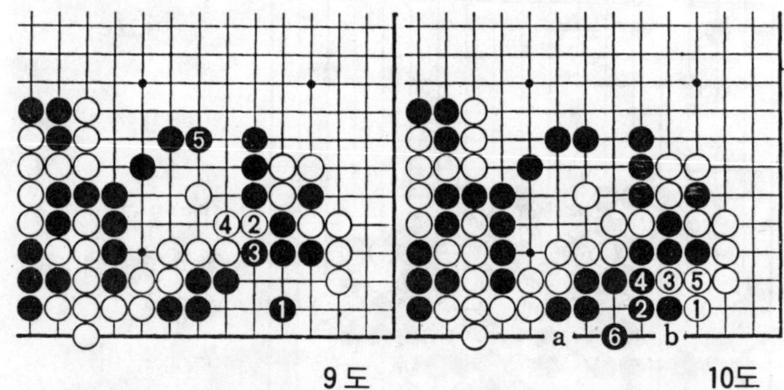

9 도 10도

11도(삶) 전도의 백 1을 1로 두면 흑 2가 좋은 수이다.

백 3, 5에는 6까지 사는 모양이다. 이 다음 백 a의 모붙임에 흑 b, 백 c, 흑 d로 둔다.

11도

12도(성공) 흑 1의 한칸 뜀에 대하여 백 2는 흑 3, 다음에 4의 저항이 있다. 흑 5의 단수, 7의 호구침까지이다. 백 a에는 흑 b로 끊는다.

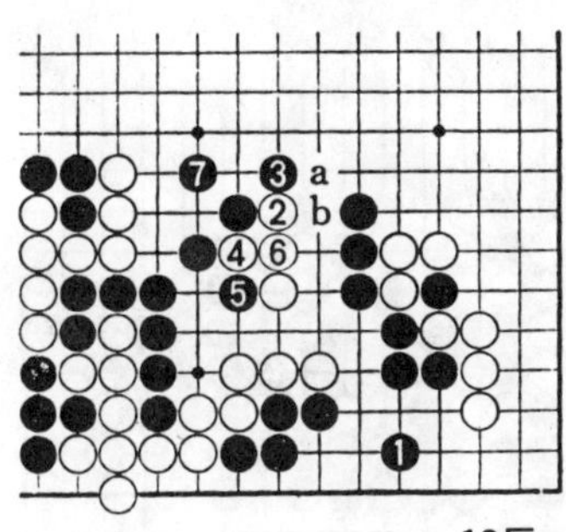

12도

13도(실패) 6도의 실전 흑 1로 두는 것은 이 다음에 중앙을 둔다.

이하 10까지 사는 모양이다. 이것은 흑의 실패이다.

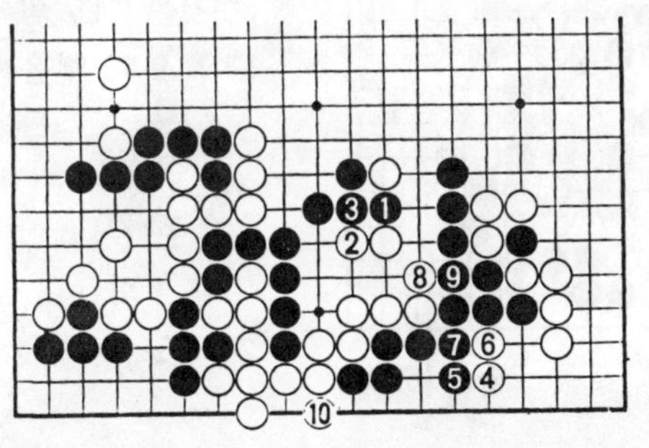

13도

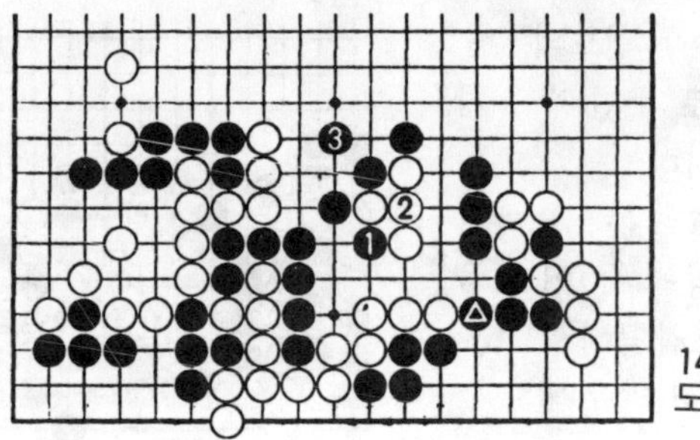

14도

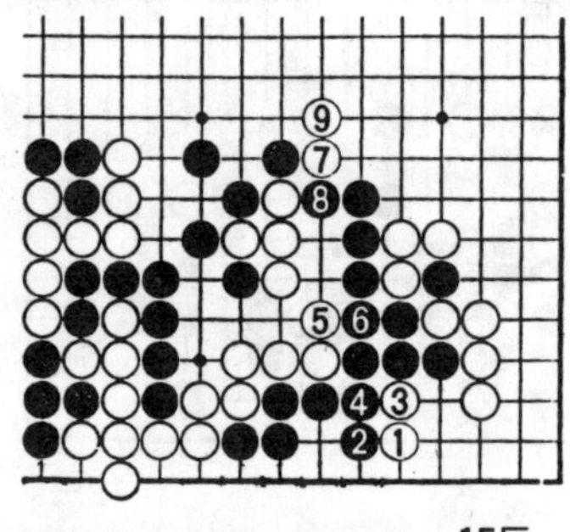

15도

14도 (이 한수) 6도 백2, 4에 흑 5로 1의 곳을 단수하면 백2 흑3의 호구침이다.

흑▲가 악수이다.

이것이 나의 착각이었다.

15도 (끊고 뻗음) 전도에서 백1, 3, 5로두는 것은 백7의젖힘 다음에 9의 뻗음이다.

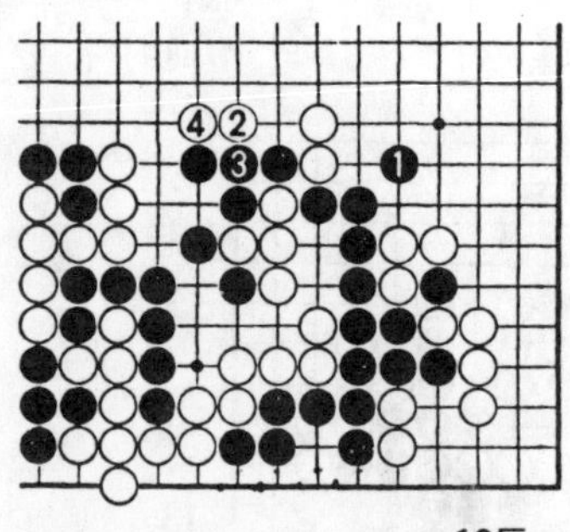

16도

16도 (봉쇄) 여기에서 흑1의 마늘모는 백 2, 4로 둔다.

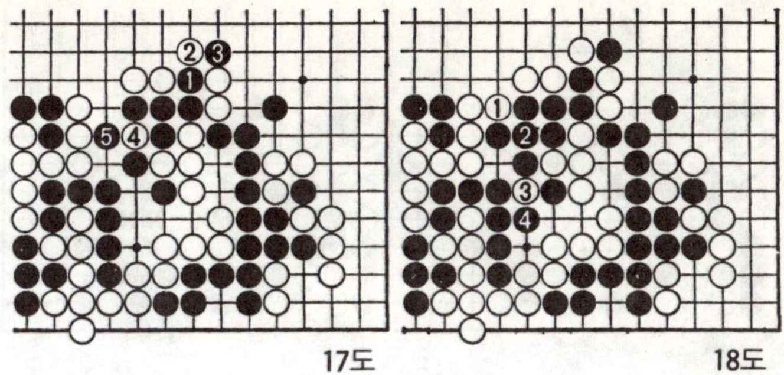

17도 18도

17도 마술(나가 끊음) 여기에서 흑 1, 3 으로 나가 끊음을 백 4 로 먹여친다.

흑 5 로 한점을 잡으면——.

18도 (먹여침) 백 1 의 단수에 흑 2 의 이음, 다음에 3 으로 먹여치면 4 로 때려낸다.

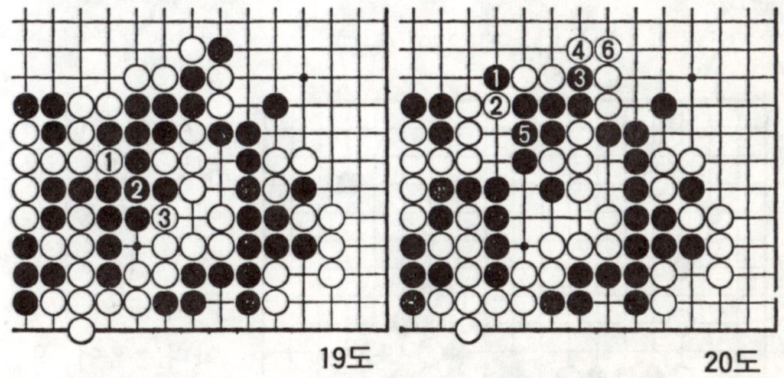

19도 20도

19도 마술(무리) 백 1, 3 으로 단수한다.

백의 끊고 끊은 모양에서 의외의 수가 있다.

20도 (무제) 방법을 변화시켜 두면 어떨까?

흑 1 의 젖혀 나감에는 백 2 의 끊음이다.

다음에 흑 3 으로 나가면 백 4 다음 6 의 이음까지이다. 이것은 흑의 무리이다.

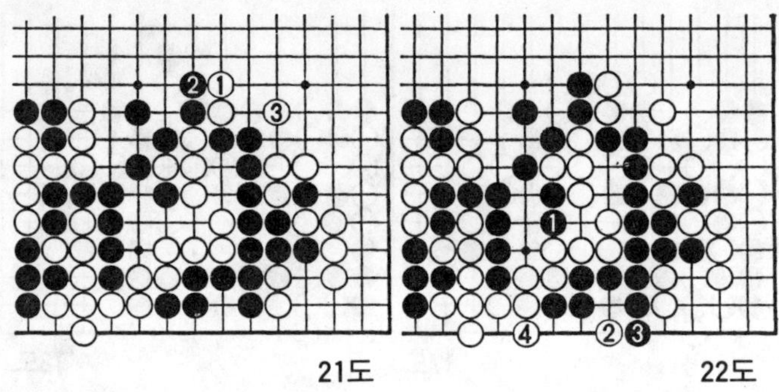

21도　　22도

21도 (씌움) 16도의 백의 봉쇄를 피하려면, 백 1의 뻗음에 대하여 흑 2로 누르면 백은 3의 곳을 강하게 씌운다.

22도 (빅) 여기에서 흑 1로 두면 공격하는 모양은 아니다.

이것은 빅이 나는 모양이 된다.

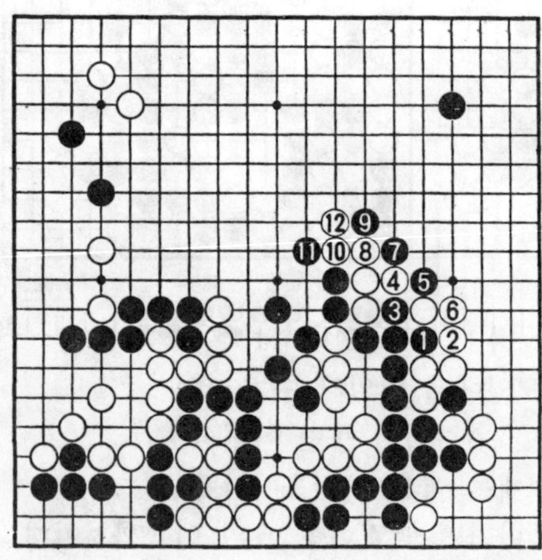

23도

23도 (축불성립) 백의 씌움에 끊고 끊는것은 흑 1, 3의나가서 5의 끊음이다. 흑이 9, 11로 계속 단수하여 나가도 이것은 축이 성립하지 않는다.

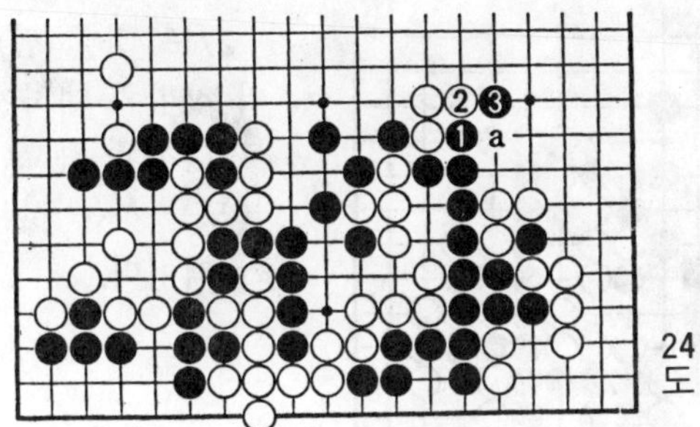

24도

24도 (누르고 젖힘) 16도의 봉쇄와 21도의 싸움을 방지하려면 흑 1 의 누름이다.

백 2 에 대하여는 흑 3 으로 젖힌다. 여기에서 백a 의 끊는 수는 없다. 중앙에 응원을 보내지 못한다.

25도 (백 3 에는) 여기에서는 백 1 의 들여다봄이다.

흑 2 에는 백 3 으로 봉쇄한다.

이것이16도 1 의 마늘모와의 차이다.

26도 (돌자) 흑 1 의 나감에는 3, 5, 7 로 머리를 내미는 수가 있다. 이것은 9 의 이음으로 안심이다.

24도 흑 1 의 효과를 노리는 것이 나의 생각이다.

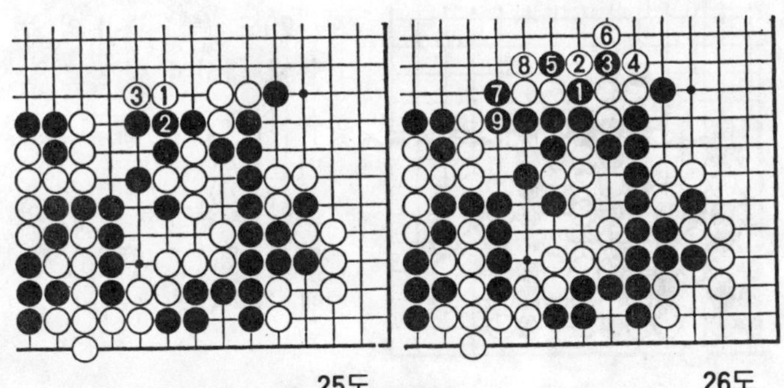

25도 26도

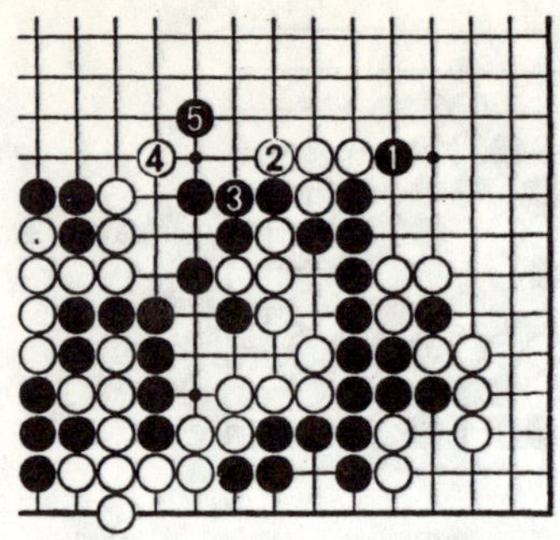

27도

27도 마술(뀜) 흑 1의 젖힘에 대하여 백 2로 단수를 하고 4로마늘모를 하는 것은 흑 5가 맥이다.

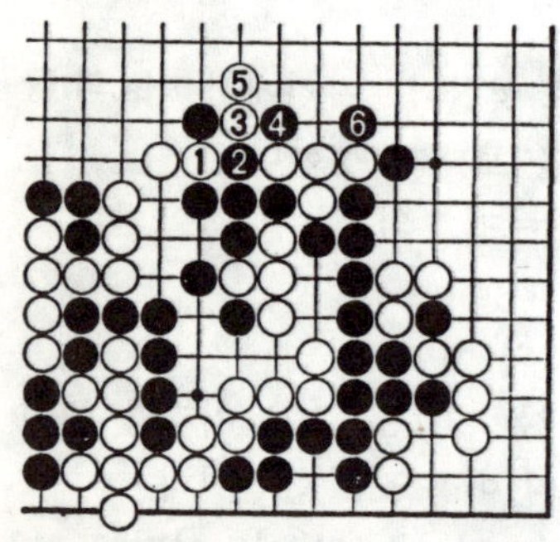

28도

28도 (파멸) 흑의 뀜에 대하여 백 1, 3으로 나가는 수는 흑 4, 6까지 파멸이다.

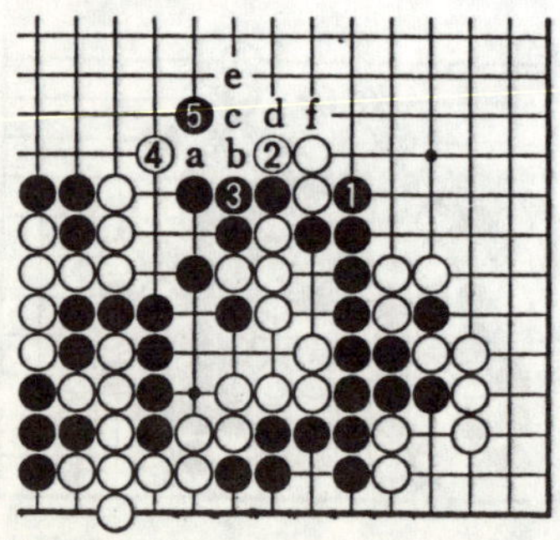

29도

29도 (뀜) 흑 1의 누름에 대하여 백 2로 늘으면 흑 3 다음 백 4의 마늘모이다.

이 모양에서 흑 5의 뀜은 백a, 흑b, 백c, 흑d 백e, 흑 5로 축이다.

25. 실전의 마술

2013년 3월 15일 인쇄
2013년 3월 30일 펴냄

옮긴이/ 프로바둑연구회
펴낸이/ 최 상 일
펴낸곳/ 구.진화당(태을출판사)
서울특별시 중구 신당6동 52-107 (동아빌딩내)
등록/1973년 1월 10일(제4-10호)

▪주문 및 연락처

우편번호 1 0 0 - 4 5 6
서울특별시 중구 신당6동 52-107 (동아빌딩 내)
전화 / 2237-5577 팩스 / 2233-6166

ISBN 89-493-0342-6 13690